Soziale Demokratie als Überlebenspolitik
Wolfgang Thierse und Thomas Meyer
im Gespräch über die politischen Zeitläufe

Schriftenreihe der Hochschulinitiative Demokratischer Sozialismus
Bd. 33

Thomas Meyer, Wolfgang Schroeder, Klaus-Jürgen Scherer, Wolfgang Thierse (v.l.n.r.).
Gesprächspause, Berlin-Friedenau 4./5. Juli 2023.

Soziale Demokratie als Überlebenspolitik

Wolfgang Thierse und Thomas Meyer im Gespräch über die politischen Zeitläufe

Herausgegeben von
Klaus-Jürgen Scherer und
Wolfgang Schroeder

SCHÜREN

Bibliografische Information der Deutschen Nationalbibliothek
Die Deutsche Nationalbibliothek verzeichnet diese Publikation in der Deutschen Nationalbibliografie; detaillierte bibliografische Daten sind im Internet über http://dnb.d-nb.de abrufbar.

Schüren Verlag GmbH
Universitätsstr. 55 • D-35037 Marburg
www.schueren-verlag.de

Gestaltung: Erik Schüßler
Bilder und Lektorat: Gaby Rotthaus
Druck: Bookpress
Printed in Poland
ISBN 978-3-7410-0284-7

Inhalt

Einleitung der Herausgeber

Wolfgang Thierse und Thomas Meyer: Denkender Politiker und politischer Denker in der sozialen Demokratie

Warum dieses Buch?

Die SPD verstand sich von Anfang an als Programmpartei, die gesellschaftliche Debatten aufnimmt, führt und vorantreibt. Sie hat den Anspruch, einen eigenen Beitrag zum Verständnis und zur humanen Gestaltung der Zeit zu leisten, und ein eigenes, fortschrittliches Verständnis von Politik und Gesellschaft zu entwickeln. Dabei führt nicht jede Debatte zu programmatischen Neuerungen und Innovationen, doch spiegeln diese Debatten das ständige Bemühen der SPD, die Zeit begrifflich zu fassen. Davon leben Profil, Selbstverständnis und Anziehungskraft der debattierenden Milieus in der sozialen Demokratie, die sich als politisch und kulturell innovative Kräfte verstehen. Gerade in Zeiten großer gesellschaftlicher Umbrüche und Transformationen, in denen es heute gar um Überlebensfragen geht, ist es Anspruch der Partei, diese nicht passiv hinzunehmen, irgendwie reaktiv abzubilden und zu verwalten, sondern sie aktiv im Sinne der eigenen Wertorientierungen zu lenken und zu gestalten.

Bei den reformpolitischen Debatten, die über das tagespolitische Klein-Klein hinausragen, spielen Intellektuelle und die von ihnen formulierten Ideen und Anregungen eine nicht wegzudenkende Rolle. Zwei dieser für die SPD so wichtige Vordenker der letzten Jahrzehnte sind Wolfgang Thierse und Thomas Meyer. Beide feiern am 22. Oktober 2023, am gleichen Tag, ihren 80. Geburtstag: Mit ihrer Sozialisation, ihrer Interpretation der Zeitläufe, ihren Ideen und politischen Positionen beschäftigt sich dieses Buch.

Wolfgang Thierse und Thomas Meyer sind Parteiintellektuelle im besten Sinne des Wortes. Mit dem Blick auf das Große und Ganze und seine Veränderungsdynamik suchen sie nach Wegen, wie sich die Sozialdemokratie in diesen ungewissen Zeiten positionieren und ihr Profil schärfen kann. Sie sind keine Sonntagsredner, die sich nur dann zeigen, wenn es gut läuft. Sie haben sich zu allen Zeiten zu Wort gemeldet. Durch ihre Deutungen haben sie wichtige Anstöße gegeben, um die Herausforderungen in ihrer Widersprüchlichkeit besser zu verstehen. Ihre seit vielen Jahrzehnten eingebrachten Beiträge und Interventionen fielen nicht immer auf fruchtbaren Boden: Manchmal wurden sie als Ärgernis wahrgenommen, weil sie gerade nicht in die Zeit zu passen schienen. Manchmal wurden sie auch schlichtweg ignoriert. Es gehört auch zur Rezeption intellektueller Angebote, auf Seiten des Senders ein gewisses Maß an Frustrationstoleranz vorauszusetzen.

Thierse und Meyer verkörpern einen wichtigen Teil des argumentativen und kommunikativen Potenzials der SPD. Sie haben sich nicht nur an den offiziellen parteiinternen Debatten beteiligt. Sie haben auch ungefragt eigene Beiträge und Ideen entwickelt, mit denen sie in den politischen Alltag eingreifen wollten. Auf diese Weise haben sie das Profil der Partei ständig mitgeprägt und die Sozialdemokratie, wie sie heute ist, mitgestaltet. Wolfgang Thierse nicht zuletzt durch seine langjährige Tätigkeit als führender Parlamentarier und als Mitglied der Parteispitze, Thomas Meyer als Chefredakteur der *Neuen Gesellschaft / Frankfurter Hefte*, sowie beide in der Grundwertekommission beim Parteivorstand der SPD, deren Ehrenmitglieder sie heute noch sind.

Zwei Parteiintellektuelle im wahrsten Sinne, die sich mit den Kernfragen der Gesellschaftsanalyse, mit Theorien des demokratischen Sozialismus und der sozialen Demokratie, sowie dem Umgang mit kapitalistischen Strukturen und dem sogenanntem «Realsozialismus» auseinandersetzten, mit dem Bestreben, die praktischen Verhältnisse schrittweise umzugestalten. Sie sind keine stoischen Parteisoldaten, sondern loyal in dem altmodischen Sinne, dass sie ihre Partei verteidigen, schützen und erklären; wobei die größte Loyalität der wertegebundenen Idee der sozialen Demokratie gilt. Der vorliegende Gesprächsband dient daher auch dem Verständnis, wie sich die Debatten in und um die SPD in den letzten Jahrzehnten, gerade auch im Angesicht weitreichender gesellschaftlicher und weltpolitischer Veränderungen, neuer Herausforderungen und heftiger Disruptionen entwickelt haben. Diese Entwicklungen gewinnen in unserem Gespräch durch die Brille zweier wichtiger Protagonisten der Sozialdemokratie an Transparenz.

Alleine über die Reflexion von Ideen, Interessen und Institutionen lässt sich Politik weder verstehen noch erklären. Wir brauchen dazu den menschlichen Faktor, denn Menschen machen einen Unterschied. Mit diesem Gesprächsband wollen wir uns diesem subjektiven Faktor in der Politik annähern. Unter welchen Bedingungen sind Wolfgang Thierse und Thomas Meyer aufgewachsen, welche Konflikte, Impulse, Positionen, Personen haben ihre politische Entwicklung geprägt? Wo und wie haben sie sich an politischen Prozessen beteiligt? Welche Kritik, begründete Angebote und Standpunkte haben sie unterbreitet? Was können wir für die aktuellen Herausforderungen unserer Tage von ihnen lernen? Auch wenn uns bewusst ist, dass sich Geschichte nicht einfach fortschreiben lässt und man aus der Geschichte auch nicht in dem Sinne lernen kann, dass frühere Lösungen einfach übernommen werden, so glauben wir doch, dass es hilfreich ist, sich anzuhören, was diese beiden Denker der Sozialdemokratie zu erzählen haben.

Der Mehrwert biografischer Gespräche

Will man Politik verstehen, so muss man sich die zugrunde liegenden Strukturen und Institutionen anschauen und diese analysieren. Für ein vollständiges Bild reicht es aber nicht aus, denn Strukturen und Institutionen werden von Menschen gemacht, ausgefüllt und verändert. Es sind einzelne Personen, die in und durch Institutionen handeln und diese mit Leben füllen. Daher ist es wichtig, sich immer auch mit den handelnden Akteuren zu beschäftigen, die die Geschichte geprägt haben. Die Biografien dieser Akteure rücken also in das Zentrum des Interesses, denn in ihnen spiegelt sich der Lauf der Zeit, sie sind Träger von Ideen, Herausforderungen, Widersprüchen und Konflikten.

Wir konnten zwei handelnde Akteure direkt selbst zu ihrer biografischen Entwicklung und ihrem Bemühen, Politik zu beeinflussen, befragen. Das ist naturgemäß subjektiv im Sinne des Selbstverständnisses der Befragten und wirft damit die Frage auf: Inwieweit lässt sich daraus ein wirkliches Verständnis des realen Verlaufs von Politik und Geschichte ableiten? Uns interessiert in diesem Band genau diese subjektive Perspektive der Handelnden. Wir wollen durch ihre Brille erkennen, was sie bewegt hat, welche Motive sie geleitet haben, welche Ziele sie verfolgt haben und welche Werte ihrem Handeln dabei zugrunde lagen.

Mit Wolfgang Thierse und Thomas Meyer begegnen uns hier zwei Personen, die über viele Jahre hinweg durch ihr Wirken die SPD geprägt haben, die aber auch selbst durch die SPD geprägt wurden. In ihren Worten wird lebendig, wie sie die Debatten in der SPD wahrgenommen und selbst mitgestaltet haben. In dem Gespräch geht es daher sowohl um die individuelle Reflexion des je eigenen intellektuellen und politischen Lebensweges, wie auch um die Einbindung dieser Lebenswege in die politischen Zeitläufe, nicht zuletzt in die Geschichte der sozialen Demokratie in den letzten Jahrzehnten.

Denkender Politiker der SPD: Wolfgang Thierse

Wolfgang Thierse wurde 1943 in Breslau geboren. Nach Ende des Krieges wurde die Familie Thierse aus ihrer Heimat vertrieben und gelangte ins thüringische Eisfeld. Er wächst in einem tief katholischen Elternhaus auf und wird insbesondere durch seinen Vater geprägt. Thierse studierte ab 1964–69 Germanistik und Kulturwissenschaften an der Humboldt-Universität zu Berlin, war anschließend wissenschaftlicher Assistent dort und ab 1975 im Ministerium für Kultur der DDR in der Abteilung Bildende Kunst tätig, wo er 1976 wegen der Weigerung, die Ausbürgerung Biermanns gutzuheißen, entlassen wurde. Ab 1977 war er wissenschaftlicher Mitarbeiter des Zentralinstituts für Literaturgeschichte der Akademie der Wissenschaften der DDR, wo er u. a. das Historische Wörterbuch ästhetischer Grundbegriffe betreute.

Als praktizierender Katholik und Nicht-Parteimitglied lebte Thierse in der DDR gewissermaßen «unter dem Radar» und behielt eine kritisch-distanzierte Haltung gegenüber dem SED-Regime, wobei er sich in einer intellektuellen Nische der Akademie einrichten konnte. Mit Beginn der Friedlichen Revolution wurde er quasi über Nacht zum Politiker, stieg nach einer Zwischenstation beim Neuen Forum binnen weniger Monate zum Vorsitzenden der Sozialdemokratischen Partei der DDR auf und wurde schließlich 1990 Vize-Vorsitzender der vereinigten SPD und Mitglied des gesamtdeutschen Bundestages, dem er bis 2013 angehörte und dessen Präsident er von 1998 bis 2005 war.

Bei seinem rasanten Aufstieg, wie ihn in der Schlussphase der DDR nur wenige Politiker erlebten, half Thierse dabei besonders sein, wenn man so will, in der Nische angehäuftes kulturelles Kapital, sein rhetorisches Geschick, seine Redegewandtheit und kritische Loyalität, vielleicht auch sein bisweilen unkonventionelles und unverwechselbares

Auftreten. Er verstand es, die richtigen Worte im richtigen Moment zu wählen und mit Eloquenz und Pathos für die Demokratie im Allgemeinen und die Sozialdemokratie im Speziellen zu werben. Seinem Glauben und seiner Kirche blieb Thierse stets treu. Er ist ein aktiver Katholik, der seine politische Haltung auch aus der Religiosität heraus ableitet. So engagierte er sich auch im Zentralrat der deutschen Katholiken und im Arbeitskreis der Christinnen und Christen in der SPD. Seine kulturellen Neigungen konnte er auch als Vorsitzender des Kulturforums der Sozialdemokratie zur Geltung bringen.

Das Erbe und der Umgang mit dem Sozialismus ist ein Thema, das Thierse über viele Jahrzehnte beschäftigte. Er setzte sich immer für eine integrative Sozialdemokratie ein, die sich ihrer Verantwortung gegenüber den «einfachen Leuten» bewusst ist und die zugleich eine aktive Verteidigerin der liberalen Demokratie ist, insbesondere auch gegenüber der Bedrohung von rechts, die er schon früh als Gefahr für die Demokratie erkannte. Thierse ist das Sinnbild einer werteorientierten Politik, die das Parlament und die lebhafte, von Respekt geprägte Diskussion, als Seele der Demokratie versteht.

Bedingt durch Herkunft und Lebenslauf ist Thierse der Osten Deutschlands immer ein besonderes Anliegen. Der Erfolg der Wiedervereinigung und die Entwicklung hin zu den versprochenen «blühenden Landschaften» lagen und liegen ihm am Herzen und so meldete er sich immer wieder mit Interventionen zum Stand der Transformation und zum Zustand Ostdeutschlands zu Wort, etwa mit seinen Büchern «Zukunft Ost» und «Zehn Jahre deutsche Einheit. Eine Bilanz». Am spektakulärsten war seine 2001 erfolgte Intervention «Der Osten auf der Kippe», mit der er damals auch innerhalb der SPD aneckte. Sie schien nicht in die Zeit zu passen. Dabei wäre durch die ernsthafte Aufnahme dieses Impulses nicht nur die SPD, sondern die gesamte Politik besser auf den einige Jahre später beginnenden Widerstand größerer Teile der ostdeutschen Bevölkerung gegen die Berliner Politik vorbereitet gewesen. Auch der Dialog und die Versöhnung mit den östlichen Nachbarländern, insbesondere mit Polen, ist ihm immer besonders wichtig, nicht zuletzt aufgrund seiner schlesischen Herkunft.

Wolfgang Thierse ist ein denkender Politiker in der SPD, der sich immer wieder mit klugen Einwürfen zu Wort meldet, die über tagesaktuelle Fragen und kurzfristig zu lösende Problemlagen hinausweisen. Auch als aktiver Politiker waren ihm die großen Themen und die langen

Linien sowie eine an Grundwerten und kulturellen Fragen orientierte Politik besonders wichtig und so hat er den Diskurs innerhalb der SPD bereichert und geprägt.

Politischer Denker für die SPD: Thomas Meyer

Thomas Meyer ist 1943 in Leipzig geboren und wächst in einer protestantisch geprägten Familie auf, die in deutlicher Distanz von der ostdeutschen Mehrheitsgesellschaft lebt. Aufgrund dieses Hintergrundes wurde ein Studium in der DDR als nicht realistisch eingeschätzt. So absolvierte er nach Abschluss der Schule zunächst eine Lehre als Elektromechaniker. Wegen seiner kurz vor Abschluss der Lehre erfolgten Flucht in den Westen führte er eine ähnliche Tätigkeit im Aachener Bergbau-Revier mit dem Abschluss einer Bergmannslehre zu einem erfolgreichen Ende. Anschließend studierte er in bewegten und legendären Zeiten Philosophie, Politikwissenschaft, Psychologie und Deutsche Literatur an der Universität Frankfurt a. M. (u. a. bei Herbert Schnädelbach, Theodor W. Adorno, Max Horkheimer, Jürgen Habermas, Karl-Otto Apel und Iring Fetscher). Dort promovierte er 1973 über das Thema «Der Zwiespalt in der Marx'schen Emanzipationstheorie: Studie zur Rolle des proletarischen Subjekts» und habilitierte 1977 an der Freien Universität Berlin über Eduard Bernsteins konstruktiven Sozialismus. Durch die Frankfurter Schule geprägt, sucht er aus den analytischen Ambiguitäten der kritischen Theorie heraus, vor allem durch eine innovative Kant-Rezeption, das positive Potenzial der sozialen Demokratie zu entfalten.

Schon während des Studiums widmet er sich der gewerkschaftlichen Bildungsarbeit und wird schließlich nach Abschluss der Promotion bis weit über den Pensionseintritt hinaus ein bedeutender Stratege und wichtiger Denker in der Friedrich-Ebert-Stiftung, der er bis heute verbunden ist und für die er seit Jahrzehnten politische Bildungsarbeit im In- und Ausland betreibt. Sein Lebensthema wird die Theorie und Praxis der sozialen Demokratie, gerade auch in Auseinandersetzung mit den konkurrierenden ideologischen Strömungen innerhalb der Sozialdemokratie, etwa dem in den 1970er- und 1980er-Jahren einflussreichen Stamokap-Flügel. Vollendet wird seine Bedeutung für die soziale Demokratie durch sein 16 Jahre währendes Amt als Chefredakteur der *Neuen Gesellschaft / Frankfurter Hefte*, dem für die Friedrich-Ebert-Stiftung herausgegebenen Theorieorgan für Politik und Kultur.

Meyer ist ein praxisorientierter Denker, der politische Theorie nie zum Selbstzweck und nur für das eigene Fachpublikum betrieb, sondern dem stets an der Umsetzbarkeit und Praxistauglichkeit gelegen ist. Dennoch liegt ihm die Grundwertearbeit als Fundament der Tagespolitik am Herzen, sie gibt Halt und Orientierung über den Tag hinaus. So war er führend an der Ausarbeitung des Berliner Programms (1989) und auch am Dialog mit der SED (1986/87) beteiligt. Neben seiner Tätigkeit als «Parteitheoretiker» war Meyer auch Hochschullehrer, zuletzt als ordentlicher Professor für Politikwissenschaft an der TU Dortmund, und Autor zahlreicher wissenschaftlicher Bücher zur sozialen Demokratie («Soziale Demokratie – eine Einführung»; «Theorie der sozialen Demokratie»; «Praxis der Sozialen Demokratie»), zur Politik allgemein («Was ist Politik?») und zum Sozialismus («Lexikon des Sozialismus», «Was bleibt vom Sozialismus?»).

Ein Thema, dass ihn zudem intensiv umtreibt, ist die Veränderung des Mediensystems und dessen Beziehungen zur Politik. In seinem bei Suhrkamp publizierten Buch «Mediokratie» untersucht Meyer diesen Wandel und zeigt auf, dass Politik und Medien immer mehr miteinander verschmelzen und Politik immer stärker nach den Regeln des Entertainments funktioniert. In «Die Unbelangbaren», ebenfalls bei Suhrkamp, kritisiert er die zunehmende Macht der Journalisten im politischen Prozess, die nicht nur deshalb problematisch ist, weil Journalisten nicht gewählt werden. Ein großes Anliegen ist Meyer darüber hinaus immer der internationale Dialog gewesen, insbesondere mit progressiv-linken Parteien und demokratischen Reformbewegungen, aber auch kommunistischen Staatsparteien besonders im asiatischen Raum.

Zwei Intellektuelle der Partei: Verbindendes und Trennendes

Wolfgang Thierse und Thomas Meyer haben zufällig am gleichen Tag im gleichen Jahr Geburtstag, sie sind auch darüber hinaus durch viele Gemeinsamkeiten miteinander verbunden, wenngleich sich ihre Lebensläufe auch stark unterscheiden.

Beide werden zu Beginn ihres Lebens durch die Erfahrung des Krieges beziehungsweise des Kriegsendes und der damit verbundenen schwierigen Lebensverhältnisse geprägt. Sie wachsen in religiösen Familien in abgeschlossenen Entitäten jenseits der ostdeutschen Mehrheitsgesellschaft auf: Thierse als Katholik im protestantischen, fränkisch geprägten Süden Thüringens, Meyer als Kind einer engagiert-protestantischen

Familie in Leipzig. Sie verbindet daher die Erfahrung der Schwierigkeit einer Minderheitskultur, die mit der gelebten Religiosität in der DDR einherging. Dieser Konflikt wurde besonders während der Schulzeit deutlich, wo beide wegen ihres Glaubens Ausgrenzungserfahrungen erlebten. Doch während der gelebte Glauben bei Thierse für seine politischen Werte und Überzeugungen eine wichtige Quelle blieb, wandte sich Meyer zunehmend davon ab und wurde zum Agnostiker. Auch die Erfahrung der Flucht teilen die beiden Porträtierten als Teil ihrer Familiengeschichte. Wolfgang Thierse wurde – wenngleich für sein Leben nicht prägend, weil er zu jung war, um sich dieses Ereignisses erinnern zu können – bereits als Kind am Ende des Krieges mit seiner Familie aus der schlesischen Heimat vertrieben. Thomas Meyer entschied sich selbst als junger Lehrling, dem Beispiel seiner Schwester folgend, die DDR zu verlassen, kurz bevor die Mauer gebaut wurde.

Nach dem Abitur haben beide ein geisteswissenschaftliches Studium absolviert und begannen anschließend eine wissenschaftliche Karriere. Meyer wurde vom Dozenten der politischen Bildung zu einem wichtigen Abteilungsleiter der Friedrich-Ebert-Stiftung und zum ordentlichen Professor an der Universität Dortmund. Thierse landete nach seinem Rauswurf aus dem DDR-Kulturministerium in der Akademie der Wissenschaften der DDR. Mit der politischen Wende in Ostdeutschland war für ihn – wie für so viele andere DDR-Bürger – auch ein persönlicher Umbruch verbunden und er begann seine Laufbahn als aktiver Politiker, während Meyer sich auf die Rolle des klugen Beraters und Ideengebers, zunehmen auch auf internationalem Parkett, beschränkte. Beide eint das über den Tag hinausgehende Nachdenken über die Sozialdemokratie und ihre grundlegenden Orientierungen. So haben beide gleichermaßen Theorie und Praxis der SPD über viele Jahre und Jahrzehnte geprägt.

Sowohl Thierse als auch Meyer waren langjährige Mitglieder der Grundwertekommission beim Parteivorstand der SPD und sind heute deren Ehrenmitglieder. Darin kommt ihrer beider Verbundenheit zu einer an grundlegenden Werten orientierten Politik zum Ausdruck. Beide fühlen sich der sozialen Demokratie und ihrer Verwirklichung in einer Zeit des tiefgehenden Wandels und der gesellschaftlichen Transformationen verpflichtet. Während Meyer sich vom Marxismus und der Kritischen Theorie herkommend über die Beschäftigung mit Eduard Bernstein einer praxistauglichen und mit der parlamentarischen Demokratie vereinbaren Theorie des Sozialismus annäherte, war es bei Thierse die Erfahrung mit dem dogmatischen Marxismus-Leninismus im sogenannten «real existierenden Sozialismus», die ihn zum bekennenden Verfechter einer resilienten sozialen Demokratie machte. Beide beschäftigt, wie mit dem Erbe der Arbeiterbewegung und der Erfahrung des Unrechts, das im Namen des Sozialismus in vielen Teilen der Welt begangen wurde, umzugehen ist und wie eine moderne, menschenrechtsorientierte Sozialdemokratie aussehen kann, die gewappnet ist für die Herausforderungen der Gegenwart und der Zukunft und die eine glaubhafte Alternative zum ausbeuterischen Kapitalismus bieten kann.

Ausblick

Welche Rolle spielen Grundwerte und Debatten über die großen Fragen unserer Zeit noch in der SPD? Welchen Platz haben Intellektuelle in dieser Partei? Vor allem dann, wenn sich diese Partei als Regierungspartei dem Paradigma des pragmatischen, situativen Kompromisses verpflichtet sieht, um das Land regierungs- und handlungsfähig zu halten. Die SPD ist eine Programmpartei, die sich vornimmt zu den großen Fragen der Zeit eigene Positionen zu bilden und sich aktiv in die gesellschaftlichen Debatten einzubringen. Seit dem Wandel von der Klassen- zur Volkspartei vereint die Partei verschiedene Richtungen und Menschen unterschiedlicher ideenpolitischer Motivationen und nimmt vielfältige Impulse aus der Zivilgesellschaft und von Intellektuellen und Kulturschaffenden in sich auf und führt auch in Regierungszeiten Grundsatzdiskussionen. Die SPD ist eine sehr stolze Partei, die sich auch in Regierungszeiten eine eigene Haltung bewahren will und auch unter diesen Bedingungen eigene Grundsatzdiskussionen führt. Damit ist sie durchaus auch Vorbild für die Grünen, für die Linkspartei aber nicht zuletzt auch für die CDU. Die Union ist zwar seit jeher viel pragmatischer und reagiert flexibler auf die situativen Anforderungen der Tagespolitik. Gleichwohl hat auch die CDU lernen müssen, dass es gerade in unsicher-komplexen Zeiten wie den unsrigen eines gewissen Kompasses bedarf, um ein eigenes Profil zu vermitteln und daraus eine gewisse Grundrichtung ableiten zu können. Mit der Einrichtung einer eigenen Grundwertekommission und eines eigenes Grundsatzprogrammprozesses folgt die Union damit dem Vorbild der SPD.

Obwohl doch eigentlich die Grundrichtung der sozialökologischen Transformation, die Thierse «Überlebenspolitik» nennt, mittlerweile unbestritten ist, fällt es in den letzten zwei Jahrzehnten der deutschen Sozialdemokratie in zunehmendem Maße schwerer, ein klares Profil und eine attraktive Ausstrahlung zu realisieren. Auch scheinen Intellektuelle für die Partei heute keine große Rolle mehr zu spielen. Große gesellschaftliche Debatten, die diese in die Partei hineintragen, werden dort eher selten geführt. Wo sind Personen wie Wolfgang Thierse, Thomas Meyer – oder nicht zu vergessen Gesine Schwan, die derzeitige Vorsitzende der Grundwertekommission – aus der jüngeren Generation, bei denen sich intellektuelles Leben mit der Partei verbindet? Die SPD hat sich, was man an ihrer Bundestagsfraktion sieht, deutlich verjüngt, dass damit kein Niveauverlust verbunden ist, daran wird zu arbeiten sein. In diesem Sinne will der vorliegende Gesprächsband wohlbegründete Anschauungen vermitteln, er ist ein Plädoyer für eine Revitalisierung theoretischer Anstrengungen, der Grundwerte, der Programmarbeit und einer eigenständigen, lebendigen Diskussionskultur in der SPD. Denn will die Sozialdemokratie auch morgen noch eine Rolle in den entscheidenden gesellschaftlichen Debatten spielen und eine prägende Stimme in der deutschen Politik sein, muss sie sich wieder auf die großen Fragen der Zeit einlassen und eigenständige Antworten für diese präsentieren. Die Lebenserfahrungen von zwei großen Denkern der SPD aus den letzten Jahrzehnten, die hier präsentiert werden, können dabei ein Ansatzpunkt sein und Orientierung geben.

Klaus-Jürgen Scherer und Wolfgang Schroeder

Kindheit und Jugend: Leben im Spannungsfeld von Kirche und DDR-Staat

Du bist in Leipzig in einem evangelischen Elternhaus aufgewachsen. Welche Erinnerungen hast Du an Deine Kindheit und Jugend?

Meyer: Meine Eltern waren sehr engagierte Protestanten. Dadurch habe ich mich über meine gesamte Kindheit hinweg ebenfalls teilweise in diesem Milieu bewegt. Aber es gab auch noch eine Außenwelt: Das war die Schule, die ich ab dem sechsten Lebensjahr besuchte und dort war natürlich alles ganz anders. Mit 14 Jahren habe ich dann eine Facharbeiterlehre begonnen, weil meine Eltern der Meinung waren, in der DDR könne man nicht studieren, wenn man aus einem christlichen Elternhaus kommt. Deshalb habe ich den Beruf eines Elektromaschinenbauers erlernt, mehr gedrängt als gewollt.

Was war denn das Besondere an der christlichen Gemeinde für Deine Familie?

Meyer: Meine Eltern lebten schon sehr strikt ihren christlichen Glauben, das war ihr Lebenssinn und Trost sowie das Band für einen verstreut in Ost- und Westdeutschland lebenden sehr großen Kreis gleichgesinnter alter Jugendfreunde. Das hat sie vor allem in den langen trostlosen Jahren zwischen den beiden Weltkriegen, besonders in und nach dem Zweiten, ermutigt und gestärkt. Sie hatten auch die Vorstellung, der Auftrag des eigenen Lebens sei gänzlich verfehlt, wenn man kein christliches Leben führt und die eigenen Kinder nicht in diesem Sinne erzogen werden. Die christlichen Erzählungen und Gebote waren für sie wichtiger als alles andere. Wir mussten immer mit in die Kirche kommen, vor allem natürlich am Sonntag zum Gottesdienst. Am Anfang bin ich auch ganz gerne hingegangen, weil dieses Gemeindehaus ja auch ein Stück Freiheit war. Man hat gemeinsam mit Gleichaltrigen gesungen, gelesen, die Bibel interpretiert, Erfahrungen ausgetauscht und vieles mehr. Das war eigentlich ganz interessant.

Und was hat Dich an diesem Leben gestört?

Meyer: Die Menschen aus dieser christlichen Gemeinde lebten in ihrem Nahfeld alle sehr abgekapselt von der DDR-Lebenswelt und Mehrheitsgesellschaft. Sie haben sich dann zweimal die Woche in dem Gemeindehaus am Leipziger Hauptbahnhof getroffen und verkehrten hauptsächlich unter sich. Für uns war es natürlich ganz klar, dass man das nirgendwo erwähnt hat, in der Schule nicht, aber auch sonst nirgendwo. Denn unsere christliche Existenz war ja nicht erwünscht und stand gewissermaßen unter Verdacht. Man ließ uns bei vielen Gelegenheiten spüren, dass wir nur geduldet, aber eben nicht anerkannt waren. Es war den Gemeinden in meiner Zeit sogar verboten, dass sie mit Ankündigungen und Einladungen zur Straße hin über ihre Veranstaltungen informierten oder gar für sie warben.

Was mich allerdings von Anfang an irritiert und immer mehr gestört hat, war diese völlige Distanz und Abkehr vom gesellschaftlichen Leben. Das bezog sich teilweise auch auf die Wohnung und die Lebensumwelt. Man hatte wenig Kontakt mit anderen Menschen außerhalb der eigenen Gemeinde, zum Beispiel auch nicht mit den Flüchtlingen, die irgendwann in unser Haus einzogen.

Aus welchem Grund bestanden zu den Flüchtlingen keine Kontakte?

Meyer: Die waren Katholiken. Das war für meine Eltern so ungefähr das Problematischste, was es gab, und dann sogar im eigenen Haus. Ich glaube, da spielte auch ein gewisses Misstrauen, wie oft gegenüber Fremden in der damaligen Situation in der DDR eine Rolle. Das galt natürlich für uns Kinder nicht, wir waren eher neugierig und haben den Kontakt gesucht.

Aus unseren Gesprächen wissen wir, dass insbesondere Dein Vater für Dich eine wichtige Rolle gespielt hat. Welche Erinnerungen hast Du an Deinen Vater?

Meyer: Mein Vater ist 103 Jahre alt geworden. Er war ein entschiedener und engagierter Christ, der als einfacher Soldat fünf Jahre lang in sibirischer Kriegsgefangenschaft war. Dort musste er, wie er mehrfach erzählte, mit seinen Mitgefangenen zur Strafe nachts bei minus 25 Grad Bäume fällen, bei dauernder Unterernährung und ohne ärztliche Versorgung. Eigentlich kann man mit einer solchen Vorgeschichte ja gar nicht alt werden! Als er aus der Gefangenschaft zurückkam, war ich noch ein kleiner Knirps und konnte mich kaum noch an ihn erinnern. Er war sehr abgemagert, aber ohne eklatante Erkrankungen. Sein hohes Alter führte er auf seine konsequent enthaltsame Lebensweise zurück. Er war ein ganz guter Erzähler und hatte einen großen Fundus an erlebter Geschichte. Vieles davon hat mich bleibend beeindruckt.

Welche Rolle spielte Dein Vater für diese christliche Gemeinde?

Meyer: Mein Vater war ein sogenannter «Hainsteiner». Diese Gruppe geht auf einen in Berlin wirkenden Studentenpfarrer mit Namen Paul Le Seur zurück. Der hatte mit Hilfe der schwedischen Staatskirche in der Weimarer Zeit auf dem Hainstein, einem Gästehaus neben der Eisenacher Wartburg, ein theologisches Studienzentrum für christliche junge Männer gegründet und mit ihnen dort zusammengelebt. Mein Vater war weder Akademiker noch Theologe. Er war Elektromechaniker – wozu er auch mir später intensiv geraten hat. Diese Mitgliedschaft bei den Hainsteinern hat sein ganzes Leben bestimmt. Die Jugendfreunde blieben zeitlebens in Kontakt. Die «Hainsteiner» aus Ost- und Westdeutschland haben, solange ich in Leipzig war, einmal im Jahr in Borsdorf bei Leipzig eine ausgedehnte «Rüstzeit» verbracht und als dies möglich wurde, manchmal auch in Friedewald, Westdeutschland.

Wie hast Du diesen Kontrast zwischen christlicher Familie und Gemeinde auf der einen und der schulischen Lebenswelt auf der anderen Seite wahrgenommen?

Meyer: Das war natürlich ein immer wirksames Spannungsverhältnis. Es gab ja einen mit Händen zu greifenden Widerspruch zwischen dem, was uns in der Schule erzählt wurde, und dem, was man zu Hause, später im Betrieb und ganz allgemein auch im Alltag erlebt hat. Das passte nicht zusammen. Daraus ergab sich in Bezug auf das DDR-Regime eine Stimmung des Unwahrhaftigen, um nicht zu sagen des «Falschen», «Unstimmigen». Das lag in der Luft, sobald man mit offiziellen Repräsentanten des Staates zu tun hatte.

Woran hast Du das gemerkt?

Meyer: Die offizielle Erzählung in der DDR war ja: Das hier ist ein Staat des Volkes, der Werktätigen, alle Politik geht von ihnen aus und ist in ihrem Interesse. Unser System ist «dem Westen» in jeder Hinsicht turmhoch überlegen. Unsere tatsächliche Erfahrung belegte aber unwiderleglich das genaue Gegenteil. Die herrschende Elite war abgehoben und abgekapselt. Es herrschte in allen Lebensbereichen eklatanter Mangel ohne Aussicht auf Besserung. Das war uns ständig gegenwärtig, beim normalen Einkauf für den Alltag ebenso wie bei den vielen direkten und indirekten Kontakten mit dem «Westen»: etwa Westbesucher oder Blicke in die westlichen Medien, besonders auch die vielen «Westpakete», die uns regelmäßig erreichten, von Freunden und Familienangehörigen auf der anderen Seite, aber auch «Carepakete» von uns persönlich Unbekannten. Da kamen gar nicht so selten auch Sendungen von völlig unbekannten Leuten, zum Teil sogar aus den USA. Und wenn du die aufmachtest, hattest du auf einmal den ganzen Westen in seiner ganzen Pracht vor Augen.

Was war in solchen Paketen drin?

Meyer: Ganz verlockende Sachen, die es bei uns nicht gab. Wenn meine Mutter beispielsweise in der Vorweihnachtszeit Stollen backen wollte, musste sie das ganze Jahr über aus diesen Westpaketen die Rosinen, das Zitronat und andere Sachen sparen und aufheben, die man dafür braucht. Natürlich «echte» Schokolade, schicke Hemden, Pullover oder auch mal Jeans. Das gab es alles bei uns nicht zu kaufen. Dadurch erkannten wir sehr schnell, dass die ideologische Stories, die uns in der Schule erzählt wurde, hinten und vorne nicht stimmten.

Also war der ganze Unterricht sehr ideologisch gefärbt?

Meyer: Ja, in den «Kulturfächern» auf jeden Fall, Geschichte und Staatsbürgerkunde zumal. Andererseits waren die MINT-Fächer sehr gut. Später im Westen habe ich gemerkt, dass ich in Mathe und Physik sehr viel konnte, was mir dann noch sehr genutzt hat. Aber ich hatte natürlich meine freche Art und habe im Unterricht viel nachgefragt, vor allem in Sozialkunde und Geschichte. Dort konnten mir die Lehrer zum Teil gar nicht antworten. Es gab in dieser Zeit auch noch die sogenannten «Neu-Lehrer», das waren Arbeiter, die an mehreren Wochenenden zum Unterrichten ausgebildet wurden.

Und diese Lehrer waren ideologisch gefestigter?

Meyer: Ja, aber es gab auch Lehrer, die diese ganze Ideologie mit Augenzwingern unterrichtet haben, sodass die Distanz zwischen dem, was da geredet wird, und dem, was eigentlich Sache war, deutlich wurde. Dagegen wurden die Lehrer, die das Ganze für bare Münze genommen haben, eher für Marionetten gehalten. Meine Schwester hatte zum Beispiel ein Poesiealbum, das sie allen Bekannten in ihrer Schule gegeben hat, um gute Sprüche zu sammeln. Ihr Physiklehrer hat tatsächlich einen Spruch reingeschrieben, der sinngemäß besagte, dass der einzige wirkliche Fortschritt der Welt unlösbar mit dem Schicksal der Sowjetunion verbunden sei. Ich muss aber hinzufügen, dass mir das, was ich als die Grundbotschaft von Karl Marx, aus der ganzen leninistischen, anfangs ja sogar noch stalinistischen Phraseologie herauszuhören meinte, ganz gut gefiel. Meine kritischen Rückfragen in der Schule setzten daher fast immer bei den Widersprüchen zwischen den «akzeptablen» Elementen des Marxismus und der DDR-Realität an.

Warst Du denn auch bei den Pionieren oder hast du Dich da widersetzt?

Meyer: Nein, ich war Pionier, das habe ich meinen Eltern abgetrotzt, sonst wäre ich ja in der Schule isoliert gewesen. Denn alles, was in der Schule neben dem Unterricht an Freizeitaktivitäten angeboten wurde, war von der Pioniergruppe organisiert. Beim allmorgendlichen Fahnenappell auf dem Schulhof wäre man ja auch ohne das «Pioniers-Habit» der versammelten Lehrer- und Schülerschaft sehr aufgefallen. Das setzte sich später auch in der Berufsschule fort, nun aber als FDJ-Mitgliedschaft. Ich bin nicht mehr ganz sicher, ob man auch FDJ-Mitglied sein musste, um ins Kulturhaus zu gehen. Das war nämlich das einzige Vergnügen, was den Jugendlichen abends angeboten wurde, wo es dann Musik, Tanz, interessante Gleichaltrige und Filme gab. Jedenfalls war ich formell FDJ- Mitglied und habe auch die dortigen Angebote gerne wahrgenommen.

Du hast ja schon mehrfach angedeutet, dass Du später in den Westen geflohen bist. Kannst Du uns erzählen, wie es dazu kam?

Meyer: Ich bin im November 1960 in den Westen gegangen. Mir war aufgefallen, dass in meinem Bekanntenkreis alle interessanten Leute in kurzer Zeit in den Westen wollten oder gingen. Das war ein geradezu spürbarer plötzlicher sozialer Sog, den ich in meiner Umwelt immer deutlicher gespürt habe und da habe ich dann irgendwann eine Art Torschlusspanik bekommen, die Grenze könnte sehr bald ganz geschlossen werden. Da wollte ich natürlich auch weg und habe mir nach einigem

Überlegen gesagt: «Jetzt oder nie!». Wenn ich bis zu dem Tag gewartet hätte, an dem ich die Abschlussprüfung meiner Berufsausbildung hätte ablegen sollen, dann wäre ich genau drei Wochen zu spät gewesen, denn da war die Grenze schon dicht gemacht. Die Schwierigkeit allerdings war schon zu diesem Zeitpunkt, überhaupt nach Ostberlin zu gelangen. Wenn man mit dem Zug von Leipzig nach Ostberlin gefahren ist, fand man in jedem Zug ganz hinten ein Abteil, in dem gemischt russische Offiziere und deutsche Polizisten saßen. Sobald der Zug rollte, gingen die durch den Zug und schauten, wer denn da alles so Besonderes sitzt. Etwa Alleinreisende mit einem großen Koffer oder komplette Familien waren da natürlich auffällig, besonders auch Jugendliche. Die wurden in das Überwachungsabteil geführt und einschüchternd befragt, um ihnen das Bekenntnis abzuringen, dass sie auf der Flucht über Berlin in den Westen seien. Die Grenze innerhalb Berlins war ja noch offen.

Wie hast Du das dann angestellt?

Meyer: Ich war natürlich vorbereitet und hatte eine Bewerbung für die Ingenieurschule Velten nördlich von Westberlin dabei. Also habe ich denen gesagt, dass ich mich dort bewerben will und deshalb nach Ostberlin fahren muss, um die Bewerbung persönlich nach der Durchquerung Westberlins in Velten abzugeben. Das haben die mir natürlich bis wir in Berlin ankamen nicht geglaubt und mir unterstellt, dass ich nur im Zug sei, weil ich in den Westen «abhauen» will. Bis zu dem Augenblick, wo ich dann in Ostberlin aussteigen durfte, habe ich gedacht, dass sie mir nachlaufen würden, um mich auf frischer Tat zu ertappen, was sie aber nicht gemacht haben. Ich habe mich danach vorsichtshalber noch zwei weitere Tage lang durch Ostberlin geschlichen, weil ich dachte, dass sie zuschlagen, wenn ich irgendwo in eine Bahn mit Fahrtrichtung Westberlin einsteige. Also habe ich im Osten in einer Jugendherberge mit vielen Betten pro Zimmer übernachtet. Vor dem Mauerbau gab es ja einen großen Ost-West-Berufsverkehr in Berlin, weil Hunderttausende von Arbeitern und Angestellten im Osten wohnten, aber im Westen arbeiteten oder umgekehrt. Schließlich habe ich mich dann eines frühen Morgens irgendwo unter die vielen Pendler in eine S-Bahn reingezwängt. Erst, als ich an einer Haltestelle die Westberliner Polizisten auf dem Bahnsteig gesehen habe, wusste ich, dass ich im Westen bin. Da bin ich so schnell es ging auf die zugeeilt.

Und was hast Du dann gemacht, als Du im Westen warst?

Meyer: Ich wollte mich als Flüchtling anmelden und bin daher zum Jugendnotaufnahmelager Marienfelde gegangen. Die haben aber sofort gesagt: «Du bist hier nicht richtig, Du bist ja noch keine 18 Jahre alt, Du musst zum Jugendnotaufnahmelager nach Kladow.» Also bin ich dorthin und habe gewartet, bis mein Vater angereist kam, den ich informiert hatte. Weil ich noch nicht 18 war, durfte ich nämlich nicht selbst entscheiden, ob ich im Westen bleiben kann. So kam schließlich mein Vater an, der mich natürlich mit Grüßen von meiner Mutter sofort wieder zurück nach Leipzig bringen wollte.

Warum wollte er nicht, dass Du in den Westen gehst?

Meyer: Er wollte, dass ich wieder mit zurückkomme, denn, das war seine Überzeugung, wo Gott uns hingestellt hat, da sei unser Platz und dort müssen wir wirken. Aber ich wollte natürlich nicht mit ihm gehen und habe der Familie sozusagen die Gefolgschaft aufgekündigt. Die Bedingung meines Vaters und vor allem auch der zuständigen Sachbearbeiterin war dann, dass ich mich bis ich 18 werde in die formelle Obhut meiner älteren Schwester begeben muss, die bereits seit längerem mit ihrem Mann in Aachen gelebt hat, der im dortigen Kohlerevier als Bergmann arbeitete. Dort habe ich nochmals eine zweite abgekürzte Lehre als Gruben-Elektriker untertage absolviert. Diese Lehre konnte ich stark verkürzen, weil ich ja vorher schon die andere Lehre gemacht und bei der Eingangsprüfung jetzt das ganze Fachwissen noch gut präsent hatte.

Wolfgang, welche Erinnerungen hast Du an Deine Kindheit und Jugend?

Thierse: Unsere kindliche und jugendliche Biografie ist einerseits sehr verwandt, andererseits aber ganz verschieden verlaufen. Ich bin in Breslau geboren und meine ganze Kindheit und Jugend stand im Schatten des Krieges und seiner Folgen, die ja in der DDR noch bis 1989/90 sehr sichtbar waren.

In welchem familiären Umfeld bist Du, Wolfgang, aufgewachsen?

Thierse: Ich bin in einer gutbürgerlichen Familie aufgewachsen, im materiellen wie auch im moralischen Sinne. Mein Großvater war promovierter Philologe und Stadtschulrat in Breslau. Er war Mitglied des Zentrums und wurde deshalb 1933 als die Nazis an die Macht kamen sofort entlassen. Mein Vater hat Jura studiert. Ich habe im Bundestag bei meiner Verabschiedung erzählt, dass ich vermutlich von ihm die politische

Leidenschaft geerbt habe. Die paradoxe Pointe seines Lebens war, dass er als leidenschaftlicher Demokrat niemals in seinem Leben eine freie Wahl erlebt hat. Denn in der Weimarer Republik war er noch nicht volljährig und als er dann alt genug war, gab es schon keine freien Wahlen mehr.

Welche Erinnerung hast Du an Breslau?

Thierse: Breslau ist fast bis zum Kriegsende nicht zerstört worden und es gab schließlich die wahnwitzige Entscheidung, die Stadt zur Festung zu machen. Daraufhin wurde sie zerstört, weil sie unsinnigerweise verteidigt wurde. Es gehört zum Wahnsinn dieses Krieges, dass der Nazi-Gauleiter von Schlesien eine der wichtigsten Straßen planieren ließ, um damit eine Art Flugplatz, eine Landebahn zu schaffen, um selbst vor der Roten Armee zu flüchten, während er die Stadt der Zerstörung überlies.

Wie hast Du das Kriegsende erlebt?

Thierse: Mein Vater war Soldat, erst an der Westfront, dann an der Ostfront, und meine Mutter hat mit meinen Geschwistern und mir gegen Kriegsende die Stadt verlassen müssen. Wir sind dann viele Wochen im Riesengebirge hin und her gezogen, waren in kleinen Dörfern, wo noch kein Krieg war. Nach dem 8. Mai 1945 begann dann die Vertreibung. Wir sind also – der feinen Unterscheidung nach – nicht Flüchtlinge, sondern Vertriebene gewesen und mussten unsere Wohnung verlassen, in die bereits Polen eingezogen waren. Die Familienerinnerung an Breslau war immer sehr lebendig, denn sie war die Erinnerung an ein gutes Leben in einer schönen Stadt. Mein Vater war als junger Anwalt in die Kanzlei seines Onkels eingetreten, die am Breslauer Ring in einem der wunderschönen Häuser direkt gegenüber dem großartigen Breslauer Rathaus untergebracht war.

Bist Du später wieder nach Breslau gereist?

Thierse: Ich war später mehrmals in meinem Leben wieder in Breslau, zufällig auch an meinem 30. Geburtstag 1973. Aber da habe ich lieber verschwiegen, dass das eigentlich meine Heimatstadt, meine Geburtsstadt ist, denn damals wurde Breslau nicht als eine ehemalige deutsche Stadt angesehen. Alle deutschen Zeugnisse wurden versteckt und es wurde behauptet, die Stadt sei eigentlich immer polnisch gewesen. Nach meiner Wahl zum Bundestagspräsidenten führte mich meine erste Reise natürlich nach Paris, aber die zweite wollte ich nach Warschau und Prag machen. Da hat es mich sehr überrascht, dass ich aus Warschau angefragt wurde, ob ich nicht in meine Heimatstadt Breslau reisen wolle. Das habe ich natürlich freudig zugesagt und wurde wie ein großer Sohn der Stadt empfangen. Der Breslauer Stadtarchivar hatte zuvor Belege der Familie Thierse herausgesucht, um an das Leben der Familie in Breslau zu erinnern. Einige Jahre später bekam ich sogar einen Orden verliehen, den Hedwig-Preis von der Stadt und Universität Breslau.

Wie war das für Dich?

Thierse: Sehr schön natürlich! Ich habe in meiner Dankesrede daran erinnert, dass in der Aula Leopoldina der Universität mein Großvater sein Doktordiplom bekommen hat, mein Vater sein Juristendiplom und zwei meiner Tanten einen ihrer ersten künstlerischen Auftritte hatten. Nun stand nach einer Zeit von 50 Jahren wieder ein Thierse dort. Die Erinnerung daran hat auch die polnischen Gastgeber sehr gerührt. Die familiären Erinnerungen an den Heimatverlust hatten meine Kinderjahre bestimmt – schließlich stammten alle meine Verwandten väterlicher- wie mütterlicherseits aus Schlesien, sie sind fast alle nach dem Krieg in den Westen geraten und ich verdanke meinen Eltern, dass es liebende Erinnerungen waren, nicht hasserfüllte und antipolnisch gestimmte Erinnerungen. Dafür bin ich ihnen wirklich dankbar.

Wohin führte Euch die Flucht aus Breslau und welche Erinnerungen hast Du daran?

Thierse: Wir sind nach Weimar geraten, konnten aber dort nicht bleiben. Da wir dort keine Lebensmittelkarten bekamen, wären wir verhungert. Dann wurden wir in den Süden Thüringens geschickt, weil es dort kaum Flüchtlinge und deshalb noch genügend Lebensmittelkarten gab. Wir sind in einer kleinen Stadt namens Eisfeld gelandet, am Südhang des Thüringer Waldes. Die nächstgrößere Stadt, Coburg, habe ich erst im Jahr 1990 gesehen, als wir das erste Mal rüber nach Bayern fahren durften.

Nach der Großstadt Breslau war Eisfeld ja ein dörfliches Milieu mit ganz anderen Herausforderungen. Was wartete dort auf Dich?

Thierse: In Eisfeld beginnt, was ich vielleicht als ein erstes Motiv meines Lebens beschreiben kann, die Erfahrung, einer Minderheit anzugehören. Das ist die Erfahrung des nicht Dazugehörens, des Fremdseins. Wir waren Vertriebene. Unsere Eltern haben immer strikt darauf geachtet, dass wir hochdeutsch sprachen. Die anderen sprachen fränkisch. Wir waren katholisch, die anderen waren evangelisch. Thüringen war damals ein, wie man sagte, «stock»-protestantisches Land. Später war das dann anders. Da war ich ein Christ unter lauter Nichtchristen und noch später ein Nicht-Genosse unter lauter SED-Genossen. Es war also eine Situation von Minderheit, mit der man zurechtkommen musste. Ich verdanke meinen Eltern, vor allem meinem Vater, dass er, ähnlich wie es bei Thomas war, mir beigebracht hat, kein Querulant zu werden und nicht zu jammern, sondern daraus eine gewisse Art von Selbstbewusstsein zu gewinnen.

Worin drückt sich dieses Selbstbewusstsein aus?

Thierse: In der Grundeinstellung, nicht alles zu glauben und für richtig zu halten, nur weil andere etwas sagen, meinen und tun. Du musst es selbst prüfen und dich entscheiden, ob du ja oder nein sagst. Wenn ja, dann kannst du mitmachen, und wenn nein, musst du etwas anderes tun. Das war die erlernte Maxime.

Wie hast Du Deine Schulzeit in Erinnerung?

Thierse: Die Schule in den 1950er-Jahren der DDR war eine Mischung aus alt und neu, aus alten und neuen Lehren, alten Lehrplänen und neuer Politisierung. Als Kind hat man relativ schnell diese Unterschiede wahrgenommen. Ein Physiklehrer hat den Physikunterricht so weiter gemacht wie früher, aber mit Erzählungen aus seiner Soldatenzeit ausgeschmückt. Wichtiger war der politische Unterricht, also Staatsbürgerkunde und Geschichte. Nach Hause gekommen, haben wir Kinder erzählt, was wir in Deutsch, in Geschichte und Staatsbürgerkunde gehört hatten. Und mein Vater hat korrigiert, ergänzt oder die Gegengeschichte erzählt. Wir hatten also zu Hause noch eine Art zusätzlichen geschichtlichen und politischen Unterricht.

War Dein Elternhaus religiös?

Thierse: Ja, wir waren katholisch und die Gemeinde, zu der wir gehörten, war klein und bestand fast ausschließlich aus Vertriebenen und Flüchtlingen. Da sang man eben nicht die fränkischen Lieder, sondern die Lieder aus der Heimat, schlesische oder sudetendeutsche Lieder. Die

Gemeinde war ein Ort der Bewältigung dieses Schicksals des Vertriebenseins, des Verlustes der Familie, des Eigentums, der Heimat, also eines Gefühls der Fremdheit. Das schmiedet auf besondere Weise zusammen und ist wahrscheinlich auch eine beträchtliche soziale Leistung solcher Gemeinden gewesen. Religionsunterricht gab es nicht an der Schule. Der wurde im Pfarrerhaus abgehalten, auch später in der Jugendarbeit. Dann saßen wir mit ein paar jungen Leuten beim Pfarrer und haben miteinander diskutiert. Der Pfarrer kam ursprünglich aus Franken und hatte ein ziemlich hartes Leben, da er gleichzeitig viele kleine Gemeinde betreuen musste. Er hatte noch kein Auto, sondern ein Fahrrad mit Maria-Hilf-Motor, wie man das damals nannte, mit dem er die Dörfer besuchte. Der zweite Pfarrer, den ich erlebt habe, war ein Bauernsohn, was man ihm auch anmerkte. Er war ein ganz handfester und sehr freundlicher Mensch, der ein herzliches Verhältnis zu allen hatte und nicht irgendeine Macht repräsentierte.

Also warst Du auch selbst in der Kirche aktiv?

Thierse: Als Kind war ich ganz selbstverständlich Ministrant. Das gehörte einfach dazu. Die aktive Beteiligung in der katholischen Kirche war Teil meiner Differenzerfahrung: Minderheit sein, nicht zum Mainstream gehören – diese Differenz hat mich geprägt. Aber vielleicht ist das ja auch eine nicht ungewöhnliche Erfahrung, dass man in gesellschaftlichen, politisch-ideologischen Verhältnissen aufwächst, die man sich als Kind genauso wenig auswählen kann, wie die eigenen Eltern. Entscheidend ist, wie man damit umzugehen lernt.

Dann hast Du Dich vermutlich auch der Jugendweihe entzogen?

Thierse: Ich bin 1958, das war das achte Schuljahr, nicht zur Jugendweihe gegangen. Die Jugendweihe war ja nicht nur ein Bekenntnis zum Staat, sondern es war auch ausdrücklich ein Bekenntnis zur atheistischen Weltanschauung. Das Buch, das man bei der Jugendweihe bekam, hieß «Weltall, Erde, Mensch» und war ein populärwissenschaftliches, atheistisches Lebensbuch. Als katholischer Christ ging man nicht zur Jugendweihe, weil wir kein Bekenntnis zu einer atheistischen Weltanschauung abgeben wollten. Das Ergebnis war, dass sich mehr als die Hälfte der Schüler meiner Klasse ein Beispiel an mir nahm und nicht zur Jugendweihe ging. In der Parallelklasse sind hingegen alle gegangen. Meine Mitschüler dachten sich, wenn Wolfgang nicht geht, dann muss man das ja nicht, und natürlich steckte dahinter auch die Autorität meines Vaters.

Warst Du denn auch bei den Pionieren?

Thierse: Ich bin im fünften Schuljahr von meiner Klasse in den Freundschaftsrat der Schule gewählt worden. Das war im Grunde eine Art Schülervertretung. Da ja offiziell in der DDR-Schul- und Jugendwelt nichts ohne die Pioniere ging, teilte mir der Lehrer mit, dass ich ohne die Mitgliedschaft in der Pionierorganisation auch nicht dieses Amt wahrnehmen könne. Darüber war ich etwas betroffen. Als ich dann nach Hause kam und meinem Vater sagte: «Ich kann das nicht machen», da hat er gesagt: «Weißt Du was? Du hast das Vertrauen Deiner Schulkameraden. Das ist fast alles. Da kannst Du auch in diesen Laden gehen.» So wurde ich junger Pionier. Dieses Muster ist mir immer wieder passiert.

Was ist Dir immer wieder passiert?

Thierse: Offensichtlich habe ich den Eindruck vermittelt, dass ich einer bin, der eher den Mund aufmacht, der mutiger war. Deshalb wurde ich immer wieder in Ämter gewählt. Selbst an der Uni später, was mir besonders absurd vorkam. Ich wurde dort zum Sekretär der Seminargruppe gewählt, wahrlich kein hoher Posten. Als die Sektionsleitung aber nach zwei Jahren entdeckte, dass ich meine Arbeit als FDJ-Sekretär nicht ordentlich ausübte, verlangte sie eine Neuwahl. Und was passierte? Ich wurde wieder gewählt. Ich hatte gesagt, ich habe Interesse daran, Euch zu vertreten und bei der Organisation des Studiums mitzumischen. Aber alles andere hielt ich für überflüssig, weil wir das im Studium alles schon erledigten. Ich erzähle das, weil es eben öfter passierte, dass ich in etwas hineinrutschte, weil ich von Mitschülern oder Kommilitonen beauftragt wurde.

Du wurdest also Pionier, um diese Aufgaben zu übernehmen?

Thierse: Außerhalb der Pioniere gab es nichts anderes an der Schule, deshalb bin ich eingetreten, um in der Schülervertretung mitzumachen. Zugleich war ich immer auch innerhalb der kirchlichen Welt, der gemeindlichen Welt unterwegs. Da kann ich noch zwei weitere kleine Anekdoten zu den Absurditäten dieses Lebens erzählen, warum ich – nicht nur weil ich katholisch war und als Christ erzogen worden bin – nicht in die Gefahr geraten bin, jemals Kommunist zu werden. Das ist mein erstes politisches Schlüsselerlebnis: Stalin war 1953 gestorben und mein Vater musste einen Mann verteidigen, der auf der Dorfstraße im Suff geschrien hatte: «Stalin, der größte Verbrecher aller Zeiten, ist tot.» Er wurde zu acht Jahren Zuchthaus verurteilt. Mein Vater erzählte davon am Abendbrottisch und es kamen ihm, der eigentlich kein sentimentaler Mann war, die Tränen in die Augen, als er sagte: «Und ich konnte ihm nicht helfen.» Das habe ich niemals vergessen.

Und die zweite Anekdote?

Thierse: Eisfeld war sehr nah an der Grenze zu Bayern und wurde nach dem 13. August 1961 zum Teil des Sperrgebietes. Das bedeutete also, dass ich, um meine Eltern zu besuchen, jedes Mal Wochen vorher einen Passierschein beantragen musste. Ich erinnere mich daran, dass es einmal sehr dringend war, weil meine Mutter schwer krank war, dass ich schnell kommen musste und deshalb keinen Passierschein hatte. Ich bin trotzdem gefahren und natürlich erwischt und verhaftet worden. Das gehörte zu den Absurditäten der DDR: Man konnte innerhalb des eigenen Landes verhaftet werden, nur weil man seine Eltern besuchen wollte, aber keinen Passierschein hatte. Für jeden, der da gelebt hat, und erst recht nach dem Mauerbau, gab es dieses Grundgefühl: «Wir sind alle eingesperrt und wer weiß, für wie lange.» Das war ein Lebensthema für die Jugend, aber auch für die Erwachsenen.

Hast Du denn auch erlebt, dass Menschen aus Deinem näheren Umfeld geflohen sind, und wie wirkte dies auf Dich?

Thierse: Ja, was Thomas beschrieben hat, gab es auch in meinem Umfeld. Ich habe noch erlebt, dass in den 1950er- und 1960er-Jahren Schulkameraden nach den Ferien plötzlich weg waren. Meine erste kleine Liebschaft war 1961 auch plötzlich weg. Das war die Zeit, wo es am schlimmsten war. Es gab diesen Sog. Aber man ist ja Teil einer Familie. Meine Mutter war schwer krank. Sie litt an Multipler Sklerose und es ging ihr Jahr für Jahr schlechter. Das sorgte für eine starke Bindung an die eigene Familie. Es gab aber auch diese Grundüberzeugung, die Thomas genannt hast, die auch meinen Vater getragen hat: An diesen Platz hat uns Gott gestellt und wir verraten unseren Auftrag nicht. Es ist unsere Pflicht und unsere Aufgabe, hier zu bleiben und durch unser Leben Zeugnis zu geben. Das ging nicht ohne Schmerzen und Beschämungen. Nur ein Beispiel: In meinem letzten Schuljahr vor dem Abitur –

das war nach dem Mauerbau 1961 – mussten wir einen Hausaufsatz schreiben zu dem Thema «Würden Sie auf einen Deutschen schießen?». Der Lehrer erklärte im scharfen Ton, wer dazu nicht bereit wäre, müsse die Schule verlassen und dürfe kein Abitur machen. Eine schwierige Situation für mich. Der Kommentar meines Vaters dazu war: «Der will nicht Deine wirkliche Meinung wissen, der will nur eine Unterwerfung. Also geht es um eine argumentative Fingerübung.»

Dein Vater war für Dich Vorbild und man hat den Eindruck, dass er für Dich auch eine Art Lebensberater war. Ist das richtig?

Thierse: Mein Vater war ein durchaus korrekter Mann, der als Rechtsanwalt in so einer kleinen Stadt eine gewisse Autorität besaß und eine anerkannte Persönlichkeit war. Er war auf kommunaler Ebene in der CDU aktiv und nahm dort Verantwortung wahr. Bis 1933 im Zentrum, dann 1955 Mitglied der Ost-CDU. Er hat seine Partei-Oberen in Berlin gehasst und verachtet, aber hat vor Ort viele vernünftige Sachen gemacht. Er hat etwa als Anwalt mit Leidenschaft und mit großem Vergnügen Prozesse gegen Ärzte geführt, wenn diese Fehler gemacht hatten und alles verstecken wollten. Und zugleich hat er sich als Kreistagsabgeordneter um das Gesundheitswesen gekümmert, damit die ärztliche Versorgung stimmte. Wir lebten also ein durchaus widersprüchliches Leben. Immer in dieser Erfahrung, nicht zur Mehrheit dazuzugehören und gleichzeitig einen Modus finden zu müssen, mit Verhältnissen umzugehen, die man sich nicht hat aussuchen können.

Das war sicherlich nicht einfach, diese Widersprüchlichkeit auszuhalten?

Meyer: Das System hat manchmal so verrückte und ekelhafte Sachen hervorgebracht, das ganz klar war, dass man damit nicht viel zu tun haben wollte. Wir hatten ein kleines Kino bei uns an der Ecke, wo es eine Platzanweiserin gab, die auch in einer christlichen Gemeinde war. Anfang der 1950er-Jahre gab es noch diesen Kampf gegen die junge Gemeinde, die sich nicht schlucken lassen wollte. Die Tochter dieser Kinoangestellten hatte im Unterricht an irgendeiner Steile gesagt: «Gott ist größer als Stalin!». Für diesen Satz hat sie 25 Jahre Zwangsarbeit als Strafe bekommen, um die Leute abzuschrecken. 25 Jahre für «Gott ist größer als Stalin»! Da war uns klar, dass wir mit diesem System, so wie es sich präsentierte, keinen Umgang haben wollten.

Wenn man als Katholik in der DDR bleiben wollte und das war Euer Konzept, dann musste man kleinere und größere Kompromisse machen und einen klugen Umgang mit dem System finden. Worin bestand die katholische Komponente des Umgangs mit dem System?

Thierse: Es gab eine klare Ablehnung des kommunistischen Systems: Die Unfreiheit, die Unglaubwürdigkeit und Widersprüchlichkeit, das völlige Vertuschen von allen Schwierigkeiten, vor allem die Mangelsituation und der attraktive Westen. Es galt die katholische Grundüberzeugung, die ein durchaus beeindruckender Bischof mal in dem Satz formuliert hat: «Dieses ist nicht unser Haus, wir sind nicht seine Eigentümer, aber es ist schon unsere Pflicht, das Haus auch zu kehren». Das war unser Umgang damit. Der spätere Kardinal Alfred Bengsch, der eine sehr starke Persönlichkeit war, hatte die Grundüberzeugung, dieses System könne nicht ewig sein. Es geht darum, dass die Kirche überlebt. Und das heißt, sich einerseits so wenig wie möglich darauf einzulassen und so wenig Kollaboration wie möglich einzugehen, aber andererseits individuelle Kompromisse zuzulassen, weil gelebt werden muss.

Hat das funktioniert?

Thierse: Das war der Vorteil der kleinen katholischen Kirche, die manche Konfrontationen vermeiden konnte. Die große Kirche, die evangelische Kirche, musste sich auf mehr Konfrontation einlassen und zugleich auch auf mehr Kooperationen. Und die katholische Kirche stand im viel größeren Schatten und Schutz der Weltkirche. Aber bei allen konkreten Erfahrungsunterschieden zwischen evangelisch und katholisch gab es doch mehr und mehr im Laufe der DDR-Geschichte ein starkes wechselseitiges Gemeinschaftsgefühl. Der politische und ideologische Druck von oben und außen erzeugte eine existenzielle Gemeinsamkeit der Christen in der DDR.

Intellektuelle Prägungen zwischen Christentum, Marxismus und Grundwerten

Das Studium ist nach Kindheit und Jugend sicher eine besonders prägende Phase. Du konntest nach der Schule nicht sofort mit dem Studium beginnen?

Thierse: 1962 habe ich mein Abitur gemacht. Zunächst wurde ich nicht zum Studium zugelassen. Ich hatte mich beworben für Theaterwissenschaft und Germanistik in Leipzig, aber dazu kam es nicht, weil damals wieder eine Bildungsrevolution ausgerufen worden war unter dem Motto, alle sollten erst einmal einen Beruf erlernen. Von meiner Klasse jedenfalls sind nur drei Mitschülerinnen, die übrigens alle ein Lehrerstudium machten, direkt zum Studium gekommen.

Du hast also zunächst auf ein Studium verzichtet und hast als erstes eine Lehre gemacht?

Thierse: Ja, zunächst habe ich eine Lehrstelle gesucht, bin nach Weimar geraten und habe dort das edle Handwerk des Schriftsetzers erlernt. Diesen Beruf gibt es gar nicht mehr, er ist bereits im Museum gelandet. Damals ging das mit einer verkürzten Lehrzeit, weil ich ja Abitur hatte. Die Berufsschule war in Erfurt und ich habe in der Setzerei einer Zeitung in Weimar gelernt. Das war ganz gut für mich, weil ich aus einer Kleinstadt mit 6.000 Einwohnern jetzt in eine wirkliche Stadt mit 60.000 Einwohnern geriet – und noch dazu in diese einzigartige deutsche Kulturstadt.

Welche Anstöße hat Dir das Leben in Weimar vermittelt?

Thierse: Meine «Weimarer Zeit» habe ich vor allem mit kultureller Bildung verbracht. Ich bin ins Theater, ins Museum, in Konzerte gegangen, habe also wirklich sehr viel aufgesogen. Die DDR hat ja das klassische Erbe in besonderer Weise zu pflegen versucht, das war auch eine Brücke zwischen altem Bürgertum und neuer politischer Macht, wie man es in Weimar und übrigens auch in Städten wir Dresden und Leipzig erleben konnte. Und ich habe mich auch sofort, obwohl ich nur Lehrling war, bei der katholischen Studentengemeinde eingefunden. In Weimar gab es sowohl eine Architektur- und Bauhochschule sowie eine Musikhochschule. Die Studentengemeinde hat mich gleich akzeptiert. Dort habe ich Freunde gefunden, mit denen ich noch heute befreundet bin. Im jugendlichen Alter freundet man sich ja leichter an, auch dauerhafter. Das war für mich eine ganz wichtige Zeit fürs Erwachsenwerden.

Wichtig war übrigens auch der Kontakt mit den Kollegen in der Druckerei, die intensiven Gespräche, die man geführt hat, auch dadurch habe ich viel gelernt. Denn da ich nebenbei Geld verdienen wollte, habe ich Korrektur gelesen bei der Zeitung. Dabei lernt man, genau und schnell und alle Fehler entdeckend zu lesen. Auch habe ich gelernt, wie man im Stehen, sich am Setzkasten festhaltend Schlaf haben kann, um sein jugendliches Schlafdefizit auszugleichen. Das war eine ganz gute Lehrzeit, ein halbes Jahr habe ich dann noch als Schriftsetzer gearbeitet.

Wie ist Dir dann der Wechsel vom Handwerk an die Universität gelungen?

Thierse: Ich habe mich einfach wieder beworben und bin 1964 zum Studium in Berlin an der Humboldt Universität, Kulturwissenschaft und Germanistik, zugelassen worden. Dazu gehörte eine Aufnahme- und Eignungsprüfung. Es war ja so, als ob es – wie man im Westen gesagt hätte – in allen Fächern einen Numerus clausus gäbe. Also es wurde ausgewählt und ich erinnere mich noch, wie mir eine gewissermaßen fundamentale Frage gestellt wurde: «Was ist eigentlich das Ziel des Marxismus?". Und ich habe, wie mir später erzählt wurde, die anwesenden Prüfer mit einer überzeugenden Antwort verblüfft: «menschliche Gleichheit herzustellen, damit nur natürliche Ungleichheit zählt". Diese einfache Antwort führte dazu, dass sie sagten, diesen intelligenten jungen Mann nehmen wir, trotz seines familiären Hintergrunds, naja, ein gutes Abiturzeugnis kam hinzu.

Das Fach Kulturwissenschaften hört sich so gar nicht nach einem Studiengang an einer Universität in der DDR an. Wo kam denn dieses Fach her und was war der Anspruch, der sich damit verbunden hat?

Thierse: Kulturwissenschaft war ein neues Studienfach in der DDR, das gab es vorher nicht. Das war eine Art von Philosophiestudium mit einem gewissen Schwergewicht auf Kulturtheorie, Kulturgeschichte und Ästhetik. Es war auch vorgesehen, dieses Fach zu verbinden mit einer anderen spezielleren Disziplin. Ich hatte mich da für Germanistik entschieden, andere hatten Theaterwissenschaft, Musikwissenschaft oder Kunstgeschichte gewählt.

Die Idee, ein solches Fach einzurichten, hatte mit einer Entwicklung im «Marxismus» zu tun. Nämlich mit der Entdeckung, dass es zwar dessen Teildisziplin dialektischer und historischer Materialismus gab, aber keine wissenschaftlich-theoretische marxistische Bemühung dazu, wie denn eigentlich die Entwicklungsbedingungen menschlicher Individualität in einer sozialistischen Gesellschaft aussehen müssten. Dahinter steckte im Grunde eine anthropologische Frage, die bei Reformkommunisten aufgekommen war. Ich erinnere an Adam Schaff, den polnischen marxistischen Philosophen, und auch auf französischer Seite gab es Vergleichbares. Plötzlich tauchte die Frage auf, dass die allgemeine Gesellschaftstheorie und die Natur-Theorie nicht ausreichen für eine sozialistische Gesellschaft, die doch den Menschen formen soll. Das war gewissermaßen der theoretische Horizont.

Dass die DDR die Kulturwissenschaft einrichtete, hatte doch sicher auch praktische Erwägungen?

Thierse: Der praktische Hintergrund war, man wollte Leute ausbilden, die Kulturfunktionäre werden, die also Kulturarbeit machen, die sich um das Kulturelle und Künstlerische kümmern sollen. Es war im Grunde ein doppeltes – theoretisches wie praktisches – Motiv, und dafür erfand man dieses Studium, das eigentlich aus der Philosophie herausgenommen wurde, und formte eine eigene Disziplin. Wir waren der erste reguläre Studienjahrgang, etwas Vergleichbares wurde dann auch an der Leipziger Universität gegründet, aber dort stärker orientiert auf die praktische Kulturarbeit. In Berlin war das Studienfach durch die Personen, die damit zu tun hatten, stärker auf den theoretischen Anspruch ausgerichtet.

Ein gesellschaftswissenschaftliches Studium in der DDR war schon eine stark ideologische Veranstaltung?

Thierse: Nun muss man erzählen, wie das Studium in den Jahren nach 1964 war. Zunächst hatten wir drei Jahre lang in extremer Ausführlichkeit Vorlesungen und Seminare zum dialektischen Materialismus, zum historischen Materialismus und zur Geschichte der Arbeiterbewegung. Auch Vorlesungen und Seminare zur politischen Ökonomie des Kapitalismus, sowie zur politischen Ökonomie des Sozialismus fanden über die ersten zwei, drei Jahre verteilt statt. Und dann kamen die eigentlichen Fächer der Disziplin: Vorlesungen und Seminare zur Kulturgeschichte, zur Geschichte der Ästhetik, auch eine Einführungsvorlesung in die Theorie und Praxis der sozialistischen Kulturrevolution. Ich habe auch Vorlesungen zur Geschichte der Philosophie besucht. Das war dann gewissermaßen «das volle Programm» und natürlich war es teilweise dieser richtig hölzerne und dogmatische Katheder-Marxismus.

Aber es hing natürlich immer auch stark ab von den Personen, die da lehrten. Da gab es durchaus Unterschiede. Aber eines blieb in Erinnerung, ganz viele Vorlesungen hatte ich in einem bestimmten Saal, vielleicht gibt es ihn heute noch an der Uni. An dessen Frontseite stand das Lenin-Zitat, «Die Lehre von Marx ist allmächtig, weil sie wahr ist". Ich habe das immer als Bedrohung empfunden, unter diesem Motto zu studieren hatte etwas durchaus Gespenstisches. Einerseits hat man natürlich gelernt, der Lehrstoff wollte ja auch verstanden werden. Also Begreifen, worum es geht, und andererseits hat man sich eben dagegen gewehrt.

Gab es für Dich so etwas wie einen zentralen Ort alternativer politischer Prägung?

Thierse: Ja, das Gegenprogramm war die katholische Studentengemeinde in Berlin. Da wurde das alternative Programm gelebt, da gab es interessante Vorträge, viele hoch spannende Leute aus dem Westen, denn die konnten ja mit einem Tagesvisum in die Hauptstadt der DDR. Das war ein Vorteil. Ich habe mancherlei Philosophen, berühmte Theologen und Historiker, die dort Vorträge hielten, kennengelernt. Das war schon ein spannendes Gegenprogramm. Ich bin ja dann auch sofort im zweiten Studienjahr – wieder einmal – zu einem Sprecher, jetzt dieser Studentengemeinde, gemacht worden. Später wurde ich auch Sprecher der katholischen Studentengemeinde in der DDR. Also auf der einen Seite die Universität, ein Ideologie-Fach, das ich studiert habe, und auf der anderen Seite das gelebte Gegenprogramm. Das war wichtig für mich in dieser Zeit.

Wie kam es denn zu dieser gewissermaßen ideologischen Studienentscheidung?

Thierse: Das war sozusagen auch eine negative Entscheidung. Ich habe leider keinerlei naturwissenschaftlich-technische Begabung. Mein Bruder ist Diplomingenieur geworden, ist vollkommen anders als ich. Und Mediziner wollte ich auch nicht werden, also blieb nur ein Studium aus dem Interessensbereich Germanistik, Literaturwissenschaft oder Theaterwissenschaft. Das war der Bezugspunkt. Dann bin ich in die Kulturwissenschaft geraten. In das, was man im Westen Geisteswissenschaften genannt hat und bei uns Gesellschaftswissenschaften. Damit musste man zurande kommen, einen intellektuellen Modus Vivendi finden, also ein kritisches Verhältnis zum Marxismus. In der katholischen Studentengemeinde aus Berlin hatten wir Abende mit zwischen 50 und 250 Leuten, da war natürlich die Hälfte Medizinstudenten, viele waren Naturwissenschaftsstudenten. Ich habe dann immer trotzig gesagt, es können nicht alle Katholiken und alle Protestanten Ärzte und Ingenieure werden, ein paar müssen auch noch etwas anderes machen.

War denn eigentlich auch das Studium der Theologie eine Option für Dich gewesen?

Thierse: Nein. Es gab übrigens auch kein katholisches Theologiestudium damals in Berlin. Bei den Protestanten gab es zwar evangelische Theologie an der Universität, doch diejenigen, die sich diesem staatlichen Diktat und Einfluss nicht unterwerfen wollten, für die gab es ein ganz anderes Studium, nämlich am Sprachenkonvikt konnte man Theologie studieren. Kritische evangelische Geister wie Richard Schröder haben fast alle dort studiert und nicht an der Universität, deren Theologieprofessoren eher systemhörig waren, die den Kommunismus gepredigt haben mit christlichen Argumenten. Im Grunde muss man sagen, die den Staat gepredigt haben, denn die kommunistische Utopie wäre doch noch etwas anderes.

Thomas Meyer hatte ja nach seiner Flucht aus Leipzig eine Ausbildung im Bergbau gemacht. Das prädestiniert nicht direkt zum Studium der Geisteswissenschaften. Wie ist denn dieser Aufstieg aus der Tiefe der Erde in die Höhe des Geistes zustande gekommen? Was waren prägende berufliche Erfahrungen aus dem Aachener Revier, damit wir verstehen, wie Du von dort nach Frankfurt gekommen bist?

Meyer: Ich habe nach meiner Flucht von Leipzig in den Westen zunächst bei meiner Schwester gelebt und dann knapp eineinhalb Jahre diese Bergarbeiter-Lehre als Grubenelektriker in einer Steinkohlenzeche gemacht. Es gab dort u.a. türkische Praktikanten, die in Istanbul Bergbauwesen studierten und ein Praktikum in einer Zeche im Ausland machen mussten und eine Reihe spanischer Gastarbeiter. Mit vier der Türken habe ich etwas später, als ich bei meiner Schwester ausgezogen war, ein Zimmer freundschaftlich geteilt, mit ihnen eine schöne Zeit gehabt und insgesamt interessante Erfahrungen gemacht. Eine davon war die Arbeit unter Tage: fünf Uhr morgens aufstehen, sechs Uhr Stechuhr am Werkstor, in der «Waschkaue» hängt der Korb mit der Arbeitskleidung noch oben unter der Decke, die von der Kohle verschmutzten Klamotten vom Vortag wieder anziehen, und dann zum Förderkorb und mit den Kumpeln in Hochgeschwindigkeit (ca. 15 m /sec) die 600 m nach unten auf Sohle 4. Unter Tage, da wo wir gearbeitet haben, waren die Kohleflöze nur 60 Zentimeter hoch, nicht höher, da mussten wir für etliche Stunden hineinkriechen, in den «Streb» und alle übrigen Bewegungen gingen nur noch auf den Knien oder im Kriechgang. Dort konnte man wegen der geringen Mächtigkeit der Anthrazitflöze die Kohle nicht höher abbauen, weil sich sonst womöglich die darüberliegenden Gesteinsschichten gelockert hätten und herunter gebrochen wären, mit tödlichen Folgen für viele Bergleute. Also 250–300 Meter lang und nur 60 Zentimeter hoch, das war sozusagen der Arbeitsplatz und die Kumpel waren natürlich alles sehr handfeste Leute, denen man überhaupt nichts vormachen konnte, auch die Vorgesetzten nicht. Die hatten alles schon gesehen und bewältigt.

Die Bergmannswelt war eben eine ganz eigene Arbeiterkultur?

Meyer: Ja, da war das Sprichwort, «der hat noch keine Kohle am Stück gesehen», wenn sie sagen wollten, jemand hat halt keine Ahnung und Lebenserfahrung. Des Öfteren rückten benachbarte Kumpel heran für eine gemeinsame «Prise» Schnupftabak, denn Tabakrauch war natürlich untertage strikt verboten. Nach der Schicht gab es Gespräche, u. a. mit spanischen, türkischen, niederländischen «Gastarbeitern» und Gewerkschaftskollegen. Das alles hat mich natürlich nicht ausgefüllt. Interessanter war schon der Rat, mal etwas von Ernst Bloch zu lesen und Immanuel Kant. Ich war dann sofort von beiden begeistert, Bloch war mehr für die Stimmung, Kant, dessen «leichtere» Texte mir natürlich einige Nüssen zu knacken gaben, hat mich vollständig überzeugt und mit einem gewissen Stolz erfüllt. Ich war jetzt 18 Jahre und «mündig» und konnte selbst entscheiden, wie mein Leben weiter gehen soll. Mir war natürlich mittlerweile mehr als klar, dass das Bergmannsleben in der Kleinstadt nicht mein höchster Lebenszweck sein kann.

Durch Aachener Studenten in unserem Ort war ich ja auf Schriften von Bloch aufmerksam geworden und auf gut zugängliche Darstellungen der praktischen Philosophie von Kant, die mich beide elektrisierten und ganz neuartige Verbindungen ergaben, in deren Licht ich meine DDR-Erfahrungen besser ordnen konnte. Dabei ergaben sich überraschende Zusammenhänge zwischen Motiven von Kant und Marx, die meinen Erfahrungen und Suchbewegungen nach der religiösen Phase auf neue Weise Sinn und Richtung gaben und meine Distanz zur christlichen Religion begründeten und vertieften. Wobei jedoch sichtbarer wurde, worin der vernünftige Kern der Religion weiterhin bestehen könnte. Ich habe in dieser Zeit auch Leute getroffen, mit denen ich über die Erfahrungen des Arbeitslebens und die Gesellschaft des Westens mit ihren ganz eigenen Widersprüchen reden konnte. Dabei habe ich im Gespräch mit den Betriebsräten und Gewerkschaftssekretären sowie eigenen einschlägigen Erfahrungen den Wert der Gewerkschaftsarbeit kennengelernt, nachdem ich wie damals üblich bereits ein paar Tage nach Arbeitsbeginn ohne große Debatte Mitglied der IG Bergbau geworden war – und bis zum Ende meines Berufslebens einschließlich der Studentenzeit immer geblieben bin.

Du hast dann dort studiert, wo es in den 1960er-Jahren intellektuell am spannendsten war?

Meyer: Stimmt. Da ich gehört hatte, dass es in Frankfurt zwei Möglichkeiten gab, das Abitur in überschaubarer Zeit und bester Qualität nachzuholen – das Hessenkolleg und das Goethe-Gymnasium – und an der Frankfurter Uni die Art von Antworten zu finden sein dürften, nach denen ich jetzt suchte, steuerte ich nun zielstrebig die Übersiedlung in die Hessenmetropole an. Doch weggegangen bin ich diesmal erst, nachdem ich meine Facharbeiterprüfung vor dem Oberbergamt Aachen als «Elektrohauer untertage" abgelegt habe. Als gelernter Bergmann hätte ich ja jederzeit wieder einsteigen können, allerdings, wie ich feststellen musste, zu einem vergleichsweise geringen Einkommen. Wir haben dort unten viel weniger verdient als z. B. Fliesenleger übertage, was wir natürlich genau erkundet hatten. Die «Bergbau-Prämie» dafür, dass man ins Dunkle, Riskante überhaupt eingefahren ist und dort acht Stunden arbeitete, betrug anfangs eine Mark und fünfzig Pfennige und der eigentliche Lohn belief sich auf die Hälfte von dem eines Fliesenlegers.

Da bin ich dann nach Frankfurt gegangen. Dort wohnte eine Tante von mir aus dem Osten, bei der konnte ich unterkommen. Die war übrigens in der DDR sehr mutig gewesen. Dort war es ja so, dass Agitatoren der Nationalen Front am Tage von Volkskammerwahlen Leute, die nach Mittag noch nicht an der Urne erschienen waren, zu Hause aufsuchten, um sie zum Wählen zu «motivieren». Diese sagten mit deutlich drohendem Unterton zum Beispiel: Sie haben noch nicht gewählt, wollen Sie denn nicht die Kräfte des Weltfriedens unterstützen und für die Kandidaten der nationalen Front Ihre Stimme abgeben? Meine Tante erwiderte darauf stets trotzig: «Solange Sie keine Auswahl anbieten, kann ich ja gar nicht wirklich wählen. Bloß zustimmen will ich aber nicht. Erst wenn es etwas Richtiges zu wählen gibt, komme ich zur Wahl.» Die hatte Courage, aber ihr ist nie etwas passiert. Bei ihr bin ich also in Frankfurt gern eingezogen.

Mit der Tante voller Zivilcourage im Rücken bewegtest Du Dich früh in den Frankfurter Intellektuellenkreisen?

Meyer: Ja, ich knüpfte in Frankfurt sofort neue Kontakte mit Studenten, die waren zum Teil etwas älter, also Mitte 20. Da waren viele dabei, die sehr belesen waren und genaue Kenntnis hatten von verschiedenen Theorien, die mich besonders interessierten. Die haben mich sofort nach drei, vier Abenden in den berühmten Frankfurter Club Voltaire geschleppt, mein neues Wohnzimmer für die späteren Abend- und Nachtstunden. Das war immer höchst interessant, denn da traf sich alles, was an linken Theorien und Ideologien in der Welt war, bis hin zu sehr aktiven Trotzkisten. Mich faszinierten vor allem die verschiedenen Varianten des westlichen Marxismus, die Kritische Theorie, die Kantische Philosophie, die Psychoanalyse sowie die Verbindungslinien und Anschlüsse zwischen ihnen allen. Der führende Frankfurter Sozialdemokrat Fred Gebhardt ist ja vielleicht noch ein Begriff. Er entpuppte sich bei näherer Bekanntschaft als das Haupt der Frankfurter Trotzkisten, die die Politik des «Entrismus» verfolgten, das Hineingehen in die großen Organisationen der Arbeiterbewegung, um den Laden von innen ganz langsam umzukrempeln. Gebhardt war später maßgeblich im Bezirksvorstand der SPD und für längere Zeit sogar Landtagsabgeordneter.

So war es also zunächst nicht die Schule oder die Uni, sondern das intellektuelle Umfeld des Club Voltaire, was Dich in den ersten Frankfurter Erfahrungen besonders inspirierte?

Meyer: Also wir haben dort alle möglichen Leute getroffen, auch Assistenten und ehemalige Assistenten von Ernst Bloch, von der Uni und dem in einer Nebenstraße gelegenen Sigmund-Freud-Institut. Und hatten endlose Zeit zum Debattieren nach Bedarf. Auch die Frankfurter Schule hat dort schon vor meinem Studienbeginn für mich eine Riesenrolle gespielt. Dort habe ich sehr schnell alle möglichen marxistischen Theorien kennengelernt und über diese dann Tag und Nacht diskutiert. Tagsüber habe ich am Anfang morgens von neun bis zwölf in einem Verlag gearbeitet, der war da um die Ecke, und bin dann anfangs von 13 bis 19 Uhr sechs Stunden täglich aufs Abendgymnasium gegangen.

Von Leuten, die sich auskannten, die sahen, dass ich das ganz gut machte, kam der Tipp mit dem Stipendium. Nach einem halben Jahr bekam ich dann das Walter-Kolb-Stipendium, benannt nach einem ehemaligen Frankfurter Oberbürgermeister. Das waren so ungefähr 220 DM. Klar, da musste man sehen, wo man noch etwas dazu bekam. Aber damals war das auch nicht wenig, zudem man sparsam gelebt hat. Es hat gereicht, zumal ich dann mittlerweile in einem Walter-Kolb-Studentenwohnheim in der Kronberger Straße wohnte, einem der beiden Zentren der Frankfurter Studentenbewegung. Da war jetzt alles räumlich dicht beieinander, das Gymnasium und die Uni, das legendäre Café Laumer, wo Adorno, der um die Ecke wohnte, und seine Leute manchmal zu besichtigen waren. Da waren auch das Institut für Sozialforschung und das Sigmund-Freud-Institut. Man musste in diesem engen Revier von Universität, Studentenwohnheim, Club Voltaire und Café Laumer einfach immer bei der Frankfurter Schule landen.

Wie bei Wolfgang im Osten war bei Dir die Auseinandersetzung mit dem Marxismus, wenn auch auf andere Art, ebenfalls bedeutend?

Meyer: Ja, mir ging es immer um eine vernünftige Synthese von Marx und Marx, besonders nachdem ich die Kantischen Motive beim nicht leninistisch gelesenen Marx deutlich identifiziert hatte. Wichtig ist, ich bin der Frankfurter Schule nie ganz verfallen. Auch in den damaligen Diskussionen, darauf angesprochen, was mich in der jüngeren Ideengeschichte am meisten überzeugen würde, nannte ich bereits Kant. Ich hatte Kant intensiv gelesen, bereits in der Schulzeit, immer wieder, tatsächlich den ganzen Kant und der hatte mich doch in den zentralen Fragen sehr überzeugt. Das war so 1963–1967, andere Fächer wie Mathematik, Physik waren auf dem Gymnasium kein Problem, hatten für mich aber auch nichts Innovatives und Interessantes – und im Deutschunterricht gab es von einem ganz alten Lehrer eher ziemlich Verkrampftes.

Ich war schon seit längerem halb an der Uni und konnte mich dann 1967 formell einschreiben. Meine Fächer entsprachen meinen Interessen Philosophie, Politik und Psychologie, später musste ich aufgrund der Studienordnung Deutsche Literatur statt Psychologie belegen. Aber ich hatte vorher schon viel mitbekommen und sehr viel gelesen, natürlich sehr stark die sogenannten westlichen Marxisten, die «marxistisch» erklären wollten, warum es in Deutschland nicht zur Revolution gekommen war, das Rätsel der versäumten und verpassten Revolution. Zum Rätsel wird die Revolution von 1918 ja erst, wenn man mit den Leninisten davon ausgeht, dass eine «sozialistische» Revolution in Deutschland zu dieser Zeit eigentlich kommen musste. Die westlichen Marxisten von Georg Lukacs bis Karl Korsch und Leo Kofler legten nun dar, dass ihr überraschendes Ausbleiben an der «Verdinglichung» und «Entfremdung» in der kapitalistischen Gesellschaft liegt. Die meisten Arbeiter hätten ein «verdinglichtes Bewusstsein» und könnten die Veränderbarkeit der Verhältnisse nicht erkennen. Doch wenn sie erst einmal losstürmten, dann gingen ihnen die Augen auf, dann sähen sie, dass das eben alles stimmt, was geschrieben wurde, dass wahr ist, was immer strittig diskutiert wurde. «Verdinglichung» und «Entfremdung» waren die Schlüsselbegriffe, um den enttäuschenden Geschichtsverlauf wieder mit der Theorie in Einklang zu bringen.

Was waren die wichtigsten Lektüren, die Dich in den Frankfurter Jahren geprägt haben?

Meyer: Also, das war schon eine sehr produktive Zeit. Eine Zeitlang habe ich sehr intensiv Ernst Bloch gelesen. Bloch lebte ja noch, kam auch mal nach Frankfurt, zwei, drei Mal auf Einladung der Frankfurter Schule. Es gab viel Freud und seine diversen Schulen, Habermas und Marcuse. Ich habe viel Adorno gelesen, an dem ich mich eine Zeit lang berauschte, bis ich dann sah, das war im Grunde Opium für praxisabstinente Intellektuelle. Ich hatte ein Erweckungserlebnis, als ein Amerikaner von der Princeton University, da waren ja die besten Studenten, mir im Studentenwohnheim in mein Zimmer zugeteilt wurde. Lew Hinchman ist heute noch einer meiner besten Freunde. Er sprach schon fließend deutsch und war zum Adorno-Seminar mitgekommen. Er hatte in Princeton bereits Philosophie und Politik studiert, und rieb sich nach den ersten Adorno-Seminaren erstaunt die Augen: «Was ist denn hier los?». Dieses ganze Seminar kam ihm vor wie ein riesiger Papageien-Stall, wo alle den Meister sprachlich nachahmten: Wer kann am besten «adornieren», wer kann das Reflexivpronomen «sich» am weitesten hinten im Satz zurückstellen, bis dann endlich das erste nahezu überraschend doch noch auftaucht? Lew sagte, das ist doch kein Seminar hier, da wird doch gar nicht diskutiert, alle versuchen sich im Formulieren der gleichen Gedanken zu überbieten. Das war natürlich übertrieben, aber nicht ganz falsch. Und das wurde mir durch ihn dann langsam auch klar. Ich habe auch als Kontrastprogramm Karl Popper und die analytische Philosophie studiert, natürlich auch Nietzsche und viel Hegel tage- und nächtelang.

Obwohl ich Ernst Bloch auch eine Zeitlang geliebt habe, erinnere ich mich jetzt an seine schöne Formulierung, dass einige in der Philosophie statt kritisch zu lesen, nur «somnambul am Text entlang dämmern.» So ging es mir bei einigen Bloch-Texten, die waren für mich, wie mir allmählich klar wurde, auch eine zeitweise Ersatzbefriedigung für die nicht mehr vorhandene Religion. Besonders relevant für mich war zunächst die Lektüre der neuen Texte von Herbert Marcuse, besonders «Der eindimensionale Mensch» und «Eros und Kultur». Das Geheimnis von Marcuse war ja die Verbindung der Nöte der sexuellen Triebbefriedigung der Jugendlichen mit der großen gesellschaftlichen Emanzipation vom Kapitalismus als Unterdrückungsmechanismus der menschlichen Triebe. Was uns daran hindert, ein freies Triebleben zu führen, wie wir das am liebsten hätten, sei genau das gleiche, wie das, was die Herrschaft des Kapitals über die Gesellschaft sichere. So eine Botschaft musste uns begeistern, es war die zentrale Ideologie der Studentenrevolte.

Marcuse hatte ja drei große Bücher dazu geschrieben. Das eine über den Sowjetmarxismus hat mir aus dem Herzen gesprochen, dessen Entlarvung als öde, inhuman und bürokratisch, als eben gar nicht im eigentlichen Sinne sozialistisch. Zum zweiten «Eros und Kultur / Triebstruktur und Gesellschaft». Wie angedeutet, der Mechanismus, der unsere Triebe unterdrückt, die repressive Sublimierung, ist auch der gleiche, der den Kapitalismus aufrechterhält und die Verblendungszusammenhänge schafft, die uns daran hindern zu erkennen, was eigentlich Sache ist. Drittens «Der eindimensionale Mensch", denn wir seien alle zu Konsum-Puppen geschrumpft, und deswegen im richtigen menschlichen Leben gar nicht mehr in der Lage, dieses ganze Elend zu begreifen. Die Arbeiter verstehen nicht mehr, was wirklich Sache ist. Das waren ja dann auch die Hauptthesen der Studentenrevolte. Darüber wurde jeden Abend wieder neu diskutiert, sodass ich das alles schon früh draufhatte. Dazu kamen noch die Schlüsseltexte von Sigmund Freud. Anspruchsvoller waren die Texte von Jürgen Habermas, der «Strukturwandel der Öffentlichkeit» und «Erkenntnis und Interesse». Leider erst als Habermas Frankfurt verlassen hatte und sein Starnberger Forschungsinstitut leitete, wurden mit seiner «Theorie des Kommunikativen Handelns» auf der Grundlage des inzwischen erfolgten «linguistic turn» Texte von ihm vorgelegt, die meine Hoffnungen auf eine zeitgerechte Synthese von Kant und Marx weitgehend erfüllten. Das hat mich sehr überzeugt und auch geprägt.

Die Trotzkisten spielten dann keine Rolle mehr?

Meyer: Doch, eine Zeitlang ging ich in ihre Zirkel und las auch ihre Zeitung. Bald verstand ich jedoch, dass Trotzki keine theoretische Alternative anzubieten hat, dass er trotz der Gegnerschaft zu Stalin überhaupt nichts Besseres zu bieten hat. Trotzdem war Trotzki natürlich auch ein kulturell hochgebildeter Geist. Er hat interessant geschrieben und tiefe Einsichten in die Analyse des Stalinismus vermittelt, nur seine Alternative dazu taugt eben überhaupt nichts. Weder «Die permanente Revolution» noch der «Sozialismus ohne Bürokratie». Wenn er in der Sowjetunion an der Macht gewesen wäre, hätte er in etwa dasselbe gemacht wie Stalin: eine bolschewistische Politik, nur ebene ohne Stalin. Wegen der scharfen Stalinismuskritik als scheinbare Alternative zum Sowjetkommunismus gab es damals noch eine Menge Trotzkisten.

Wie war denn die eigentliche studentische Erfahrung an der Universität?

Meyer: Natürlich ging ich zu den Adorno-Seminaren und Vorlesungen, wenn auch mit einer gewissen Distanz. Ich hatte ja Philosophie als Hauptfach, in dem ich allerdings, was das im eigentlichen Sinne Fachliche angeht, vor allem in den Seminaren von Prof. Karl-Heinz Haag, der von der philosophisch-theologischen Hochschule St. Georgen in Offenbach von Max Horkheimer geholt worden war, viel Handfestes gelernt habe. Psychologie war für uns vor allem Psychoanalyse, Freud und seine Schule – das habe ich als Fach vor allem am neuen Sigmund-Freud-Institut studiert. Alexander Mitscherlich war selber noch Chef und hat Lehrveranstaltungen abgehalten. Er war es auch, der mich für das Stipendium der Friedrich-Ebert-Stiftung empfohlen hat. Im Fach Politikwissenschaft war mein Professor Iring Fetscher, dem das bleibende Verdienst gebührt, die wissenschaftliche Befassung mit Marx und dem Marxismus nach den Jahren von dessen Verfemung an deutschen Universitäten wieder salonfähig gemacht zu haben. Er war ein Kenner ohne Vorurteile und Dünkel.

Wir lernten auch Philosophie im Kleinen, schulmäßig, ohne den großen Adorno-mäßigen Glanz. In diesen Seminaren habe ich die wichtigsten Themen und Thesen aus der Geschichte der Philosophie aufgenommen. Trotzdem, weil er eben der Einzigartige war, habe ich dann Adorno gebeten meine Doktorarbeit zu betreuen. Er hat sofort zugesagt, mir aber zu meinem Erstaunen ein durchaus interessantes Thema zugewiesen: «Der Begriff des Politischen bei Heidegger». Er kannte mich aus seinen Oberseminaren ganz gut, wo man auch schon in frühen Semestern sitzen durfte. Ich habe dann eifrig mit den Vorarbeiten begonnen. Nicht viel später ist Adorno ja dann für uns alle sehr überraschend im Urlaub in Sils Maria gestorben.

Aber Adorno hatte doch kurz vor seinem Tod einen Riesenkrach mit den Studenten?

Meyer: Ja, denn die Aktivisten unter den Studenten haben ihn völlig missverstanden, sie haben seine hoch verschachtelten Reflexionen und Aphorismen über das kapitalistische System im Marxschen Sinne als Anleitungen zur Praxis gelesen und politisch für bare Münze genommen. Das war aber von Adorno so nie gemeint. Es ging ihm ja vielmehr um eine tiefgründige Zivilisationskritik der Epoche und um das Verständnis der Unmöglichkeit einer menschlichen Emanzipation in dieser Welt. Viele Studenten glaubten ganz zu Unrecht, sie seien mit ihrem wenig reflektierten Aktivismus am Institut für Sozialforschung an der richtigen Adresse. Adorno versetzten sie aber in Panik, und die Studenten wurden von der Polizei rausgeschmissen. Für Adorno gewiss ein Trauma.

Wie entwickelte sich Dein Verhältnis zum Marxismus?

Meyer: In diesem ganzen Ideen-Gewühl war für mich klar, dass die marxistischen Theorien hoch interessant sind und in vielem die richtigen Punkte treffen. Sie waren für mich aber wegen ihres «versteckten Normativismus» nie vollkommen überzeugend als Orientierungssystem. Ich war ja demokratischer Sozialist und las natürlich auch, was Hermann Cohen, der berühmte Neukantianer und Philosophieprofessor in Marburg, Begründer der Judaistik-Studien in Deutschland, zu meinem Thema geschrieben hatte: «Der eigentliche Begründer des Sozialismus in Deutschland ist Kant». Der hatte ja bekanntlich den Imperativ formuliert: Handle stets so, dass Du die von Deinem Handeln betroffenen Menschen jederzeit als Selbstzweck und niemals nur als Mittel für Deine Zwecke behandelst. Auf die Gesellschaft als Ganze angewandt, erkannte Cohen, verlangt das einen humanistischen, demokratischen Sozialismus, wenn er richtig verstanden wird. Diese andere Anwendung des kategorischen Imperativs auf die Strukturierung der Gesellschaft und der wirtschaftlichen Verhältnisse hat mir schlagartig vollkommen eingeleuchtet bis heute. Das war die Synthese von Marx und Kant, die mir vorschwebte.

Diese akademische Auseinandersetzung mit dem Marxismus hat Dich im Weiteren nicht losgelassen?

Meyer: Im sogenannten Realsozialismus, das sehe ich wie Wolfgang, war dieser vollkommen verraten und verkauft. Und als wirkmächtiges Orientierungssystem habe ich daher natürlich angefangen genauer zu untersuchen, wo und wie Marx recht hat und wo und wie die Missverständnisse und der Missbrauch à la Leninismus beginnen. Darüber habe ich dann meine Doktorarbeit geschrieben: «Der Zwiespalt in der Marxschen Emanzipationstheorie» Es gibt emanzipatorische Seiten bei Marx, was mit den Kantischen Einflüssen zu tun hat, und es gibt diesen pseudowissenschaftlichen Determinismus. Der sozusagen zum diktatorischen Missbrauch einlädt. Die beiden Seiten sind bei Marx verflochten auf eine komplizierte Art und Weise. Mitunter im gleichen Text. Die muss man entflechten, und dann kann man mit beidem etwas anfangen und Marx gerecht werden.

Für Dich wurde das Studium der Marxschen Schriften in Frankfurt auch zu einer kritischen Auseinandersetzung mit der DDR?

Meyer: Ja, es ging um die irgendwie vorhandene Ahnung, dass da in der DDR durchaus auch etwas Richtiges drin ist, in dem, was die da so sagen. Aber es ist sozusagen falsch gedreht und falsch angewandt worden. Übrigens ein Impuls, dem ich in Frankfurt jenseits der großen schillernden Figuren wie Adorno auch begegnete. Etwa bei Iring Fetscher, der ja sehr nüchterne, auf gründlichster Textkenntnis basierende, moderat sympathisierende und gleichzeitig angemessen kritische Marx- und Marxismusstudien vorgelegt hat.

Im Westen war Marx das Instrument der Kritik an den herrschenden Verhältnissen. Ein Element des Nonkonformismus. Im Osten war eine bestimmte Lesart des

Marxschen Werkes die Herrschaftsideologie. Welche Rolle spielte für Dich, Wolfgang, die Auseinandersetzung mit Marx in Berlin?

Thierse: Wenn man das anekdotisch gegenüberstellt, bin ich ebenfalls aus der Position der Gegnerschaft zum Studium des Marxismus und der Marxlektüre gekommen. Das war die Rechtfertigungsideologie unserer Unfreiheit. Das war von Kindesbeinen an die Erfahrung, und umso mehr hatte ich natürlich Interesse, mich damit auseinanderzusetzen. Er war Pflicht, aber ich wollte den Marxismus auch lesen, trotz dieser gerade bei uns endlos langweiligen Pflichtveranstaltungen. Aber es gab auch ein bisschen Geschichte der Philosophie, und es gab die Lektüre der Frühschriften, die ja eine beträchtliche Faszination ausüben. Da ist dieses emanzipatorische Pathos von Marx, das auch eine sprachliche Gewalt hat. Das hat mich immer fasziniert. Noch heute kann man das mit Vergnügen oder fast mit Anteilnahme lesen, etwa die Deutsche Ideologie. Das war mein politisches Verhältnis zur Marxschen Theorie: Wie kann man aus der Marx-Lektüre eine Kritik der Verhältnisse des DDR-Sozialismus gewinnen? Das war das Erkenntnisinteresse – und darüber hinaus, was es denn noch außer Karl Marx und Friedrich Engels und den verordneten Klassikern gibt. Das war mühselig, wie kommt man in der DDR an Jürgen Habermas, oder an frühere Vertreter der Kritischen Theorie wie Herbert Marcuse oder Theodor W. Adorno?

Du hast Dich ja in starkem Maße über die katholische Studentengemeinde geistig entwickelt. Welche Anstöße gab es von dort im Hinblick auf eine eigene Auseinandersetzung mit Marx?

Thierse: Dazu eine kleine Anekdote. Die katholische Studentengemeinde war ja eine intellektuelle Gegenwelt, ein Ort der Freiheit in einem unfreien Land. Unter anderem war dort auch einmal ein gewisser Hans Maier, und zwar der bayerische Hans Maier, nicht der Leipziger Literaturwissenschaftler. Den Leipziger Professor Hans Mayer habe ich noch in meiner Weimarer Zeit erlebt, einen Vortrag über Gerhard Hauptmann habe ich in Erinnerung. Aber dieser andere Hans Maier, der spätere CSU-Politiker, hielt einen Vortrag über Kirche und Demokratie im 19. Jahrhundert und wir kamen hinterher ins Gespräch. Er schickte mir als Dankeschön für die intensive Diskussion eine dreibändige Ausgabe mit grundlegenden Texten des Marxismus, herausgegeben von Iring Fetscher. Da war nicht nur Marx und Engels drinnen, sondern der ganze Umkreis marxistischen Denkens versammelt. In der Studentengemeinde, haben wir uns intensiv mit dem Marxismus, zumal mit seiner Religionskritik, beschäftigt. Und natürlich auch mit der Befreiungstheologie, die schließlich in den Wirkungskreis des Marxismus gehört. Es kamen auch viele wichtige kritische Theologen, die ihre Theologie in der Auseinandersetzung auch mit dem Marxismus entwickelt hatten, so z. B. Karl Rahner und Johann Baptist Metz.

Der Marxismus war also nicht nur gezwungenermaßen da, sondern eröffnete auch kritisch-intellektuelle Horizonte?

Thierse: Da ist dieses kritische Verhältnis von Anfang an, und wie man daraus eine kritische Analyse der DDR-Verhältnisse gewinnen kann. Es kamen auch Studenten aus dem Westen zu uns herüber zu den Veranstaltungen von uns Ostberlinern. Es gab eine Grundsituation aller Streitereien damals: Es ist das eine, für den Marxismus zu sein und ihn intellektuell faszinierend zu finden. Es ist etwas ganz anderes, in seinen Folgen existieren und leben zu müssen. Das war wirklich ein fundamentaler Unterschied! Denn für uns war der Marxismus eben nicht nur Theorie und intellektuelles Vergnügen, sondern immer auch die Herrschaftsideologie, gegen die man sich wehrte. Man suchte intellektuelle Argumente und Analysen, zumal ja das berühmte Jahr 1968 kam.

Einerseits habe auch ich sympathisiert mit den westlichen Studenten, das fand man spannend, faszinierend. Man war ein bisschen neidisch: Die können aufbegehren! Welche Art von Freiheit und Frechheit ist da möglich und wir sind verpflichtet zur Bravheit! Also, das war schon diese Mischung aus Faszination und Neid, aber zugleich auch gemischt mit gewissem Unverständnis. Was soll dieser ganze Quatsch mit Marx, Lenin und so weiter? Wisst Ihr nicht, was die Folgen dieser Theorie sind? Ihr könnt sie doch nebenan erleben, schon bei uns und bei den anderen osteuropäischen Ländern sowieso. Da war immer Faszination und Kopfschütteln – erst recht, als das immer dogmatischer wurde. Wie kann man intelligent sein und sich zugleich solcher Art von Denkschemata und Einengung des Horizonts unterwerfen?

68 bedeutete für Dich doch sicher mehr Prag als Paris oder Westberlin?

Thierse: Das Jahr 68 steht für uns natürlich vor allem für den Prager Frühling. Wir hatten auch tschechische Gäste in der KSG, z. B. Milan Machovec und verfolgten die Entwicklungen mit Leidenschaft und Sympathie. Es war das Erlebnis von hoffnungserfülltem Aufbruch und bitterer Enttäuschung. Ich verbinde mit 68 auch ein anderes Motiv meines Lebens, das im Rückblick immer deutlicher wird: Die eigene politische Lebensgeschichte kann ich beschreiben als eine Geschichte von enttäuschten Hoffnungen und von Niederlagen. Sie ist verbunden mit entscheidenden Daten.

Fangen wir mit dem Jahr 1953 an: Die erste Erhebung gegen das kommunistische Regime, niedergeschlagen von der roten Armee?

Thierse: Ich war damals neun Jahre alt und das werde ich nie vergessen, auch weit weg von Berlin bekam man durch die West-Nachrichten alles mit. Das erzähle ich heute gerne manchem Konservativen, die Enttäuschung meines Vaters über Konrad Adenauer, der bis dahin als alter Zentrumsmensch und nun Ost-CDU-Parteimitglied natürlich sein Anhänger war. Mein Vater sagte nach dem 17. Juni: «Wir verlieren, wir gehen hier unter, und der Adenauer macht weiter mit seinen Redensarten von den armen Brüdern und Schwestern im Osten. Wir erleben eine Niederlage und die im Westen machen daraus einen Feiertag». Diese dramatische Enttäuschung meines Vaters habe ich nie vergessen.

Die zweite wichtige Erfahrung bildete das Jahr 1956 und natürlich 1961?

Thierse: Die Erhebung in Polen und Ungarn habe ich noch im Kopf. Vor allem wie die verzweifelten Hilferufe des ungarischen Ministerpräsidenten im Westen ungehört verhallten, weil natürlich die Zweiteilung der Welt galt. 1961 dann die unmittelbar uns existenziell betreffende Enttäuschung und Niederlage durch den Mauerbau. Mit der Wahrnehmung, dass die Politik der rhetorisch-moralischen Konfrontation die Verhältnisse nicht ändert, sondern zementiert. Auch wegen dieser Erfahrung bin ich später Sozialdemokrat geworden.

Weitere wichtige Daten sind die Jahre 1968 und 1981?

Thierse: Und dann kommt eben 1968 noch einmal eine jähe Hoffnung auf eine andere Art von Sozialismus und die Änderung unserer Verhältnisse, die sich damit verbunden hat. Niedergeschlagen, wieder unter Führung der Roten Armee. Und später noch einmal 1980/81, Solidarnosc mit dem Kriegsrecht in Polen. – Das war also insgesamt eine Abfolge, eine Geschichte von enttäuschten Hoffnungen und von Niederlagen, die man immer wieder neu zu verarbeiten hatte, auch und gerade gegen die marxistische Ideologie, die ja wirklich und nahezu vollständig zur Rechtfertigungsideologie von Herrschaft verkommen war. So war man auch emotional immer auf der Suche nach anderen intellektuellen und moralischen Kräften, um in den eingesperrten Verhältnissen zu überleben.

Doch es soll nicht der Eindruck entstehen, dass das alles so einförmig war. Ja, es gibt eine Figur, die ich als meinen Lehrer an der Universität betrachten würde. Das war Wolfgang Heise, leider im Westen wenig bekannt.

Er war Dein wichtigster Professor für Kulturwissenschaft?

Thierse: Er gehörte als Halbjude zu den Verfolgten, hat die Naziverfolgung überlebt, ist Kommunist geworden, wurde dann Professor für Philosophie, hat ein wichtiges Buch der Kritik an Georg Lukacs geschrieben mit dem Titel «Aufbruch in die Illusion». Das war zugleich auch eine scharfe Religionskritik, und als ich 1964 nach Berlin kam, hatte Wolfgang Heise gerade den Konflikt um Robert Havemann überstanden. Havemann hatte selbst eine Kritik am Marxismus entwickelt in Bezug auf dessen Verhältnis zu den Naturwissenschaften, dem er vorwarf, nicht mit den Entwicklungen der modernen Wissenschaften mitzuhalten. Und er hat Vorlesungen gehalten, die dann im Westen veröffentlicht wurden unter dem Titel «Dialektik ohne Dogma?». Es gab ein Parteiverfahren gegen ihn und er wurde aus der Universität entlassen. Heise gehörte zu denen, die ihn verteidigt hatten. Er wurde deswegen aus dem Studienfach Philosophie entfernt, und er kam zu uns und wechselte in das Fach Geschichte der Ästhetik. Dort hat er auch zur modernen deutschen Philosophie gelehrt, daran erinnere ich mich mit einem gewissen Vergnügen. Er hat sich nämlich beschäftigt mit einer Frage, die im Marxismus ja gar nicht vorkam, nämlich der Frage nach dem Sinn menschlicher Existenz. Es gab das Individuum mit seinen Sinnfragen eigentlich nicht im orthodoxen, dialektischen und historischen Materialismus. Heise hat darüber in seinen Vorlesungen zur Geschichte und Philosophie gesprochen. Er ist auch manchem ausgewichen, hat sich mit Klassischer Deutscher Literatur und Ästhetik beschäftigt, hat über Hölderlin ein Buch geschrieben. Heise verkörperte ein intelligentes, hochgebildetes intellektuelles Leben in der DDR. Im Rückblick ist er als eine Schlüsselfigur erkennbar, viele Künstler kamen zu ihm, um mit ihm zu diskutieren, und er war persönlich ein vom Habitus her außerordentlich bescheidener

Mann. Auch Heiner Müller und Christa Wolf waren Figuren in diesem Zusammenhang.

Ich selbst war ja später dann auch Assistent bei der Ästhetik, bei Heise, das war wichtig, man nahm auch menschlich von ihm etwas an. Ich werde nicht vergessen, wie ich einmal wieder gedrängt wurde, in die SED einzutreten. Das gehörte einfach mit dazu, wenn man da Assistent war an der Uni. Da musste man Florett fechten, man musste die Ablehnungsgründe so formulieren, dass man nicht den Arbeitsplatz verlor. Das war nicht leicht, und ich werde nicht vergessen, wie Wolfgang Heise, als er das einmal wieder mitbekam, zu mir sagte, ganz leise im Vorübergehen: «Wolfgang, tue es nicht, es ist nichts für Dich.» Da spielte natürlich seine eigene Erfahrung mit und er kannte mich schon, er wusste, dass die viel mehr über mich wussten, als ich mir damals vorstellen konnte. Ich erinnerte an Heise, um zu zeigen, wie es innerhalb dieser marxistischen Welt natürlich auch ganz Unterschiedliches gab. Es gibt eine Reihe von Namen, an die ich mich erinnere, wo ich sage, das war intelligenter Marxismus, der versucht, kritisches Denken in diesem Horizont zu formulieren und die Studenten daran teilnehmen zu lassen. Auch das gehörte zu meinem Uni-Leben.

Gibt es denn im Rahmen Deines Studiums weitere Situationen, wo Du merktest, jetzt muss ich mich entscheiden?

Thierse: Im September 1968 kamen wir nach den Semesterferien wieder an die Universität. Sofort wurde verlangt, dass wir Jubelerklärungen unterschreiben sollten, die den Einmarsch der Warschauer-Pakt-Truppen in Prag als Verteidigung des Sozialismus begrüßten. Da war die Frage, wie verhält man sich dazu? Wolfgang Heise hatte sich krankgemeldet und ich sollte Forschungsstudent werden. Forschungsstudent war die Verlängerung des Studiums, und ich werde nicht vergessen, wie einer der Assistenten zu mir kam und sagte: «Wolfgang, es geht hier darum, dass unser kleines Institut nicht kaputtgeschlagen wird, indem wir jetzt hier eine Protestgeschichte machen». Da ist man sofort in einer eigentümlichen Situation. Die anderen sind ja nicht nur bornierte Leute, da ist doch manches verteidigungswert unter diesen Verhältnissen. Also habe ich mich entschieden, nicht laut Nein zu sagen, sondern zu schweigen. Natürlich ist das etwas, was auch beschämt, aber zugleich notwendig im Hinblick auf die Gemeinschaft, mit der man es zu tun hat. Solche Entscheidungssituationen gab es auf unterschiedliche Weise im Laufe meiner Biografie, wo man mit Rücksicht auf die anderen geschwiegen hat und den Protest, seine Wut nicht ausdrücklich geäußert hat. Es hat ja schließlich auch Vergnügen gemacht, weiterzustudieren, weiterzuarbeiten.

Ich hatte wohl andere Lektüren als Thomas. Man konnte nicht «herumhängen», man musste unerhört viel Lektüre bewältigen, man wurde jedes Semester geprüft. Dazu gehörte übrigens in der Germanistik auch Franz Kafka. Da hatte plötzlich das kleine Studium etwas mit großen historischen Vorgängen zu tun. Einer unserer Dozenten hatte sich mit ihm beschäftigt, hatte in den 1960er-Jahren an der Kafka-Konferenz in der Tschechoslowakei teilgenommen, wo der Begriff der Entfremdung im Zentrum der Debatte zum Sozialismus geraten war. Diese wichtige Kategorie hatte vorher keinerlei Rolle gespielt. Jetzt ging es um ein Analyseinstrument. Die Kategorie der Entfremdung war für uns nicht nur literaturwissenschaftlich, sondern vor allem politisch-philosophisch interessant. Wolfgang Heise hatte zum Thema einen wichtigen und natürlich von SED-Oberen kritisierten Aufsatz veröffentlicht.

Spielte bei Dir der große DDR-Wirtschaftshistoriker Jürgen Kuczynski auch eine Rolle?

Thierse: Ja, es gab natürlich hoch prominente Wissenschaftler, die im Laufe ihrer DDR-Biografie immer mal in Konflikt geraten sind mit der jeweiligen Führung. Kuczynski war sozusagen geschützt dadurch, dass er Jude, Kommunist und ein besonders gelehrtes Haus war. Er hatte wohl die größte Privatbibliothek in Ostberlin, ich war einmal so halb illegal mit Freunden dort. Das war beeindruckend und er hat ja regelmäßig Bücher veröffentlicht über die Geschichte und Lage der Arbeiterklasse, immer wieder mit neuen Daten. Das Quantitativ-Empirische hat mich nur begrenzt interessiert, aber er hat auch ständig in der *Weltbühne* geschrieben, in dieser kleinen Zeitschrift, einem abseitigen Blättchen. Wir haben dann oft gelacht, bei dem funktioniere der Schließmuskel nicht, jeden Morgen verfasst er erstmal ein kleines Artikelchen, manchmal frech, manchmal intelligent.

Wichtig war mir auch der bekannte Sprachwissenschaftler Wolfgang Steinitz. Auch er war eine exemplarische Figur jüdischer Herkunft und kommunistischer Überzeugung. In der Emigration war es ihm rechtzeitig gelungen nach Schweden zu kommen. Er hat Studien gemacht zur Sprache kleiner Völker im großen sibirischen Raum, wie den westsibirischen

Chanten, hat nach 1945 das erste Russisch-Lehrbuch veröffentlicht, hat ein wunderbares Buch zur Geschichte der Volksdichtung und Volksmärchen geschrieben, war eine Zeit lang Mitglied der Akademie der Wissenschaften und des ZK der SED, bis er da rausgeworfen wurde, weil er die Wissenschaft gegen allzu viel ideologische Einflussnahme zu verteidigen versucht hat. – Also, man kann über diesen blöden, bornierten Katheder-Marxismus reden, doch sollte man nicht die besonderen Figuren vergessen, die es auch gab an dessen Rand. Die Geschichte kritischer Marxisten und unabhängiger, nicht-kommunistischer Wissenschaftler in der DDR wäre noch zu schreiben.

Der Marxismus relativierte sich bei Dir, Thomas, vor allem durch das Studium von Immanuel Kant, der ja wohl auch eine wichtige Brücke zu Willi Eichler, dem Vater des Godesberger Programms, bildete?

Meyer: Wichtig war meine erste Begegnung mit Willi Eichler 1968, er hatte mich eingeladen, zu der Zeit war ich bereits ein Kantianer und Sozialist und Marx-Kenner, aber kein Neukantianer. Ich hatte den ganzen Marx gelesen und bearbeitet – und nun ging es um das Thema, wie denken die Studenten am Beginn der Studentenrevolte. Sollen wir von den Studenten lernen, wie sollen wir uns ihnen gegenüber verhalten? Ich hatte zunächst keine Ahnung, wer dieser damals stellvertretende Vorsitzende der Friedrich-Ebert-Stiftung ist. Ich war Stipendiat, auf diesem Wege kam ich dahin. Ich sollte über das Verständnis von «Kritik in der Studentenbewegung» vor dem Leserkreis seiner Zeitschrift *Geist und Tat* referieren. Dort kam mir vieles sehr merkwürdig vor. Das fing damit an, dass beim gemeinsamen Essen natürlich kein Fisch oder Fleisch auf dem Teller war. Dann saß neben mir einer, den kannte ich auch nicht, der berühmte Augustin Souchy, Theoretiker und Praktiker des Anarchismus, der in der Geschichte des Anarchismus in Deutschland eine Riesenrolle spielte. Bei diesen Nelsonianern, den Anhängern des neukantianischen Philosophieprofessors und Sozialisten Leonard Nelson, die in der Weimarer Republik und im Exil ihre eigene sozialistische Partei, den Internationalen Sozialistischen Kampfbund ISK mit Willi Eichler als Vorsitzendem ISK gehabt hatten, wurde erwartet, dass ein Hauptteil des Einkommens an die Organisation ging, dass man zu einer bestimmten Anzahl von Arbeitsstunden für die Organisation bereit war – und Mitgliedsbedingung war ein vegetarisches Leben. Dort, in der philosophisch-politischen Akademie der Neukantianer, ging es um ethischen Sozialismus. Dort habe ich gleichzeitig gemerkt, dass, wenn man eine ethische Begründung des Sozialismus hat, man kein Leisetreter sein muss. Das waren Leute, die alle zu 100 Prozent in den Widerstand gegen den Faschismus gegangen waren. Die waren entweder in der Illegalität hier in Deutschland, oder die hatten sogar ein gescheitertes Attentat auf Hitler organisiert. Dafür ist einer von ihnen aus dem Londoner Exil nach Deutschland gekommen, jedoch gefangen genommen und ermordet worden.

Für den Internationalen Sozialistischen Kampfbund (ISK) war ja der Göttinger Philosoph Leonard Nelson so eine Art Galionsfigur. Welche Rolle spielte der ISK?

Meyer: Bekanntlich hatten sich im Londoner Exil die verschiedenen sozialistischen Strömungen und Bruchstücke der SPD, die sich am Ende der Weimarer Republik so gut wie auflöste, versammelt. Da gab es den Internationalen Sozialistischen Kampfbund (ISK), da gab es Neu Beginnen, auch die Sozialistische Arbeiterpartei (SAP). Alles verschiedene Gruppierungen, die am Ende der Weimarer Republik mit dem zögerlichen Kurs der SPD nicht einverstanden waren. Die hatten sich dann in London getrennt versammelt und versucht sich durchzubringen. Und so gab es eben den ISK, die Partei der Neukantianer auf der Basis von Leonard Nelson. Dieser war der Sohn eines jüdischen Großbürgers und Berliner Rechtsanwalts, dann Göttinger Professor für Philosophie und Mathematik, der seine sozialistische Philosophie aus Kant heraus entwickelte – ein Mann mit intensiv wirkenden großen blauen Augen.

Du warst also gewissermaßen mit Deiner ethischen Begründung bei den Neukantianern gelandet?

Meyer: Nelson hatte eine sozialistische Theorie entwickelt, die war sehr stringent in einer fast mathematisch disziplinierten Art und Weise. Wer erkannt hat, was die ethischen Imperative sind, denen wir folgen sollen, ist eigentlich dazu verpflichtet in eine sozialistische Partei einzutreten oder eine zu gründen und alles zu versuchen oder alles dafür zu geben, dass diese Zustände, die die Gesellschaft beherrschen, aufhören und eine wirklich egalitär-gerechte Gesellschaft aufzubauen. So hatten sie sich als Partei am Ende des ersten Weltkrieges gegründet. Bei denen waren die meisten Mitglieder junge Frauen. Erstaunlicherweise, ich würde schätzen über 70 Prozent Frauen.

In London brachte Eichler seine Position in den Streit der Exilsozialisten ein: Wir können die Sozialdemokratie als Partei nicht vereinigen auf der Grundlage einer dieser verschiedenen Weltanschauungen, die wir hier haben, sondern wir müssen von ihnen auf Parteiebene absehen. Wir müssen gucken, was sind die politischen Grundüberzeugungen, die uns verbinden. Nur auf dieser Basis kann man eine starke Partei gründen. Es gab ja auch noch die religiösen Sozialisten, die aber nicht so gut organisiert waren im Londoner Exil. Die Wiedergründung der SPD konnte nicht einzelnen Gruppierungen überlassen werden, das nannte Eichler die «ethische Revolution», das hat mich überzeugt. Wir haben unsere verschiedenen theoretisch-weltanschaulichen Überzeugen, aber verbindlich einigen müssen wir uns nur auf die politischen Werte und Überzeugungen für das gemeinsame Handeln.

Thierse: Die vorletzten Fragen sind hier entscheidend.

Meyer: Ja wie organisieren wir das Gemeinwesen? Die letzten Fragen können nur von jedem Individuum selbst beantwortet werden, die können nicht von einer Partei bearbeitet werden. Diese Unterscheidung zwischen den letzten und den vorletzten Fragen war mir früh wichtig. Das war auch die Kritik an der Studentenbewegung: Welche Kriterien haben die eigentlich, selbst wenn man im Prinzip richtig fand, was sie machten. Bei den Studenten fehlte die Selbstprüfung: Was kann ich? Von welchen Voraussetzungen gehe ich aus? Da herrschte ein sehr eindimensionaler Kritikbegriff vor.

Ich habe dann im Eichler-Kreis nur in der theoretischen Abteilung mitgemacht, die hieß Philosophisch-Politische Akademie und der bin ich beigetreten. Es geht wesentlich um die theoretische Weiterführung, Propagierung und weitere Durchdringung dieser kantianischen Vorstellungen. Mit einer weiteren Besonderheit. Alle sollen politisch aktiv sein, ob in der SPD oder woanders, war egal, Hauptsache in einer dem Recht verpflichteten sozialistischen Partei. Übrigens für Nelson war der Rechtsstaat wichtiger als die Demokratie. Er hatte mit Blick auf die Weimarer Zustände behauptet, und so ganz unrecht hat er nicht-, die Demokratie sei eine Prämie für Demagogen.

Im Grunde geht es jetzt um das Godesberger Programm, das wurde eben wesentlich von Willi Eichler vorbereitet?

Meyer: Ja, dass nicht mehr eine Theorie, sondern politische Grundwerte zur Grundlage wurden, hatte auch einen Vorteil: Vor Godesberg gab es kein freundliches Verhältnis der Sozialdemokratie zu den Kirchen, das änderte sich jetzt. Auf dem Weg zu Godesberg gab es eine Sammlung der wichtigsten Theoretiker, da waren natürlich Marxisten darunter, aber auch Positivisten und christlich Geprägte. Ausgangspunkt dieses Prozesses hin zu Godesberg war diese unglaubliche Niederlage von 1953. Man verständigte sich gemeinsam darauf, dass es über diese eigentlichen theoretischen Grundlagen keine Einigung gibt. Deswegen sollten diese künftig auch nicht zu einem Zentralthema bei der Programmarbeit gemacht werden. Eine Einigung fängt hingegen bei den politischen Grundwerten an, auf die politischen Grundwerte können wir uns einigen. Zunächst gab es den langen Stuttgarter Entwurf, ein gutes Programm. Doch kann man ein 80-seitiges Programm mit wissenschaftlichen Analysen über die Hauptgefahren der Entwicklung den Menschen in unserer Zeit überhaupt zumuten? Wir wollen ja gewählt werden, und dazu musste es journalistisch überarbeitet werden. Dann fand sich mit Fritz Sänger jemand, er war Chefredakteur des *Vorwärts*, der daraus ein vollkommen verkürztes, hoch interessantes «Gedicht» gemacht hat, das Godesberger Programm.

Und was man noch festhalten sollte: Als die Studenten dann den Marxismus in der SPD wiederbeleben wollten, merkten sie, dazu steht so gut wie nichts drin. Da sind doch nur ein paar allgemeine Formeln drin, da ist keine Gesellschaftsanalyse. Ich habe mich dazu häufig mit Susanne Miller getroffen, wir waren beide der Meinung, einiges mehr zu den geistigen Werten und zur Analyse der Zeit wäre besser gewesen. Doch vielleicht ist das Wichtigste, dass die SPD mit Godesberg ein vernünftiges Verhältnis zu den Kirchen hinbekommen hat.

Willi Eichler kanntest Du gut?

Meyer: Ja, ich habe ihn noch oft getroffen, habe auch in seiner Zeitschrift *Geist und Tat* (deren Schriftleiter er 1946–1971 war) öfter veröffentlicht. *Geist und Tat* hat er durchgesetzt, weil es eine Vereinbarung mit Kurt Schumacher gab, dass alle diese ehemaligen Splitterorganisation der SPD wieder in die Partei hineindürfen, wenn sie jede Sonderaktivität in der Parteiorganisation einstellen. In diesem Fall wohl die besondere Sonderaktivität der Kirchenkritik.

Ich erinnere mich, wie es im Politischen Club der Friedrich-Ebert-Stiftung in Bonn, damals gegenüber dem Parteihaus zu einem Zusammentreffen kam, das angespannte Verhältnis zwischen Erhard Eppler und Helmut Schmidt sollte entspannt werden. Da hat man sich irgendwo im Weinkeller getroffen, und dann hat Schmidt sofort das Wort ergriffen und sagte unter anderem laut, die Grundwerte seien ja auch nur im Godesberger Programm, weil die Mönche aus Walberberg sie unbedingt drin haben wollten. Dominikanermönche der Bildungsstätte Kloster Walberberg bei Köln verstanden sich als Sozialisten, machten entsprechende Seminare und diskutierten im Programmprozess hin zu Godesberg mit – doch die mit absoluter Selbstsicherheit vorgetragene Aussage Schmidts stimmte so natürlich nicht.

Willi Eichler hingegen sagte, was wir jetzt in der SPD zustande gebracht haben, dass die verschiedenen geistigen, religiösen und philosophischen Strömungen sich auf ein gemeinsames Programm einigen können, das muss doch eigentlich auch weltweit möglich sein. So organisierte er eine Veranstaltungsreihe der Friedrich-Ebert-Stiftung in Tokyo, die sozialismusnahe Repräsentanten aus verschiedenen Religionen der Welt, etwa Hindus, Buddhisten, Moslems und so weiter, aus dem asiatischen Raum, zusammenholte. Sie kamen in ihren Diskussionen dann zu dem gleichen Ergebnis, dass sie im Bild einer menschenwürdigen Gesellschaft, das sie anstreben, übereinstimmen. An diesen Impuls knüpft mein aktuelles Projekt «Multiple Modernities» in Macao an.

Du warst ja schließlich 1990–2007 sogar selbst Vorsitzender der auf Leonard Nelson zurückgehenden Philosophisch-Politischen Akademie?

Meyer: Ja und zwar auf Betreiben von Susanne Miller, der Partnerin von Willi Eichler. Wir hatten einen engen Austausch und eine große Freundschaft schon seit den 1970er-Jahren. Sie hieß übrigens Miller aus einem sehr interessanten Grund. Eigentlich hieß sie Strasser, als sie in die Emigration gehen musste. Doch auch in England wurden die Deutschen sehr schlecht behandelt, sie bekam keine Aufenthaltsgenehmigung als Migrantin. Aber es gab englische Sozialisten, die haben sich zu Scheinehen bereit erklärt, um eine dauernde Aufenthaltsgenehmigung zu ermöglichen. Da hat sie einen gewissen Horace Milton Sydney Miller geheiratet, damit sie überhaupt in England bleiben konnte, in der Emigration, und deswegen hieß sie ab 1939 Miller.

Die SPD hat mit Godesberg doch nicht ihr ganzes Marxistisches Erbe verworfen?

Meyer: Nein, es gab bei Marx immer Andockungspunkte für verschiedene Lesarten und die unterschiedlichen Lesarten sind auch alle ausbuchstabiert worden von verschiedenen Leuten. Ich bin damit immer so umgegangen, dass es einen Ursprungsimpuls gibt, eine generative Idee bei Marx, die ist vernünftig. Und es gibt die verschiedenen Lesarten, die meisten sind unvernünftig, aber es gibt auch eine vernünftige. Es gibt einen Zwiespalt bei Marx, und das meiste, was mich an Kant interessiert, finde ich bei Marx eigentlich auch. Aber ich finde auch vieles andere, was ich heftig kritisieren muss, da kommt einiges zusammen. Das scheint mir eine gute Umgangsweise zu sein: Da kann man immer noch positiv an Marx anknüpfen, aber ohne dem zu verfallen, was andere wie in den 1960er- und 1970er-Jahren daraus gemacht haben.

Für die sozialdemokratischen Grundwerte spielt die Idee der Solidarität eine wichtige Rolle. Auffallend ist aber, dass dieser Begriff im Godesberger Programm noch nicht den Stellenwert einnahm, der ihm heute zugesprochen wird.

Meyer: In der Gruppe, die das Godesberger Programm formuliert hat, gab es eine Philosophieprofessorin namens Grete Henry-Hermann, eine damals sehr bekannte Persönlichkeit. Sie hat auch in der Pädagogik eine wichtige Rolle gespielt, war Mathematikerin und Philosophin. Sie hatte die erste Variante der Grundwerte formuliert, und zwar anders. Da taucht der Ausdruck Solidarität noch nicht auf. Also die Grundwerte seien Freiheit, Gerechtigkeit und Frieden. Das waren ihre drei Grundwerte. Frieden heißt, wir gehen friedlich miteinander um, in der Gesellschaft und nach draußen zwischen den Nationen. Und dann war ja die Definition auch von ihr wie bei Nelson: Gerechtigkeit ist gleiche Freiheit. Das heißt, der Gleichheitsbegriff steckt im Gerechtigkeitsbegriff drin, verbunden mit dem Freiheitsbegriff. Das ist immer noch die kürzeste sozialdemokratische Definition von Gerechtigkeit: gleiche Freiheit. Der Solidaritätsbegriff kam dann sicher auch aus christlichen Wurzeln mit hinein, doch diese Änderung der Grundwerte erfolgte auch, weil man sie so für empathischer und emotionaler hielt.

Wie würdest Du, Wolfgang, Dein politisches Grundverständnis auf den Punkt bringen?

Thierse: Ich habe mich immer als einen antikommunistischen Linken definiert, für den der geradezu existenzielle Zusammenhang zwischen Freiheit und Gerechtigkeit, Gerechtigkeit und Freiheit fundamental ist. Denn das ist doch die unübersehbare geschichtliche Erfahrung, vor allem des 20. Jahrhunderts: Wo es Massenelend, Not und Ungerechtigkeit gibt, ist die Freiheit gefährdet. Und wenn man eine gerechte Gesellschaft aufbauen will unter Preisgabe der Freiheit, muss das furchtbar scheitern.

Welche Rolle spielt die christliche Motivation für Dein politisches Verständnis?

Thierse: Für meine Leidenschaft für Gerechtigkeit ist die christliche Überzeugung grundlegend, dass jeder Mensch gleich viel wert ist vor Gott. Es ist meine Überzeugung, dass der christliche Glaube an die gleiche Würde jedes Menschen vor Gott, fromm ausgedrückt, die gleiche, gemeinsame Gotteskindschaft, die elementarste und fundamentalste Begründung von Gerechtigkeitspolitik ist oder jedenfalls sein kann. Christliche Religion ist für mich eine Religion des Mitleidens und der Solidarität.

Gab es neben Deinem christlichen Glauben besondere persönliche Erlebnisse und Erfahrungen, die dein politisches Verständnis prägten?

Thierse: Ich bin ja im Schatten dieses Krieges und der Naziverbrechen aufgewachsen, und es begann tatsächlich damit, dass ich schon vor der Einschulung das erste Mal im KZ Buchenwald war. Ich war, weil wir so ausgehungert waren, in ein Kinderheim auf dem Ettersberg geschickt worden. Im Laufe dieser Zeit wurden wir in das KZ geführt. Das war gerade freigeräumt worden von der Roten Armee, denn es war ja nach 1945 noch ein Lager mit deutschen Gefangenen, die Angst vor dem Werwolf ging um. Ich begriff eigentlich nichts, doch erinnere ich mich an ein Gefühl des Grauens angesichts der Baracken. Dieses Gefühl habe ich später dann in der Schulzeit in der achten Klasse während eines Pflichtausflugs nach Buchenwald noch einmal erlebt. Dann in der Oberschule, in der elften Klasse, habe ich auf meiner dritten Buchenwaldfahrt gesehen, wie plötzlich aus diesem ursprünglichen KZ allmählich ein Instrument der antifaschistischen Erziehung von oben wurde, eine Rechtfertigung der DDR. Es wurde immer perfekter, am Schluss gab es ein Kino, man konnte Bockwurst essen, und alles endete in einer Apotheose auf die DDR. Als ich dann in Weimar war, habe ich mir gesagt, ich muss ein anderes Verhältnis dazu gewinnen. Ich wohnte zufällig in einer Paul-Schneider-Straße. Das war ein evangelischer Pfarrer, der in Buchenwald gequält und dort umgebracht worden war. Ich habe Zeugnisse von ihm besorgt und bin damit hochgegangen und habe diese vor seiner Zelle gelesen, um ein persönliches Verhältnis dazu zu gewinnen gegen diesen verordneten Antifaschismus von oben, gegen diesen DDR-Rechtfertigungsantifaschismus, das war für mich ganz wichtig.

Wie hast Du diesen instrumentellen Antifaschismus für Dich verstanden und was konnte man ihm entgegensetzen?

Thierse: Ich habe mich immer wieder gefragt: Was unterscheidet die DDR von dieser Nazi-Zeit, was den alltäglichen Faschismus vom alltäglichen DDR-Sozialismus? Also nicht nur, was wir gelernt hatten, was der Faschismus war, nicht nur all die Theorien und die entsetzlichen Verbrechen und der kommunistische Widerstand, sondern was der Faschismus alltäglich war, etwa was die eigenen Eltern gemacht haben, und ob da irgendetwas vergleichbar ist. Und man hat ja doch wahrgenommen, es gibt gewisse Verwandtschaften zwischen dem täglichen Faschismus und dem alltäglichen Realsozialismus.

Das Thema hat mich unerhört beschäftigt. Was war da neben dieser allgemeinen Definition von Faschismus, was war da wirklich? Wie haben die Menschen da gelebt? Was hat das mit mir zu tun und mit meinem jetzigen Leben? Zu meinem antikommunistischen Linkssein gehörte und gehört – neben der christlichen Motivation und der Erfahrung des Zusammenhangs von Freiheit und Gerechtigkeit, dass man eine gerechte Ordnung nicht aufbauen kann, nicht aufbauen darf durch Unterdrückung der Menschen – eben diese dritte Quelle: die deutsche Schuld, die tief sitzende emotionale und moralische Beunruhigung und Verpflichtung des «Nie wieder!».

1970er-Jahre Debatten in West und Ost: Kampf um die richtige SPD und um Orientierung in der DDR

Thomas, wie kam es dazu, dass Du bei der Friedrich-Ebert-Stiftung Deine berufliche Heimat gefunden hast?

Meyer: Ich war dort während meines Studiums Stipendiat und habe mich an den Programm- und Theoriedebatten der SPD immer stark beteiligt, auch in FES -Seminaren. 1973 habe ich meine Promotion in Frankfurt a.M. bei Herbert Schnädelbach abgeschlossen. Als ich mit dem Studium fertig war, habe ich eine Einladung vom damaligen Direktor der Volkshochschule Bergneustadt der FES erhalten. Er hat mich gefragt, ob ich nicht als Dozent dort anfangen möchte, was ich sehr interessant fand. Ich dachte mir also, dass ich das wohl eine Zeit lang machen könnte. Dabei ging es darum, Seminare und anspruchsvolle Tagungen zum demokratischen Sozialismus – so haben wir das damals bezeichnet – unter anderem für berufstätige Gewerkschafter und aktive Sozialdemokraten im einwöchigen Bildungsurlaub, anzubieten. Und so wurde ich schließlich Mitarbeiter der Friedrich-Ebert-Stiftung.

Und von Bergneustadt kamst Du dann direkt zur Leitung der Gustav-Heinemann-Akademie nach Freudenberg?

Meyer: Ja genau. Zwei Jahre nach meinem Eintritt in die FES-Welt habe ich dort die Leitung übernommen. An der Akademie war ich dann sehr lange Zeit tätig. Dort hatten wir freie Hand, ganz viele interessante Projekte und Experimente zu machen. Im Grunde konnten wir das inhaltliche Programm selbst bestimmen. Es war ausreichend Geld da und wir konnten die Teilnehmer der Seminare auch bei uns unterbringen. Wir haben dort dann sehr interessante Tagungen und Konferenzen gemacht. So zum Beispiel über Eduard Bernstein, den Reformismus, die Reformsozialisten im Osten Europas und das dann beispielsweise zusammen mit der internationalen Arbeitsgruppe der Exilanten des Prager Frühling um Zdenek Mlynar. Wir haben auch die italienischen Reformkommunisten eingeladen und mit ihnen Seminare zum Eurokommunismus durchgeführt.

Die Leitung der Friedrich-Ebert-Stiftung hat uns sehr unterstützt und weder Vorgaben gemacht noch Grenzen gesetzt. Daher haben wir vor allen Dingen unsere Sozialismusvorstellungen bearbeitet, insbesondere Bernstein und den Reformismus in internationalen Seminaren. Wir haben einen Ort geboten, der bekannt und beliebt war, weil die Seminare gut organisiert und die internationalen Referenten interessant waren und die Teilnehmer inspiriert haben. Wir haben auch verschiedene Schriften publiziert. Übrigens wurde 1976 in der Gustav-Heinemann-Akademie der Friedrich-Ebert-Stiftung in Freudenberg auch die «Hochschulinitiative Demokratischer Sozialismus» gegründet.

Wie kam es zu dieser Gründung?

Meyer: Anlass dafür war unsere Erkenntnis, dass es an den Universitäten in Deutschland zwar viele Sozialdemokraten unter den Professoren und Mittelbauern gab, die aber oft an den Hochschulen selbst gar nicht politisch präsent waren und auch nicht als sozialdemokratische Stimme auftraten. Die wollten wir organisieren und zusammenbringen, auch als Gegengewicht zum «Bund Freiheit der Wissenschaft». Hauptinitiatoren waren damals Hermann Scheer und Johano Strasser, der ein gut bekannter Theoretiker des Reformismus im Umfeld der Jusos war. Dabei war auch der Berliner Politikprofessor Fritz Vilmar. Er hat ein zentrales Werk zur Grundlegung Reformpolitik von Willy Brandt verfasst: «Strategien der Demokratisierung».

Freudenberg wurde dann zu einem kleinen Laboratorium der sozialdemokratischen Reformpolitik der 1970er-Jahre. Wobei es bei Euch weniger um die Veränderung des Staates, sondern vielmehr um Gesellschaftsveränderung ging?

Meyer: Genau, der Gedanke dabei war, dass in sämtlichen gesellschaftlichen Teilbereichen eine je eigene Form der demokratischen Transformation stattfinden muss und dass diese im Zusammenwirken die Transformation zur sozialen Demokratie bedeuten. Im Grunde eine integrale gesellschaftliche Transformation der Demokratie zum demokratischen Sozialismus, so wie es damals auch Willy Brandt, nicht ganz ohne unser Zutun, formulierte. Wenn er gefragt wurde, was denn nun dieser demokratische Sozialismus sei, dann hat er so geantwortet: «Das ist die politische Demokratie, von der ausgehend eine schrittweise Demokratisierung der Gesellschaft erfolgt.» Das war seine Definition – und unsere.

Du hast ja gerade die Brandtsche Reformpolitik erwähnt, die zum Zeitpunkt Eurer Aktivitäten in Freudenberg eigentlich wieder auf dem Rückzug war. Welche Art der direkten Zusammenarbeit mit Willy Brandt gab es?

Meyer: Ich habe recht viel mit Willy Brandt zusammen gemacht. Dazu gehört auch, dass ich einige Artikel für ihn geschrieben habe, die unter seinem Namen veröffentlicht wurden und besonders, dass ich mit und für ihn den Entwurf für die Stockholmer «Prinzipienerklärung der Sozialistischen Internationale» von 1989 erarbeitet habe, ebenso Entwürfe zum Berliner Programm.

Du warst viele Jahrzehnte für die Friedrich-Ebert-Stiftung auch international tätig und hast Dich stets für die Entwicklung der sozialen Demokratie in anderen Kontexten interessiert. Wie waren die Erfahrungen mit Euren internationalen Seminaren?

Meyer: Das Interessanteste dabei war, dass jedes Land ein ganz spezifisches Verständnis von Demokratie hat. Wenn du zum Beispiel in Indonesien von «Demokratie» sprichst, denken die Menschen automatisch an das amerikanische Modell. Das wiederum verbinden sie mit großer Ungleichheit, Geldherrschaft und imperialer Dominanz, weshalb die eher Linken dort diesem System sehr ablehnend gegenüberstehen. Dann erkläre ich ihnen die soziale Demokratie, die sie noch gar nicht kannten, als einen im Kern europäischen Gegenentwurf zur amerikanischen Idee des kapitalistischen demokratischen Staates, der im Grunde ja eine Plutokratie darstellt. Denn wenn man genau hinschaut, kannst du dort nichts machen und nichts werden ohne Zugang zum großen Geld. Diese Seminare mache ich immer noch, online mit Jungsozialisten aus der asiatischen Welt. Ihnen kann man die soziale Demokratie sehr klar und kurz erklären.

Was sind die zentralen Begriffe, die für Dich den Zugang zur sozialen Demokratie am klarsten eröffnen?

Meyer: Wichtig ist für mich immer der doppelte Freiheitsbegriff: Freiheit, einerseits im formellen Sinne, also negative Freiheit, als Abgrenzung gegen den willkürlichen Einfluss in die Handlungssphäre des Einzelnen. Zugleich aber auch in der positiven Bedeutung als materielle Ermöglichung der individuellen Selbstentfaltung und gesellschaftlichen Teilhabe. Beide Dimensionen gleichberechtigt zusammengenommen bilden die Basis der sozialen Demokratie.

Habt Ihr in Euren Seminaren in Freudenberg auch mit Gewerkschaftern zusammengearbeitet?

Meyer: Ja, sehr umfassend und intensiv. Wir haben auch Arbeiterbildung angeboten und ganze Gewerkschaftsgruppen führten bei uns einwöchige Seminare durch. Meistens waren das Gewerkschaftsgruppen aus bestimmten Betrieben, die über ihre Betriebsräte organisiert bei uns getagt haben. Die Gewerkschaftszentralen spielten bei der Organisation eher eine unbedeutende Rolle. Für sie haben wir das auch angeboten, aber das war nicht die Hauptzielgruppe. Es gab in den 1970er-, 1980er- Jahren große Auseinandersetzungen in der gewerkschaftlichen Bildungsarbeit, an denen ich auch beteiligt war. Denn während meiner Frankfurter Zeit engagierte ich mich auch in der gewerkschaftlichen Bildungsarbeit der IG Metall.

Worum ging es da, was war der Konflikt?

Meyer: Vor allem in der IG Metall-Bildungsarbeit wurde ein erstaunlicher, DKP-naher dogmatischer Marxismus vertreten. Die Gewerkschafter in der Bildungsarbeit haben den Leuten diese verkürzte Variante des Marxismus erzählt, die ja so schön einfache Erklärungen und kräftige Schlagworte, aber keine realistische Reformperspektive für die Praxis bietet. Ich habe etwas dagegen angearbeitet. Später war eines unserer Hauptanliegen, gegen den dogmatischen Marxismus bei den Jungsozialisten vorzugehen. Zentral war dabei meine Kooperation mit meinem Freund und Kollegen Horst Heimann, der in seinen Seminaren immer den vollen theoretischen Pluralismus, welcher damals bei den Jusos großen und wachsenden Einfluss hatte, abbilden wollte, um die zur dogmatischen Abschottung neigenden «Richtungen» ins Gespräch untereinander und mit uns zu bringen. Die beiden «magischen» Fraktionen waren die «Stamokaps» (also staatsmonopolistischer Kapitalismus), die zunächst die Kommandohöhen der Wirtschaftsmacht erobern und dann «das System von ober her umkrempeln» wollten – und die Fraktion des «Anti-Revisionismus» in der Tradition von Rosa Luxemburg: zuerst die Revolution von unten machen und dann sehen, wie es weitergeht. Es gab aber auch noch die Reformisten mit der eigentlichen sozialdemokratischen Position der schrittweisen Demokratisierung von Wirtschaft und Gesellschaft mit den Mitteln demokratischer Staatsmacht. Daher mussten immer drei Leute auf dem Podium sitzen: Stamokaps, Anti-Revisionisten und Reformisten. Zwischen denen wurde dann heftig diskutiert. Selbst als es diese Lager in dieser Form dann gar nicht mehr gab, hat Horst weiterhin Vertreter dieser Richtungen gefunden und für eine faire Debatte zusammengebracht.

Wie kann man eigentlich konkrete Gewerkschaftsarbeit machen, also Partnerschaft zwischen Arbeitnehmern und Arbeitgebern, mit Kompromissen bei Lohnerhöhungen und allem was dazu gehört, und zugleich einem orthodoxen Marxismus anhängen, der dieses System doch überwinden will?

Meyer: Wenn du in der Geschichte zurückgehst – also zur Sozialdemokratie vor dem ersten Weltkrieg – hatte die SPD im Erfurter Programm von 1891 im ersten Teil eine Kurzfassung des 24. Kapitels aus dem ersten Band des «Kapital» von Marx. Im Kern wird der Kapitalismus dort als immer krisenhafter, immer schlimmer skizziert, bis er zusammenbricht. Bis dahin aber, so die überraschende Wendung im praktischen zweiten Teil des Programms, machen wir Reformpolitik, um den Kapitalismus durch Sozialpolitik und Arbeitsrecht schrittweise zu verbessern. Das reformistische Gegenmodell formulierte seit dem I. Weltkrieg Hugo Sinzheimer. Bei seiner Begründung eines sozialistisch fundierten Arbeitsrechts ging er von der Beobachtung aus, dass Arbeiter und Kapitalisten neben ihrem Grundkonflikt in der Verteilungsfrage auch ein gemeinsames Interesse haben: den Erfolg jedes Einzelbetriebs im Rahmen des gesamtwirtschaftlichen Wettbewerbs. Das bildete dann in Deutschland die bis heute bleibende Grundlage für die Mitbestimmung, das Arbeitsrecht und große Teile der Sozialpolitik – die Hauptfelder sozialdemokratischer Reformpolitik im Kapitalismus gegen die Dominanz der kapitalistischen Logik.

Das Geheimnis ist, dass es in der Linken keine historische Erfahrung und keine wirkliche konzeptionell-theoretische Entwicklung gab. Sie haben das in der Zeit nach 1960 genauso diskutiert wie 100 Jahre zuvor und machen das ja teilweise heute immer noch so. Diese Menschen haben die Vorstellung, dass der Marxismus noch die orthodoxe Doktrin aus der Zeit vor dem Ersten Weltkrieg ist und auch der von dieser beschriebene Kapitalismus in etwa in seiner klassischen Variante weiterlebt. Die großen Debatten, mit denen in der Sozialdemokratie der Marxismus differenziert, relativiert und weiterentwickelt wurde, wird in diesen Theorien nicht reflektiert, ebenso dass sich der Kapitalismus in seinen Formen und seiner Funktionsweise verändert hat. Soweit das deren Vertretern überhaupt bekannt ist.

Gab es für Dich einen entscheidenden Einschnitt in der sozialdemokratischen Theoriediskussion nach 1945? Und welche Rolle spielten dabei die Debatten in Schweden?

Meyer: Der entscheidende Schritt geht für mich mit dem Begriff des funktionalen Sozialismus des schwedischen Sozialwissenschaftlers Gunnar Adler-Karlsson einher. Das öffnete einen neuen Horizont und brachte eine Sichtweise des Kapitalismus und möglicher Ansatzpunkte für seine Veränderung auf den Begriff, die sich vorher erst zögerlich angebahnt hatte. Demnach kann Sozialismus nur heißen, dass man die verschiedenen realen Funktionen des Privateigentums gesellschaftlich demokratisch unter Kontrolle bringt. Und diese Funktionen kann man ihrer Wirkungsweise gemäß nur mit verschiedenen Institutionen, Akteuren und Instrumenten gesellschaftlich in Dienst nehmen. Einige davon durch Betriebsratsarbeit, andere durch Unternehmensmitbestimmung und einige der wichtigsten durch politische Rahmengesetzgebung und Steuerung. Diese Idee des funktionalen Sozialismus war die theoretische Grundlage des schwedischen Modells der Sozialdemokratie. Das alles nehmen traditionalistische Sozialismustheoretiker meist überhaupt nicht zur Kenntnis. Die Fixierung auf Marx war nahezu hermetisch.

Was ist aus Deiner Sicht der Kern der Idee des Sozialismus, der auch zukünftig Bestand haben wird?

Meyer: Die Grundlage des Sozialismus ist im Kern die Idee der gleichen sozialen Freiheit, sie umfasst die liberal-formale Dimension der gesicherten gleichen Handlungsspielräume für alle und die materielle, sozialökonomische Dimension der garantierten Ressourcen für die individuelle Selbstbestimmung. Die rechtlich-politische Garantie dieser gleichen Freiheit ist der eigentliche Kern der sozialen Demokratie. Sie verbindet Freiheit mit Solidarität. Dieser Gedanke ist nach wie vor ungebrochen aktuell. Dafür ist natürlich auch vorausgesetzt, dass die willkürliche soziale und ökonomische kapitalistische Entscheidungsmacht in allen Dimensionen im Sinne des funktionalen Sozialismus «vergesellschaftet» wird. Markt und Privateigentum an Produktionsmitteln müssen daher keineswegs abgeschafft, aber auf alle Fälle umfassend gesellschaftlich «eingebettet» werden.

Du hast ja in Frankfurt a. M. studiert. Wie ordnest Du die Frankfurter Schule für die Sozialdemokratie ein?

Meyer: Das Hauptkennzeichen der ersten Generation der Kritischen Theorie war, dass sie keinerlei Verbindung zur Arbeiterbewegung gehabt und auch nicht gesucht hat. Das haben ihre Anhänger schlicht ignoriert, es war eine rein akademische Philosophie. Doch in der dritten Generation der heute noch publizierenden Vertreter der Kritischen Theorie gibt es substanzielle Grundlagen und Anknüpfungspunkte für eine theoretisch gehaltvolle Konzeption der sozialen Demokratie. Ich sehe sie vor allem in der «Theorie der Anerkennung» von Axel Honneth und umfassender noch in der «Theorie des Kommunikativen Handelns» von Jürgen Habermas. Das ist Sozialdemokratie reinsten Wassers.

Was waren die wichtigsten Referenzgrößen für Eure Reformarbeit in Freudenberg?

Meyer: Wir haben in Freudenberg mehrere Bände herausgegeben: Was hat es eigentlich für Fortschritte in der sozialistischen Theorie seit Marx gegeben? Was sind die Hauptveränderungen? Natürlich weiterhin der demokratisch gelesene undogmatische Marx, daran anschließend die funktionalsozialistische Traditionslinie von Eduard Bernstein über Fritz Naphtali und Hermann Heller und die Kantianischen Sozialisten wie Leonard Nelson. Eine der interessantesten, leider weitgehend ignorierten konzeptionellen Neuerungen in der Nachkriegszeit stammt aus der Feder von Eduard Heimann, einem jüdischen sozialdemokratischen Wirtschaftsprofessor in Hamburg. Ihm zufolge heißt Sozialismus, im kapitalistischen System überall Gegenelemente und gegenwirkende Prinzipien in die funktionalen Strukturen einzubauen, sodass die einzelnen Teilelemente der Gesellschaft nicht mehr im Sinne von Profitmaximierung, sondern im Sinne von sozialer Verantwortung funktionieren. Das war ein ganz wichtiger Beitrag zur reformistischen Theorie. Auch die Beiträge von Fritz Vilmar zur gesellschaftlichen Demokratisierung aus dieser Zeit spielten eine Rolle. Und einige Autoren des Prager Frühlings wie Ota Šik und Jiří Kosta.

Was sind offene Stellen in der sozialdemokratischen Theoriearbeit unter historischen Gesichtspunkten? Hat die Partei an solchen Arbeiten Interesse gezeigt?

Meyer: Es waren vor allem führenden politische Köpfe in der Partei, die wenig Interesse daran zeigten. Ihnen ist es egal, ob der sozialen Demokratie eine kohärente Theorie zugrunde liegt oder nicht, und sobald du das aufgreifst, stößt du auf taube Ohren, weil dann eher Konflikte und Uneinigkeit zu Lasten von Einigkeit nach außen und Kontrolle des Gesamtauftritts der Partei erwartet werden. Die großen Ausnahmen waren Willy Brandt, Jochen Vogel und natürlich Erhard Eppler. Dabei ist es so notwendig, die Weiterentwicklung der theoretischen Grundlage der sozialen Demokratie voranzutreiben. Zentrale Fragen sind dabei, in welchen Schriften, in welchen Diskussionen manifestiert sie sich, und können wir ein Bewusstsein dafür in der Partei lebendig halten, dass es die epochalen Lernschritte in der Sozialdemokratie gab, die ich angedeutet habe. Aber daran hatten zu wenige ein ernstes Interesse. Die Partei ist auch nicht so organisiert, dass das gut funktionieren könnte. Die Geschichte der SPD ist ja eben für manche auch eher eine Verratsgeschichte oder eine Verfallsgeschichte. Für uns war es eine Lerngeschichte hin zum Godesberger Programm. Für andere war es ab da eine Geschichte der opportunistischen Abkehr vom reinen Marxismus.

Wie erklärst Du Dir, dass sich Politiker so schwertun, konzeptionelle Arbeiten zu fördern, die über den Tag hinaus reichen?

Meyer: Meine Beobachtung ist, dass sich unter dem Druck der unausweichlich pragmatischen Politik nicht von selbst ein Sinn für Theorie und für theoretische Begründung ausbildet. Das ist bei allen Politikern so, und eben auch bei den sozialdemokratischen. Jeder weiß zudem, dass konzeptionelle Arbeit über den Tag hinaus immer viel Zeit kostet und auch Streit bedeutet, aber tages- und wahlpolitisch kaum Lorbeeren bringt. Es bedarf daher immer eines sehr fundierten Verständnisses über den längerfristigen Wert solcher Arbeit, einer persönlichen Affinität zu ihr und die Bereitschaft zur zusätzlichen Anstrengung.

Was am Marxismus war denn überhaupt bedeutend für die SPD?

Meyer: Ganz am Anfang, in der Zeit der Sozialistengesetze und der Verfolgung der Sozialdemokratie nach 1878, hatte der Marxismus eine mehrfache existenzielle Bedeutung. Erstens: Er ließ die gegenwärtige Schwäche als Stärke erscheinen; jetzt sind wir zwar schwach und verfolgt, aber wir werden stark und siegreich sein, denn wir sind mit der Geschichte im Bunde, die – wie Marx bewiesen hat – mit Notwenigkeit auf den Sozialismus zuläuft. Zweitens: Wir sind zwar in der bürgerlichen Gesellschaft geächtet, aber unser Projekt steht fest auf wissenschaftlichem Fundament und ist im Interesse der ganzen Menschheit und nicht nur partikulärer Klasseninteressen. Der marxistische Cheftheoretiker Karl Kautsky hatte mit Erfolg den Marxismus zu einer «wissenschaftlichen Weltanschauung» gemacht, denn Marx habe, wie Friedrich Engels, der Übervater der frühen Sozialdemokratie meinte, das Entwicklungsgesetz der Natur entdeckt und damit die Religion überflüssig gemacht. So wie Charles Darwin habe Marx fast zeitgleich das Gesetz der Entwicklung der menschlichen Geschichte entdeckt und damit die Geschichte als eine neue Wissenschaft mit festen verlässlichen Gesetzen begründet. Für die Sozialdemokratie spielte der Marxismus daher solange die Rolle einer übergeordneten Moral, einer Siegesversicherung und einer unanfechtbaren Motivationskraft, wie er als wissenschaftliche Weltanschauung verstanden werden konnte. In dem Augenblick, wo diese Weltanschauung zerfiel, konnte der Marxismus nicht mehr gesamtmotivierend, nicht mehr weltdeutend und nicht mehr moralisch bindend für den Einzelnen sein. Das war das Problem für die Marxisten in der Sozialdemokratie. Kurz nach dem Ersten Weltkrieg war der Marxismus als Weltanschauung erledigt. Einen zweiten Preis hat der Weltanschauungsmarxismus nahezu jahrhundertelang, teils bis heute gefordert. Er bot für Reformen keinen rechten Platz und keine überzeugende Rechtfertigung. Es schien immer um alles oder nichts zu gehen. Bis in die Weimarer Republik hinein war die Partei daher auf Handlungsoptionen im Falle einer Machtübernahme jenseits der Demokratisierung des Staates nicht vorbereitet, und alles, was sie dann machte, war für die Marxisten viel zu wenig. Die Messlatte war stets viel zu hoch gelegt. Ein systemisches Missvergnügen am Regieren und an allen erreichbaren Erfolgen erwies sich als Kehrseite des Glaubens an die große historische Mission.

Woher kommt der Vorwurf gegen die Sozialdemokratie: «Wer hat uns verraten – Sozialdemokraten?» Hat die scheinbare moralische Überlegenheit kommunistischer Ideen daran einen Anteil, Wolfgang?

Thierse: Da wirkt jahrzehntelange SED-Propaganda nach. Die Sozialdemokratie war ja in der DDR ein ideologischer Hauptfeind, der Verwurf des «Sozialdemokratismus» besonders gefährlich. Antipathien gegen die Sozialdemokratie zu pflegen war und ist bis heute ein emotionales Band in der Linkspartei. Man pflegt alte Vorurteile – auch um von eigener historischer Schuld abzulenken: Nicht die kommunistische Idee, sondern nur der Sowjet- und DDR-Kommunismus sei historisch erledigt. Damit hatten wir uns in der Grundwertekommission Anfang der 1990er-Jahre zu beschäftigen, wie wir künftig mit dem Begriff Sozialismus umgehen sollten. Wir haben die Beobachtung reflektiert, wie sie Vaclav Havel zusammengefasst hatte, der Sozialismusbegriff sei eine Keule, mit der auf unsere Schädel eingeschlagen wurde. Wir mussten

Anstrengungen unternehmen, zu verhindern, dass die Geschichte dieses Sozialismus gegen die der Sozialdemokratie in Stellung gebracht wurde: Hat die bittere Erfahrung des Realsozialismus den Begriff und die Idee eines demokratischen Sozialismus endgültig vergiftet und verdorben? Oder war das, was im sowjet-kommunistischen System stattgefunden hat, nur eine Verfälschung der sozialistischen Idee, die von dieser Verschmutzung wieder zu reinigen möglich ist? Also die alte Frage: Hat der Stalinismus die kommunistische Idee zur Unkenntlichkeit verzerrt oder zur Kenntlichkeit gebracht? Die Zukunft der sozialdemokratischen Idee eines demokratischen Sozialismus verlangte nach dem Scheitern des kommunistischen Systems nach einer schonungslosen (Selbst-) Kritik des kommunistischen, des Staatssozialismus! Diese Aufgabe ist wohl noch nicht vollständig erledigt, wenn ich an manchen illusionären und beschönigenden Blick auf die Geschichte von Sozialdemokraten und Kommunisten denke. Die Sozialdemokratie hat gewiss nicht wenige politische Fehler gemacht, aber verraten haben nur die Kommunisten die Menschen, indem sie eine Unfreiheitsordnung errichtet haben.

In der DDR war der Marxismus Staatsideologie und dazu gehörte auch der Kampf gegen die Sozialdemokratie. Wie habt Ihr das wahrgenommen?

Meyer: Es hieß ja immer auch: Marxismus von der Utopie zur Wissenschaft. Aber wir müssen den Marxismus wieder rückverwandeln von einer sogenannten Wissenschaft in eine Utopie, dann kann man mit ihm leben. Nie war der Sozialismus utopischer als bei Marx. Marx hat ja im Grunde ein normatives, moralisches Gebäude errichtet und das war für uns später sehr wichtig. Sowohl die Frankfurter Schule wie auch der Marxismus überhaupt haben immer davon gelebt, dass er das Versprechen machte, dass die Emanzipation zugleich eine Erlösung dieser Gesellschaft ist. Wenn sie sich auf unsere Art emanzipiert, dann ist sie gleich erlöst von ihren Widersprüchen. Dieses falsche Versprechen hat in der Geschichte die meisten Leute angezogen und dies hat den Marxismus auch zur Religion gemacht.

Thierse: Es gibt bei Marx in der «Deutschen Ideologie» das schöne Zitat, das im Grunde die Sozialdemokratie definiert: «Wir nennen Sozialismus nicht irgendeine Utopie, sondern die wirkliche Bewegung, die über den gegenwärtigen Zustand hinausführt». Das fand ich immer eine sehr gute Beschreibung dessen, was ein sozialdemokratischer Weg ist.

Weil ich der Meinung war, gegen die Kriege, die großen Worte und die großen Utopien, egal ob sie von konservativer Seite kommen oder von kommunistischer Seite, muss sozialdemokratische Politik den konkreten Menschen im Blick haben und die Verbesserung seiner Lebensbedingungen und seiner Lebensmöglichkeiten.

Jetzt sind wir wieder mitten in der Konzeption des Reformismus: Wie kann man das «Schritt für Schritt»-Prinzip gut begründen, ohne in einen situativen Pragmatismus abzugleiten?

Meyer: Bernstein hat die wunderbare Formel gefunden: «Das Endziel ist mir nichts. Die Bewegung ist mir alles.» Er hat gesagt, Sozialismus ist die ständige Veränderung der Gesellschaft nach dem Prinzip der «Genossenschaftlichkeit. Das ist das Prinzip der gleichen Teilhaberschaft. Diese Bewegung hat kein Ende, weil diese Organisation einer Gesellschaft der gleichen Teilhabe immer weiter geht, und er hat auch nicht versprochen, dass am Ende irgendjemand kommt und alle erlöst.

Welche Relevanz hatte dieses Denken dann für die Studentenbewegung?

Meyer: Die Studentenbewegung hat wider Willen das Gegenteil offenbart: Je mehr Emanzipation, desto mehr Konflikte. Es nahmen immer mehr Leute gleichberechtigt an einer gesellschaftlichen Debatte und an den Verteilungskämpfen teil. Wenn die Gesellschaft vollkommen demokratisiert wird, müssen viel mehr Entfremdung und Widerspruch ausgehalten werden als je zuvor. Das ist natürlich eine harte Erkenntnis und die meisten dogmatischen Marxisten versuchen sie zu ignorieren.
Historisch gesehen hat Bernstein wirklich versucht, die marxistische Utopie auf einem anderen Weg, nicht als System, zu erfüllen: Schritt für Schritt, durch Reformen und Veränderungen, um der konkreten Menschen willen.

Das ist der sozialdemokratische Weg, aber produziert der nicht immer neue Unzufriedenheiten, eben weil er kein Ende kennt?

Meyer: Je mehr Gleichheit besteht, umso mehr Ansprüche entstehen, um noch die kleinsten Reste von Ungleichheit zu tilgen. Je mehr Konflikte existieren, desto mehr wäre dann eigentlich Solidarität vonnöten, um diese Konflikte friedlich zu lösen. Aber die wächst eben nicht auf natürliche Weise mit, sondern was wächst, sind die Konflikte. Das sind die Fragen, mit denen wir uns beschäftigt haben. «Vergesellschaftung», das Zauberwort der Studentenbewegung und dann der Jusos, ist nicht die Überwindung aller gesellschaftlichen Widersprüche. Bei diesen Debatten habe ich eng mit Johano Strasser zusammengearbeitet, der damals sehr häufig in Freudenberg war. Er hat den Mut gehabt, Arbeitspapiere zu veröffentlichen und diese bei den Jungsozialisten als undogmatische, reformistische Thesen zu vertreten, was natürlich viele aggressive Gegenaktivitäten auf den Plan rief.

Was wurde ihm entgegnet?

Meyer: Als «Herrn Johano Strassers Umwälzung der Wissenschaft» haben sie seine Position in polemischer Anspielung auf Karl Marx` Anti-Dühring geschmäht und versucht, ihn lächerlich zu machen. Aber Johano hat sich jeder Diskussion gestellt, auch mit denen, die ein Schlachtfest mit ihm veranstalten wollten. Er hat einen Trick angewandt, den manche nicht begriffen haben. Er hat immer damit begonnen, erst einmal ein Stück Selbstkritik der Sozialdemokratie vorzutragen, bevor er auf seine Kritik an den dogmatischen Positionen zu sprechen kam und so Stück für Stück eine starke Position entwickelte. Das hat er in jeder Situation überzeugend gemacht. Ich bin auch mit ihm zusammen an Universitäten gegangen, wo ganz klar war, dass hier die Fetzen fliegen werden. Er war da unerschütterlich.

Wolfgang, wie hast du diese Zeit erlebt? Gab es bei Euch auch solche Debatten?

Thierse: Natürlich war das bei uns in den 1970er-Jahren ein anderes Leben. Es ging nicht so sehr um Theoriedebatten, wie Thomas sie ausgefochten hat, sondern um die faktische politische Erfahrung. Ich habe mich nach der Zeit an der Universität in einem Anfall von Leichtsinn dazu verführen lassen, ins Ministerium für Kultur zu gehen. Ich war dort in der Abteilung Bildende Kunst Referent für Bau und architekturbezogene Kunst, um die großen Bauprojekte mit Kunst zu versehen. Ich will dazu eine Absurdität erzählen: Es gab einen Politbüro-Beschluss zur Errichtung großer Denkmäler für zentrale Ereignisse und Gestalten aus der Geschichte der Arbeiterbewegung. Das sollte unter Führung des Kulturministers verwirklicht werden und fiel in meinen Arbeitsbereich. Den Beschluss bekam ich jedoch nie in die Hand. Stattdessen musste ich in die Zentrale des Ministers gehen und habe mir diesen aus dem Archiv, also aus der Geheimdienststelle, zeigen lassen. Dort erst habe ich ihn gelesen und wieder abgegeben. Ich hatte schließlich mit dem größten

Kunstauftrag zu tun, der jemals in der DDR vergeben worden ist. Ich habe den Vertrag für das Bauernkriegsdenkmal in Frankenhausen mit entworfen, das von Werner Tübke gemalt wurde. Tübke war ein Solitär, ein eigentümlich manieristischer Künstler, der im Stil der Spätrenaissance malte. Seine geniale Attitüde hatte zugleich etwas von Größenwahn. Er wollte die große geschichtsphilosophische Malerei, während das Politbüro banale Historienmalerei wollte.

Werner Tübke ist ja ein auch im Westen bekannter Künstler. Wie verlief die Zusammenarbeit mit ihm?

Thierse: Eine spannende Geschichte ist unsere gemeinsame Moskau-Reise, die wir machten, um Vorbilder für das Historiengemälde zu besichtigen. In Moskau gab es zwei Studios, in denen Schlachtenmalerei und Panoramen gemalt wurden. Wir waren dort und haben uns die Schlachtenmalerei angeschaut. Tübke sah das und schimpfte, das sei faschistische Malerei, und ich musste ihn warnen vor russischen Zuhörern, die vielleicht auch deutsch sprechen. Er war entsetzt, denn er wollte eben nicht naturalistisch-realistische Malerei pinseln, sondern große geschichtsphilosophische Malerei schaffen. Michelangelo und die Sixtinische Kapelle waren sein Maßstab. Und ich hatte den Auftrag, dafür den vertraglichen Rahmen auszuarbeiten. Niemand wusste, wie lange das dauert und wie viele Leute er braucht, weshalb das ein sehr offener Vertrag war. Am Ende ist auch etwas daraus geworden. Das Kunstwerk steht heute in Frankenhausen. Es ist handwerklich außerordentlich gut gemacht und durchaus beeindruckend.

Ein Einschnitt in der Geschichte der 1970er-Jahre der DDR war 1976 die Ausweisung von Wolf Biermann. Wie erinnerst Du das? Seinerzeit warst Du ja noch im Ministerium beschäftigt.

Thierse: Mit der Biermann-Ausbürgerung war meine Zeit im Ministerium nach einem Jahr jäh zu Ende. Im November wurde Wolf Biermann die Staatsbürgerschaft aberkannt. Unter den Künstlern gab es prominente Vertreter, die dagegen aufbegehrten und deren Protest sich viele andere angeschlossen hatten. Deshalb wurde ich beauftragt, zu Künstlern zu gehen und sie zur Zustimmung zu diesem Rauswurf von Biermann zu bewegen. Aber ich habe mich geweigert. Ich hielt diese Entscheidung für einen katastrophalen Fehler und war auch nicht bereit, die Künstler zu überreden, oder, wenn sie das nicht machten, Bericht darüber zu erstatten. Ich wurde daraufhin von heute auf morgen entlassen. Die Anekdote der Kündigung charakterisiert gut, wie es in der DDR lief. Ich wurde zum Abteilungsleiter einbestellt, der mir sagte, dass ich nicht bleiben könne. Dann hat er mir vorgetragen, was ich in den letzten Wochen und Monaten alles gesagt hatte, und dass ich ohnehin nicht bereit sei, die Politik von Partei und Staat vorbehaltlos zu unterstützen und dass mir deshalb fristlos gekündigt werde. Ich kam zurück in mein Arbeitszimmer, wo mir meine Kollegin gegenübersaß, die ich fragte: «Renate, warum hast Du Berichte über mich geschrieben? Du kennst mich, Du weißt, ich bin ein diskussionsfreudiger Mensch, Du hättest mir alles ins Gesicht sagen können.» Und da kam die Antwort: «Ach, Wolfgang, als Mensch ist mir das schwergefallen, aber als SED-Genossin war es meine Pflicht». Das war die alltägliche DDR-Schizophrenie. Ich war also gekündigt und wusste nicht, wie es weitergeht, denn mit einer solch verheerenden Beurteilung wusste man nicht, was passieren würde. Mit der Ausbürgerung von Biermann wurde die Unterscheidung zwischen den Apologeten, den Untertanen des Regimes und den anderen, die sozusagen halbwegs kritisch waren, sichtbar.

Wie bekommt man da wieder den Boden unter die Füße, wenn man von heute auf morgen seine ganze Perspektive wegbrechen sieht?

Thierse: Wir hatten unser erstes Kind gerade bekommen, meine Unsicherheit war also groß. Trotzdem habe ich mir als erstes bei einem bekannten Maler ein Bild gekauft, ein wunderbares Zirkusbild. Als der später erfuhr, dass ich aus dem Ministerium hinausgeworfen worden war, sagte er: «Ach, hätte ich das gewusst, hätte ich Ihnen das Bild geschenkt.» Noch heute hängt dieses gekaufte Bild in unserer Wohnung und erinnert mich an meinen Trotz.

Und wie ging es dann weiter?

Thierse: Auf durchaus DDR-typische Weise: Ich wusste also nicht, wie es weitergehen sollte. Da erzählt eine Freundin, dass bei ihr in der Akademie der Wissenschaften im Zentralinstitut für Literaturgeschichte ein oder zwei Stellen frei sind. Ich habe mich da dann einfach beworben und hatte Glück. Ich sage ironisch, dass alle anständigen, intelligenten Menschen in der DDR sich irgendwie kannten. Zufälligerweise war am Tag meines Vorstellungsgespräches der Institutsdirektor, der den schönen Namen Professor Ziegengeist trug, nicht da. Später stellte sich heraus, dass er ein Stasispitzel war. Also war ich beim stellvertretenden

Direktor, einem Romanisten. Der kannte mich, weil ich bei ihm meine Diplomarbeit über die Hegelsche Theorie des Romans geschrieben hatte. Er befragte mich zu meinem Rauswurf und man merkte aus seiner Reaktion, dass er sehr gut verstand, was vorgefallen war. Das war so eine Art stilles Einverständnis und für mich ein glücklicher Zufall.

Somit war ich von Januar 1977 bis 1990 in der Akademie der Wissenschaften, am Zentralinstitut für Literaturgeschichte, im Bereich V mit dem stolzen Titel «Theorie der Literatur und Methodologie der Literaturwissenschaften» tätig. Das war sehr schön, weil wir dort 15 Leute aus verschiedenen Disziplinen waren: Germanisten, Romanisten, Theaterwissenschaftler, Philosophen, Historiker und ich als Kulturwissenschaftler mit dem Schwerpunkt Ästhetik. Ich habe mir in der großen Akademie der Wissenschaften eine spezielle Nische gesucht und mich dort mit der Geschichte der Ästhetik befasst. Man traf sich etwa einmal in der Woche zur Diskussion. Sonst saß man zu Hause oder in der Bibliothek, es gab ja keine eigenen Arbeitsplätze. Die meisten anderen ordentlichen SED-Genossen konnten in die Bibliothek Preußischer Kulturbesitz nach Westberlin fahren. Das durfte ich nicht, da ich keine Genehmigung bekam. Das ist ein Klassenunterschied gewesen. Die anderen reisten auch zu Kongressen und Konferenzen. Und ich saß fest in der DDR. Und da ich fast der einzige Nicht-SED-Genosse war, musste ich den Gewerkschaftsfunktionär spielen, denn einer hatte schließlich diese Rolle zu übernehmen.

Habt Ihr Euch auch durch die westdeutsche bzw. internationale Literaturwissenschaft beeinflussen lassen oder seid ihr primär an einem ostdeutschen Weg interessiert gewesen?

Thierse: Natürlich haben wir versucht, auch wahrzunehmen, was sich im westlichen Ausland tut, in den Geistes- und in den Literaturwissenschaften. Eine Entwicklung kam unserem Interesse sehr entgegen, das eben auch ein politisches Interesse war, nämlich die Wende zur Begriffsgeschichte.

Kannst Du das genauer erläutern? Was hat es damit auf sich?

Thierse: Wir suchten nach einem Projekt, das den ideologisch-politischen Zugriff auf unsere Wissenschaft unterläuft. Diesem Zweck sollte die konsequente Historisierung unserer Disziplin und unseres Denkens dienen. Es ging uns darum, nach der Entstehung bestimmter ästhetischer Begriffe zu fragen: Warum können wir noch verstehen, was in der Antike gedacht wurde und was hat sich zugleich geändert? Das war das Konzept, an dem ich beteiligt war: das Projekt eines historischen Wörterbuchs ästhetischer Grundbegriffe. Typisch für die DDR war, das ein solches Projekt in einem zentralen Forschungs- und Publikationsplan der Gesellschaftswissenschaften untergebracht werden musste, über den das Politbüro der SED höchstselbst endgültig entschied. Man musste also begründen, welch politischer und pädagogischer Sinn in dem Projekt steckt. Um die Zustimmung zu bekommen, haben wir einen Trick angewandt und auf ein in der Arbeiterbewegung ehemals populäres philosophisches Wörterbuch, den «Liebknecht», verwiesen, in dem die Grundbegriffe der Philosophie und Politik erläutern wurden. Dieses Buch kannten die älteren Genossen. Daran haben wir erinnert und unsere Absicht bekundet, ein Werk zu verfassen, in dem die wichtigen Begriffe der Ästhetik und der Kunsttheorie erläutert und in ihrer Geschichte dargestellt werden. Das hat dann die nötige politische Zustimmung gefunden. Wir konnten unser Vorhaben sogar im deutsch-deutschen Kulturabkommen unterbringen, weil wir auch westdeutsche und internationale Wissenschaftler für die Mitarbeit gewonnen hatten. Dahinter steckte auch die Absicht, unser Institut an die internationale Forschungslandschaft in der Literaturwissenschaft und Ästhetik Anschluss finden zu lassen.

So konntet Ihr also aus der Nische heraus durchaus internationale Anschlussfähigkeit herstellen. Was war Deine Rolle in diesem Projekt?

Thierse: Ich war an allen wesentlichen Schritten beteiligt: Von der Konzeption bis zum ersten Studienband, der in den 1990er-Jahren veröffentlicht wurde. Das ganze Projekt ist in sieben Bände im J.B. Metzler Verlag im Laufe der 1990er-Jahre erschienen. Das Projekt ist also glorreich beendet worden und es ist wirklich ein gutes Handbuch. Ich hatte ein paar Begriffe übernommen. Zum Begriff des Kunstwerks hatte ich bereits eine größere Studie angefertigt und weitere Vorarbeiten zu anderen Stichworten. Doch dann kam der Mauerfall und alles änderte sich. Ich geriet in die Politik und meine wissenschaftliche Laufbahn, die ja sowieso immer nur gedämpft war, war damit beendet.

Konntest Du auch die westdeutsche Literatur, die international bekannt war, kennenlernen?

Thierse: Nein, das war ganz schwierig. Auch das gehört zu den Absurditäten der DDR. Es gab sogenannte Rotkreis-Literatur, westliche Literatur, die nur mit Sondergenehmigung in einer bestimmten Abteilung der Staatsbibliothek der DDR zu lesen war. Dafür brauchte man eine Genehmigung und die bekam ich nicht, während andere sie selbstverständlich erhielten. Und die meisten meiner Kollegen konnten, weil sie SED-Genossen waren, in den Westen reisen und die Westberliner Bibliotheken aufsuchen. Es gab aber viele westdeutsche Freunde, die mir Bücher besorgten. Das war jedoch immer auf der Basis von informellen Kontakten und immer hart am Rande der DDR-Legalität.

Insgesamt war die Akademie der Wissenschaften analog zu den sowjetischen Instituten aufgestellt. Sie war nicht etwa nur eine Gelehrtenvereinigung, sondern sie bildete jeweils die größte Forschungseinrichtung. Dort wurden jene Wissenschaftler versammelt, deren Intelligenz gebraucht wurde, die man aber für zu gefährlich hielt, sie auf die Studenten «loszulassen». Bürgerliche Wissenschaftler kamen also an die Akademie und nicht an die Universitäten. Das führte dazu, dass die Wissenschaftler an den Universitäten gelegentlich neidisch waren auf das, was an der Akademie möglich war.

Heißt das somit auch, dass Ihr im Rahmen der DDR freier wart und es bequemer hattet?

Thierse: Wir hatten zwar nicht den «Ärger» mit den Studenten, mussten uns aber dennoch mit der Frage herumschlagen, wann und wie etwas publiziert werden konnte. Aufsätze und erst recht Bücher zu veröffentlichen, dauerte sehr lange. Es war also eine sehr langsame Wissenschaft. Westliche Wissenschaftler meinten gelegentlich, sie seien geradezu neidisch auf uns, weil wir mehr Zeit für alles hätten.

Hattet Ihr eigene Publikationsorgane mit einer gewissen Öffentlichkeitswirkung?

Thierse: Die Akademie bearbeitete einige Langzeitvorhaben, etwa das «Deutsche Wörterbuch» in der Tradition der Grimm-Brüder oder das Goethe-Wörterbuch. Und es gab einige Fachzeitschriften, so die *Deutsche Zeitschrift für Philosophie* und die *Weimarer Beiträge* und später wurde noch eine germanistische Zeitschrift gegründet. In gewissen Abständen wurden wissenschaftliche Bände veröffentlicht, die vom Institut verantwortet wurden und im Akademieverlag erschienen.

Das war schon eine besondere Existenz und Zeit, die Du in der DDR verbracht hast. Welche Bilder fallen Dir ein, die Deinen Gefühlszustand annähernd beschreiben?

Thierse: Die Existenz in der Akademie war für mich eine Art grimmiger Idylle. Es war schön, viel Zeit zu haben fürs Lesen und Schreiben, aber zugleich nicht schön, eingesperrt zu sein, nichts bewirken zu können, gehemmt zu sein und im Grunde auch der Entwicklung immer nur hinterher zu laufen. Wenn du weißt, die anderen lesen viel mehr, sind im internationalen Austausch und du bist so ein kleiner Wissenschaftler in der Ecke, das hat doch etwas Gespenstisches. Ich habe es später einmal so formuliert: In der DDR habe ich mit einer Fülle an Zeit und einem Mangel an Raum gelebt. Nach 1990 kehrte sich das um: Zu einer Fülle an Raum und einem Mangel an Zeit, weil mein Leben plötzlich ziemlich hektisch wurde. Ich hatte förmlich eine Explosion meines Lebens, von Null auf 100: Herbstrevolution, Anfang Januar 1990 Eintritt in die neu gegründete ostdeutsche Sozialdemokratie und fünf Monate später schon ihr Vorsitzender! Das war gelegentlich schwindelerregend.

Du beschreibst die Akademie als Ort gewisser Freiheiten. Trotzdem befand sich dieser Ort nicht außerhalb des Systems; das gleiche gilt ja auch für die katholische Studentengemeinde. Wie war es, dort überwacht zu werden, und wie veränderte sich dadurch die Kommunikation?

Thierse: Vielleicht lag der Anteil der Unabhängigen und Unbequemen bei fünf bis zehn Prozent. Die Unbequemen waren überall eine kleine Minderheit. Man lebte nach der Faustregel: Wenn zehn Personen zusammen sind, ist mindestens ein Spitzel dabei. Das musste man wissen, darauf musste man sein Verhalten und sein Reden immer auch einstellen. Das galt schon für die katholische Studentengemeinde. Man musste immer darauf achten, gerade nur das zu sagen, was noch zu verantworten ist und was einen nicht sofort ins Gefängnis bringt. Zugleich musste man trotzdem versuchen, sich das eigene Verhalten durch ein abgrundtiefes Misstrauen nicht verderben zu lassen. Dann hätte man nicht mehr kommunizieren können. Es gibt viele, die daran zugrunde gegangen sind und es gibt Schicksale, die darunter sehr gelitten haben. Hinterher hat mir einmal ein Studentenpfarrer aus Leipzig, der die Stasi-Akten über die Studentengemeinde der DDR eingesehen hat, gesagt, dass er erstaunt war, wie unverschämt und frech ich mich geäußert habe. Aber ich habe immer gewusst, was ich gerade noch so sagen kann.

Du warst ja auch als Gewerkschaftsvertreter im Institut aktiv. Welche Aufgaben waren damit verbunden?

Thierse: Man musste ab und zu dafür sorgen, dass man eine Veranstaltung durchführte, in gewissen Abständen Anträge formulierte, beispielsweise einen Kollektivausflug oder Anträge für Prämien und Auszeichnungen. Die höchste Auszeichnung, die ich selbst je bekommen habe, war die Auszeichnung zum «Aktivist der der sozialistischen Arbeit», aber die hat im Grunde jeder bekommen.

Gute Freundeskreise, um sich integriert und zufrieden fühlen zu können, waren sicherlich besonders wichtig.

Thierse: Freundeskreise waren wichtig fürs Überleben. Da hat man gemeinsam die Kinder betreut oder geschaut, ob man zusammen irgendwo Ferien machen kann. Durchaus auch im Anschluss an westliche Einsichten zur «antiautoritären Erziehung», dass die eigenen Kinder nicht nur Vater und Mutter als Autorität haben, sondern auch andere erleben. Aber für die Ferien musste man froh sein, wenn man etwas fand. Ich habe zweimal in den DDR-Jahren ein Ferienquartier bekommen, das ja vom FDGB (Freier Deutscher Gewerkschaftsbund) verteilt wurde. Was ich damit in Erinnerung rufen möchte, ist, dass der Familien- und Freundeskreis ganz wichtig war, nicht nur für die Intellektuellen, sondern generell. Es gab den berühmten Spruch: Privat geht vor Katastrophe. Es ging darum, sich zu versorgen und in einer Mangelgesellschaft zurecht zu kommen. Vor allem waren Freundeskreise Orte des politisch freieren Austausches, der Entlastung vom Druck von oben und der gelebten Alltagssolidaritäten. Erst sie machten das Leben in der DDR einigermaßen erträglich.

Entspannungspolitik, SPD/SED-Papier und Deutsche Einheit

Die entspannungspolitische Debatte der 1960er- und 1970er-Jahre bettete die Bundesrepublik in einer neuen und souveräneren Weise in die internationale Staatenwelt ein. Durch die Ostpolitik von Willy Brandt wurde die Westpolitik Konrad Adenauers mehr als ergänzt. Damit war aber auch die Debattenlage für die westdeutsche Linke schwieriger geworden; hinsichtlich der Kritik an den dortigen Verhältnissen und erst recht hinsichtlich einer positiven Bezugnahme zu den oppositionellen Bewegungen im Osten. Wie seid Ihr mit dieser Herausforderung umgegangen?

Meyer: Schon als die Entspannungspolitik losging, gab es Debatten, ob man unter diesen Umständen überhaupt noch die Verhältnisse in der DDR kritisieren könne oder ob dies die Entspannungspolitik störe. Da gab es die Meinung, fangt bloß nicht mit ideologischen Diskussionen an, das macht uns die ganze Friedens- und Entspannungspolitik kaputt. In der Zeitschrift *L'80*, die Johano Strasser damals vor allem mit Günter Grass redigierte, haben wir einmal darüber diskutiert, ob man das sein lassen muss oder ob Kritik die Entspannungspolitik vielleicht gar nicht stört, sondern unter bestimmten Umständen sogar ihre Berechtigung hat. Mit der Meinung, wir sollten das machen und die anderen sollten sich daran gewöhnen, hatte auch ich schon einen Artikel eingebracht. Denn so wie die anderen uns dauernd kritisierten, sollten auch wir sie kritisieren dürfen, aber nicht so, dass wir dadurch den Dialog abbrechen. Dieser soll weitergehen. Wir brauchten also eine Gleichzeitigkeit von Dialog und Kritik, nur das würde sich lohnen. Wir mussten sozusagen die Gegnerschaft «entfeinden». Das Atomzeitalter verträgt keine Verfeindung. Das Grundmotiv in diesen Diskussionskreisen war: Die haben doch dasselbe Interesse an Entspannung wie wir. Deswegen werden sie das auch aushalten können, wenn wir sie genauso kritisieren, wie sie uns kritisieren. Und gleichzeitig war damit die Frage verbunden, sollen und dürfen wir mit den DDR-Oppositionellen, die ähnlichen Geistes sind wie wir, Kontakt haben, und dort und hier unsere Anliegen gemeinsam mit ihnen diskutieren, oder ist dies nicht statthaft? Stört das die große Entspannungspolitik? Das war der Ausgangspunkt.

Alles hat ja einen Ausgangspunkt und einen Vorlauf. Wer gab denn eigentlich den Anstoß für die Gespräche zwischen der Grundwertekommission der SPD und den Ideologen im Umfeld der SED?

Meyer: Eines Tages kam Erhard Eppler an und sagte, er habe da einen Philosophieprofessor in Leipzig getroffen, der dafür geworben habe, ein Spitzengespräch zwischen führenden Intellektuellen der SPD und SED zu führen. Damit ging Eppler zu Willy Brandt, der sagte: «macht mal», und dann hat er das angeleiert. Die anderen waren Spitzenleute der Akademie für Gesellschaftswissenschaften beim ZK der SED und wir wählten aus der Grundwertekommission der SPD eine Gruppe, zu der auch Johano Strasser gehörte, aus. Dann haben wir miteinander diskutiert und den Begriff der «Streitkultur» eingeführt und diese auch gleich praktiziert. Es ging um die Frage, wie streitet man miteinander produktiv, ohne dass dies zu Verwerfungen führt. Dann wurde bald darauf ein mehrtägiges Treffen einberufen, das in der DDR stattfinden sollte.

Das hört sich wie ein Selbstläufer an. Gab es denn gar keine Hindernisse aus dem Weg zu räumen?

Meyer: Als wir dahinfahren wollten, gab Richard Löwenthal zu bedenken, dass das schwierig werden könne, weil die ja wüssten, dass er früher Kommunist war. Wir vereinbarten, dass er zu Beginn eine Erklärung abgibt. Das war dann absolut filmreif. Als alle gemeinsam am Tisch am Scharmützelsee gespannt auf den Anfang warteten, meldete sich Rix Löwenthal außerhalb der Tagesordnung, er müsse erst eine Vorbemerkung machen: «Sie wissen vielleicht, ich war langjähriges Mitglied der Kommunistischen Partei, auch des Kommunistischen Jugendverbandes. Ich bin dann dort rausgeworfen worden, und das aus gutem Grund, das wollte ich gleich einmal klarstellen.» Und alle lachten. Ich hatte den größten Respekt, die anderen, auf beiden Seiten, sicher auch.
Bevor wir anfingen, hatten wir uns noch im Haus von Günter Grass in Friedenau getroffen und das Vorhaben mit ihm diskutiert. Kann man das machen? Sollte man das machen? Darf man das machen? Auf alle Fälle, meinte Grass, das sei doch gut und wichtig und da komme man einen Schritt vorwärts. Aus der SPD gab es einzelne Stimmen, wir hätten mit unseren Gesprächen die sozialdemokratische Freiheitsidee verraten, aber wir erfuhren ganz überwiegend große Zustimmung und Anerkennung. Wir haben uns insgesamt vier- oder fünfmal getroffen, teils im

Osten, teils im Westen. Alle Gespräche waren zugleich kollegial und kontrovers, mitunter durchaus heftig. Es ging ja auch um viel.

Wer waren die Wortführer auf DDR-Seite?

Meyer: DDR-seitig war das eine interessante Gruppe. Hauptdiskutant auf DDR-Seite war deren Chefideologe Professor Otto Reinhold, Rektor der Akademie für Gesellschaftswissenschaften beim ZK der SED und Mitglied des ZK. Der kannte beim abendlichen Schnaps ohne nachzulassen Tausende von DDR-spöttischen Witzen. Bei ihm gab es nicht diese intellektuelle Schärfe wie bei dem Chefphilosophen der DDR und ZK-Mitglied Professor Erich Hahn, mit dem ich einige feurige intellektuell-politische Gefechte führte. Am Anfang waren auch noch Leute vom Jugendforschungsinstitut Leipzig dabei: offene und sachkundige Leute, deren Studienergebnisse in der DDR immer geheim gehalten wurden. Und es gab den offenen und intellektuell interessanten Professor Rolf Reißig, ein eher sozialdemokratischer Kopf auf der anderen Seite.

Das waren ja keine normalen Gespräche, wie sie immerwährend zwischen westlichen Intellektuellen über die Perspektiven linker Politik geführt werden. Was waren denn die konkreten Herausforderungen, die in diesen Gesprächen zu bewältigen waren?

Meyer: Für uns war Willy Brandt der zentrale Orientierungspunkt. Er hatte immer vertreten, trotz aller Gegensätze, die beide verschiedenen ideologischen Lager voneinander trennen, gebe es doch auch überwölbende gemeinsame Interessen, vor allem Frieden, Umwelt, internationale Kooperation und die Überwindung von Hunger und Elend im globalen Süden. Daran konnte man anknüpfen: Wie wäre es denn, wenn wir jetzt im Zuge der Entspannungspolitik einmal klären, was denn diese überwölbenden Interessen sind, wie jede Seite das sieht, und wie wir sie angesichts der entgegengesetzten Interessen diskutieren und praktisch verfolgen könnten. In den Gesprächen zeigte sich bald in dieser Frage eine so weitgehende Annäherung, dass wir dachten, das kann ja irgendwie nicht ganz stimmen, dass sie so weit gehen können oder dürfen.

Hinter verschlossenen Türen kann man ja manches formulieren. Aber wie kam dieser Konsens ans Licht der Öffentlichkeit?

Meyer: Um Ergebnisse festzuhalten, wurde vorgeschlagen, Journalisten von beiden Seiten als Beobachter hinzuzuziehen und dann schreiben wir die Essenz unserer Debatten auf und schauen mal, wie sich das veröffentlichen lässt. Seitdem waren jeweils zwei Journalisten von Westzeitungen und zwei DDR-Journalisten mit dabei. Bei Letzteren hätte einer gereicht, weil die sowieso alle denselben Artikel bringen mussten. Rolf Reißig, ein persönlich höchst angenehmer und kenntnisreicher Zeitgenosse und ich, wir haben uns dann ein paar Mal getroffen und einen gemeinsamen Textentwurf aufgeschrieben.

Das hört sich alles sehr leicht an. Hattet Ihr nicht auch Befürchtungen, dass das Ganze nach hinten los gehen könnte? Dass Euch z. B. seitens der Konservativen Naivität vorgeworfen wird?

Meyer: Ja das seht Ihr richtig. Wir rechneten schon damit, dass es aus dem konservativen Lager noch viel Kritik geben wird. Wir waren also durchaus ein wenig unsicher, ob das nun wirklich ein Schritt nach vorne wird. Deshalb haben wir in verschiedenen Gesprächen u. a. mit ehemaligen Akteuren des Prager Frühlings und Oppositionellen in Ostberlin getestet, ob unsere Botschaften zünden können, oder ob das wie ein Einknicken wirken würde. In der Sache war uns wichtig: Wenn wir uns jetzt gegenseitig kritisieren, dann soll das eigentlich auch so sein, denn der Fortschritt kommt aus der Diskussion. Dass keiner die Wahrheit gepachtet hat, haben wir ausdrücklich festgehalten, was natürlich für die Ostseite ein viel härter Brocken als für uns; für sie hing daran die ganze Systemlegitimation, aber nicht für uns. Der zentrale, ja eigentlich gut marxistische Gedanke war dabei, dass die Geschichte darüber richten wird, welches System besser ist. Aber eben nicht die Geschichte als mystische Person, sondern die konkreten Menschen, die in den Systemen leben. Ich habe gesagt, in welcher Weise äußert sich denn dieser Richter, doch nur so, dass er darüber diskutiert, wer die besseren Argumente hat und er dafür Zugang hat zu den Materialien und Quellen für den Vergleich. Also volle Offenheit für Information und Kritik. Auch das eine bittere Pille, mehr für die DDR-Seite als für uns.

Im Einführungsteil unseres Textes haben wir unser offenes Vorgehen der wechselseitigen Kritik herausgestellt. So hatten wir ein starkes Signal für die DDR-Innenpolitik gesetzt, dass freie Diskussionen geführt werden könnten. Ich bin dann sogar so weit gegangen und habe formuliert – diesen Teil hatte hauptsächlich ich verfasst –, dass zur freien Debatte auch die materiellen Mittel notwendig seien, um an dieser Diskussion teilnehmen zu können, in Klammern benannt: Schreibmaschinen, Fotokopiergeräte, Vervielfältigungsapparate usw.

Spielte es eine Rolle, dass Helmut Kohl zu dieser Zeit, also 1987, Erich Honecker nach Bonn eingeladen hatte?

Meyer: Das war schon eminent wichtig. Wir bekamen natürlich auch mit, dass die DDR-Seite dieses Papier für den Westbesuch von Honecker nutzen wollte. Sie wollten das Papier als ein kleines Geschenk mit nach Bonn bringen und hatten es am Ende etwas eilig. Und so sagte mir Reißig plötzlich, wir sollten den Text vor Honeckers Besuch zur Veröffentlichung fertigmachen.

Thierse: Wer hat das SPD-SED Papier eigentlich am Ende verabschiedet bzw. genehmigt?

Meyer: Jede Seite hat einen Teil des Textes verfasst. Die Hauptautoren waren Rolf Reißig und ich. Zwischendurch haben wir das ein paar Mal diskutiert. Erhard Eppler hat immer alles genau gelesen und kommentiert und dann wurde der Text in der Grundwertekommission, dessen Chef Eppler damals war, intensiv diskutiert. Auf der Seite der SPD-Spitze hat es neben Eppler nur Willy Brandt gesehen und für gut befunden. Auf östlicher Seite, so haben wir hinterher erfahren, hat Otto Reinhold es Honecker direkt vorgelegt. Der war aber zum Zeitpunkt der Verabschiedung an der Ostsee. Ein Kurier ist dann mit dem Text an die Ostsee gefahren, rein ins Haus zu Honecker, und Reißig berichtete, er sei kaum eine halbe Stunde später wieder herausgekommen und habe verkündet, dass Honecker auf dem letzten Blatt notiert hatte: «In Ordnung, Erich Honecker»

Thierse: Ich fragte deshalb nach, weil das Papier im *Neuen Deutschland,* dem offiziellen Presseorgan des SED, komplett abgedruckt wurde, es hieß dort: «Der Streit der Ideologien und die gemeinsame Sicherheit». Es schlug im Osten Deutschlands ein wie eine Bombe, denn da standen für uns sensationelle Dinge drin. Ich habe es mir noch einmal kurz vergegenwärtigt. Der absolute Wahrheitsanspruch der SED ist relativiert worden. Zweitens wird dem westlichen System Reformfähigkeit bescheinigt, wo wir doch alle gelernt hatten: Imperialismus als höchstes und letztes Stadium des dem Untergang geweihten Kapitalismus. Drittens wird auch dem Westen Friedensfähigkeit zugebilligt, wurden wir doch immer belehrt, das ist die aggressive Seite, die Kriegspartei. Und das Vierte hast Du gerade erwähnt, die offene Diskussion und freie Information wird für beide Seiten gefordert, eine Voraussetzung für friedliches Zusammenleben. Also was waren diese vier Dinge denn eigentlich? Das war sensationell und die Wirkung erheblich, vor allem in die SED hinein, denn es ist ja ein im Zentralorgan veröffentlichtes Papier gewesen. Für uns wurde dieses Papier dann zur Berufungsinstanz für alle kritische Diskussionen. Im Weiteren bekam die SED-Führung dann eine Himmelsangst, war nur noch damit beschäftigt, die Anliegen des Papiers herunterzuspielen und keine Diskussion dazu zuzulassen, bis hin zur Weisung, dass darüber keine Parteiversammlung mehr stattfinden solle.

Wie fiel denn die Rezeption im Westen aus?

Meyer: Das war das erste Mal, dass die SED eine Diskussion über diese Themen zulassen musste. Ich erinnere daran, weil ich es besonders unfair fand, wie im Westen von CDU-Seite behauptet wurde, das sei ein Dokument der Anbiederung und Unterwerfung. Die haben nicht wahrnehmen wollen, welche Explosivkraft dieses Dokument in der DDR hatte. Es war nach der Schlussakte von Helsinki das zweite wichtige Papier, das eine Berufungsinstanz für kritische Diskussionen und abweichende Meinungen war, auch innerhalb der SED. Doch will ich die Wirkung nicht überbewerten. Es war ja ohnehin schon die Endphase der DDR, aber es war doch ein ganz wichtiges intellektuell-politisches Ereignis. Am Ende – darauf möchte ich schon hinweisen – hatten sie den Eindruck, den wir in den Gesprächen gewonnen hatten, bekräftigt: Die meinen es ernst jetzt einen anderen Weg zu eröffnen. Es kam schließlich auch zu öffentlichen Auftritten von Eppler und Reinhold in Bonn, sowie von Reißig und mir in Ostberlin. Das schien der Auftakt für etwas Neues. Ich war sogar einmal live eine Stunde ohne Bedingungen im DDR-Fernsehen und wurde daraufhin in Ostberlin auf der Straße ermutigend angesprochen.

Thierse: Na ja, dazu gehört eben auch die negative Reaktion des anderen Teils des Politbüros, von Kurt Hager, Erich Mielke usw. Ich erinnere an das berühmte Tapeten-Zitat von Hager: «Würden Sie, wenn ihr Nachbar seine Wohnung tapeziert, sich verpflichtet fühlen, ihre Wohnung ebenfalls neu zu tapezieren?» Das heißt ja, wir dürfen das nicht weiterlaufen lassen. So offen war die Sache dann nicht mehr, denn die waren sowieso schon besorgt wegen Gorbatschow und seiner Glasnost-Politik.

Meyer: Es gab auch Leute, die haben gesagt, der Honecker sitzt schon auf gepackten Koffern. Das war absoluter Sprengstoff am zentralen Wahrheitsanspruch. Wenn man ein bisschen die Theorien kennt und sagt, wir erheben keinen historisch-absoluten Führungsanspruch mehr, stellt sich sofort die Frage, wo kommt dann die Legitimation her? Die kann dann nur noch demokratisch sein. Naja, und dann kam eben ganz schnell der Widerruf von einem Mitglied des Politbüros, man habe das Papier missbraucht. Eppler hat schließlich dafür gesorgt, dass wir ein kleines Papier nachgeschoben haben. Da stand dann drin: Jetzt versuchen einige drüben das Papier nachträglich wieder zu verändern, doch wir beharren darauf, dass das, was da drinsteht, gültig bleibt. In seiner Gedenkrede zum 17. Juni 1989 hat Eppler noch einmal seine ganze Enttäuschung darüber geäußert und erstmals die im Grunde realistische Einschätzung formuliert, dass es mit der DDR zu Ende geht. Wenn sie das nicht aushalten, so ein Papier diskutieren zu lassen, dann sind sie am Ende.

Da der Honecker Besuch in Bonn über den Tag hinaus keine positiven Wirkungen gezeigt hat, die zu einem Wandel der westdeutschen Sicht auf die DDR oder der Reformöffnung in der DDR beitragen konnten, war doch auch das SED-SPD-Papier in der Gefahr delegitimiert zu werden?

Meyer: Sich so mit der DDR-Staatspartei zu verständigen, hat einige empört und noch mehr haben die Empörung gespielt. Ich bin ja ein paar Wochen später nach Indien gefahren, weil ich da bestimmte Verpflichtungen hatte, und da wurde ich vom stellvertretenden Botschafter mit den Worten empfangen «Hat man Sie jetzt nach Indien abgeschoben?!», so begrüßte der mich mit Anspielung auf das Papier. Für mich sah das damals aber so aus, als würde es nun doch ein bisschen anders weitergehen mit der DDR und den Diskussionen in ihr – mit mehr Offenheit und Spielräumen.

Thierse: Jetzt muss man noch einmal diese eigentümliche Atmosphäre gegen Ende der DDR beschreiben. Ich versuche es mit der Unterscheidung zwischen eigener Wahrnehmung und Fremdwahrnehmung. In dem, was man aus dem unmittelbaren eigenen Lebensbereich oder aus Erzählungen anderer kannte, wurde der Eindruck immer stärker, das kann nicht mehr lange weiter gut gehen, nehmen wir die Mangelwirtschaft oder den ideologischen Zerfall. Das war das eine. Das andere war die Fremdwahrnehmung. Dieser eigentümliche Respekt vor der DDR, die als ein erstaunlich gut funktionierendes ökonomisches System wahrgenommen wurde. Ich erinnere noch immer, wie wir mit Staunen das

Gerede von der DDR als acht- oder zehntstärkster Wirtschaftsmacht in der Welt zur Kenntnis nahmen. Wir dachten, na Donnerwetter, wir erleben, dass nichts richtig funktioniert, und die bescheinigen uns so etwas. Diese Wahrnehmung war jedenfalls in den 1980er-Jahren höchst unterschiedlich. Dazu gehört auch, dass getrennte Kreise – etwa kirchliche Kreise, Kreise der Kultur, die naturwissenschaftlich-technische Welt – sich plötzlich annäherten und überkreuzten.

Wenn man sich mit den unterschiedlichen Sichtweisen auf den Mauerbau auseinandersetzt, kommt man ja nicht daran vorbei, dass ein wesentlicher Einflussfaktor das Alter der Menschen ist. Wie sah die Wahrnehmung denn bei der jüngeren Generation in der DDR Ende der 1980er-Jahre aus?

Thierse: Ja zu den Jüngeren gab es einen Generationsunterschied. Da veränderte sich die Stimmung noch einmal bis hin zu dem, was im Jahr 1989 urplötzlich sichtbar wurde. Bei diesem Mut-Ausbruch muss man ja immer wissen, Angst ist die halbe Macht einer Diktatur. Vorher gab es natürlich immer den Mut des Einzelnen, das individuelle Nichtangepasstsein, individuelle Frechheit oder den individuellen Ausweg in den Westen, wenn es irgendwie ging. Doch plötzlich tun sich Leute zusammen und beobachten die Kommunalwahl Anfang Mai 1989 und bestätigen das, was wir immer wussten, dass die Wahlen eine große Lügeninszenierung waren. Dann die blutige Niederschlagung der Proteste in China, Egon Krenz kam von dort zurück und was er sagte, haben wir schon richtig verstanden, nämlich als Drohung an uns. Dann der Sommer 1989, wo so viele über Prag, Warschau und andere Orte flüchteten.

Was für ein Gefühl kommt da auf, wenn um einen herum so viele weggehen? Das war ja noch einmal eine ganz andere Lage, wenn es eine Art kollektive Bewegung gibt und nicht nur einige wenige Einzelne sind?

Thierse: Ich erinnere mich an ein Telefongespräch mit einem westdeutschen Freund, der mich fragte, «Was ist los bei Euch?». Ich habe ihn wohl aufgeregt angeschrien, nicht nur die Faulen und Feigen bleiben im Lande, sondern wir bleiben hier, weil wir vielleicht hier etwas ändern können. Und das war das Neue: Das muss man all denjenigen entgegenhalten, die jetzt der SPD-Entspannungspolitik vorwerfen, dass sie moskau- und stabilitätsfixiert war. Ich erinnere an die Ereignisse von 1953, 1956, 1961, 1968. Immer war der Befund am Schluss die bittere Einsicht, wenn sich in Moskau nichts ändert, gibt es keine Chance, dass sich bei uns etwas ändert. Das war unsere Art der Moskaufixierung. Also eine Politik zur Verbesserung der Verhältnisse im Osten hieß, mit den Herrschenden in Moskau zu tun haben zu müssen. Das bestätigte sich jetzt, endlich änderte sich in Moskau etwas und genau das war plötzlich das Momentum, wo die jähe Hoffnung entstand, vielleicht gibt es eine Chance für uns. Das war die Stimmung, die einen hauten ab, die anderen dachten, vielleicht ist jetzt wirklich etwas möglich, und das war dieses eigentümliche Gegeneinander von Stimmungen, die uns damals bestimmten. Die Leute schienen tatsächlich plötzlich die Angst verloren zu haben. Plötzlich war die Furcht weg. Und viele Menschen unterschrieben Aufrufe und gingen auf die Straße. Und waren dabei ganz überrascht von sich selbst. Denn wir dachten von uns ja, wir seien grau und hässlich und ängstlich. Nicht nur im Vergleich zum Westen, sondern auch im Vergleich zu den viel munteren und frecheren Polen und Ungarn. Und nun diese Überraschung! Das gehört zu den Schönheiten der Ostberliner Demonstration des 4. November 1989, was da für Plakate getragen wurden; welcher Ausbruch von Witz und Fantasie. Eins der schönsten Plakate war: «Egon! Warum hast du so große Zähne?» als Anspielung auf das berühmte grimmsche Märchen. Das Neue Forum hatte Christa Wolf beauftragt, einen Aufruf zu formulieren, der davor warnt, dass alle abhauen, während wir doch unser eigenes Land verändern wollten. Der hieß dann «Für unser Land», den manche von den oppositionellen und kritischen Intellektuellen, die sich heute nicht mehr so gerne daran erinnern, unterschrieben haben.

Was war Deine Haltung zu diesem Zeitpunkt und wie hast Du Dich dort eingebracht?

Thierse: Ich war 1989 46 Jahre alt; gehörte also weder zu den Alten noch zu den Jungen. Ich war zwar politisch ein absoluter Nobody, doch wurde auch ich gefragt, «Unterschreibst Du das auch?». Doch ich glaubte nicht, dass eine Mehrheit der DDR-Bürger bereit sein würde, sich noch einmal zum Material der nächsten Utopie zu machen. Eine andere, bessere DDR, diesmal einen wirklichen Sozialismus, so war mein Instinkt, das will eine Mehrheit nicht. Das wurde von Tag zu Tag nach dem 9. November sichtbarer. Eine Mehrheit derer, die zunächst für eine andere DDR auf die Straße gegangen waren, also für das Loswerden des SED-Regimes, hatte nach dem Mauerdurchbruch die ganz unmittelbare Wahrnehmung, all das, was wir wollen, Wohlstand,

Freiheit, Rechtsstaat und so weiter, das gibt es doch schon nebenan. Warum sollten wir nochmals einen eigenen Laden aufbauen? Ich hatte das Gefühl, dass es den meisten Menschen für ihr Leben reichte, 40 Jahre lang zum Material dieser kommunistischen Utopie gemacht worden zu sein.

Meyer: Also ich war doch sehr überrascht über den Gang der Dinge. Ich hatte die ganze Zeit mit meinen Ostverwandten intensiven Kontakt, da sind ein paar pfiffige junge Leute dabei. Die haben immer für die SPD und für Willy Brandt votiert in den Diskussionen. Dann plötzlich haben die irgendwie ab Februar 1990 gesagt, sie wollen einfach nur den Anschluss an den Westen und Helmut Kohl.

Thierse: Das war auch für uns eine bittere Wahrnehmung. Ich bin Anfang Januar dann in die neugegründete SDP eingetreten, weil mein Empfinden war, mit dem Neuen Forum geht es nicht weiter; immer neu alles lustvoll und leidenschaftlich zu diskutieren, das ist ja alles sehr schön, aber – so viel politischen Instinkt hatte ich schon – politische Macht üben andere aus, wie die in das Amt für nationale Sicherheit umbenannte Stasi und die ein wenig umbenannte SED. Bis zum Wahltermin am 18. März 1990 erlebten wir eine grandiose Fehleinschätzung der Stimmung durch die westlichen Beobachter und Meinungsforscher. Deren Prognose war: Die SPD werde die stärkste Partei werden, das sei ein altes sozialdemokratisches Land. Dabei hatten die wohl irgendwie vollkommen vergessen, welcher Traditionsabbruch in den vergangenen 60 Jahren stattgefunden hatte und welches Ausmaß an Entpolitisierung gerade der Arbeiterklasse. Zwar hat die SPD die Wahl in Ostberlin gewonnen, doch sonst fast überall furchtbar verloren. Das bittere Wahlergebnis hatte eine ganz einfache und klare Botschaft: Eine Mehrheit der DDR-Bürger wollte so schnell wie möglich unter das rettende Dach der Bundesrepublik. Ich sage das ohne jeden Vorwurf. Die hatten das Gefühl, den Laden kann man nicht mehr aufbauen, die Wirtschaft geht flöten. Was wird aus uns? Und Helmut Kohl hat sich mit parteipolitischer Genialität hingestellt und verkündet, ich richte das für Euch, es wird nicht lange dauern. In ihrer tiefen Verunsicherung wollte dies eine Mehrheit glauben. Die nüchternen Botschaften der Sozialdemokraten, das muss Schritt für Schritt gehen, das wird mit Schwierigkeiten und mit Kosten verbunden sein, wollten die meisten nicht hören. Deswegen war das Wahlergebnis so wie es war.

Meinst du, dass die Orientierung an der Bundesrepublik, quasi im Sinne einer Konsumentenrevolution, sich erst kurzfristig auftat?

Thierse: Tatsächlich haben beide, die Westdeutschen und die Ostdeutschen in dieselbe Himmelsrichtung, nach Westen geblickt. Der Westen war der Maßstab. Ich sage immer, wir sind jeden Abend via Fernsehen in den Westen ausgewandert. Das galt für den größten Teil der DDR, nur nicht für das «Tal der Ahnungslosen», bei Dresden. Auch die Linken im Westen hatten ja immer nach Westen geblickt, ihre Solidarität richtete sich etwa auf Nicaragua, aber nicht so sehr auf die Landsleute im anderen Teil Deutschlands. Allerdings gab es auch diejenigen, auch unter Sozialdemokraten, die ihre Familienbande nach Ostdeutschland aufrecht hielten und Freundschaften pflegten.

Ich habe es zwar nachvollziehen können, als Oskar Lafontaine sagte, Du musst verstehen, Paris ist für mich viel näher gewesen als Berlin. Das war zu verstehen, aber jetzt musste man entschieden die Blickrichtung ändern, und zwar nicht nur im Kopf, sondern auch im Herzen. Ein nationales Gefühl zulassen. Das war aber beileibe kein alleiniges Problem der SPD. Die politische Tagesordnung veränderte sich ja radikal. An die Stelle der sozialökologischen Modernisierung, die das Programm von Lafontaines SPD war, traten die Fragen der nationalen Einheit. Hinzu kommt diese Ungleichzeitigkeit. Der Westen war zu dieser Zeit auf die sozialökologische Transformation konzentriert und setzte zum nächsten Modernisierungssprung an. Ich erinnere an die Verabschiedung des Berliner Grundsatzprogramms, aber das war im Dezember 1989 zum völlig falschen Zeitpunkt.

Die besonderen Schwierigkeiten der SPD mit der Einheit lassen sich ja nicht ignorieren. Zugleich hatte man ja mit Willy Brandt eigentlich die zentrale Referenzpersönlichkeit für die deutsche Einheit in den eigenen Reihen. So erfüllte sich mit der Einheit doch die Ost- und Entspannungspolitik von Willy Brandt.

Thierse: Für mich persönlich waren die Passierschein-Abkommen 1963/64, die der Berliner Senat von Willy Brandt ausgehandelt hatte, so etwas wie mein sozialdemokratisches Erweckungserlebnis. Jetzt konnten die West- und Ostberliner wieder einander begegnen. Ich habe mir das im Dezember 1964 angesehen und erlebt, wie viele sich mit Tränen umarmten. Ich habe damals empfunden, so müsse sozialdemokratische

Politik sein: etwas für die Leute tun, die für sich selber nichts tun können, die eingesperrten Westberliner und die eingesperrten Ostdeutschen!

Die Entspannungspolitik von Willy Brandt hatte ja mit ihren Verträgen ein politisches Ziel verfolgt, nämlich den Abbau von Gefährdungen in der militärischen Ost-West-Konfrontation sowie menschliche Erleichterungen, den menschlichen Zusammenhalt der Deutschen über die Grenzen hinweg. Und der wirtschaftliche Austausch war hierfür Instrument. Das hat sich später umgekehrt zur Ostpolitik von Schröder und Merkel, bei denen die wirtschaftliche Stabilität und Sicherung des deutschen Wohlstands durch billige Energie- und Rohstofflieferungen das Ziel waren und die politischen Verträge das Mittel dazu. Das ist ein fundamentaler Unterschied, der bei den Attacken auf die Entspannungspolitik übersehen wird. Wir waren um die eingesperrten Westberliner und uns Ostdeutsche besorgt, um deren Leben ging es. Und deswegen war die Zustimmung zu dieser Entspannungspolitik riesig; erinnern wir uns nur an den Empfang Willy Brandts in Erfurt. Jens Reich hat einmal gesagt, wir waren doch im Grunde alle Sozialdemokraten geworden, also Anhänger dieser Politik, weil wir gemeint waren und diese Politik uns geholfen hat. Die Begeisterung für die sozialdemokratische Entspannungspolitik Willy Brandts war in der DDR so groß, dass die SED förmlich Angst davor hatte. «Sozialdemokratismus» wurde so zum ideologischen Hauptfeind in den 1970er-Jahren erklärt, die SPD war noch schlimmer als irgendein Klassenfeind. Diese Kluft wurde erst mit dem SPD/SED-Papier 1987 überwunden. Denn mit diesem Papier erkannte die SED an, dass man gegen diese Art der Wirkung der Sozialdemokratie nichts auszurichten vermag.

Von der moralischen Überlegenheit der SPD bis zum Untergang der DDR war es ja noch ein weiter Weg. Eigentlich hatten wir uns doch stark mit der DDR und ihrer scheinbaren Ewigkeit arrangiert?

Meyer: Ja, wir – alle, die ich kannte – glaubten nicht, dass diese DDR in unserer Zeit verschwinden werde, diese inneren Ereignisse, die die Implosion auslösten, konnte sich niemand vorstellen. Und vor allem schien es unvorstellbar, dass die Sowjetunion, was auch immer das DDR-Volk wünschen mag, ihren schwer errungenen «Puffer» gegen den Westen je wieder räumen würde. Und deswegen war uns ganz klar, wie auch Wolfgang immer betont, das Wenige, was sich verändern kann, geht nur über Moskau. Der Entspannungspolitik von Brandt und Bahr Moskau-

Fixiertheit vorzuwerfen, geht deshalb aus meiner Sicht der Dinge an den Realitäten völlig vorbei.

Der Glaube, dass eine solch grundlegende Veränderung überhaupt passieren kann, war nirgends vorhanden. Noch im allerletzten Augenblick, als das losging, hat das keiner verstanden. Selbst als die großen Demonstrationen stattfanden, hat man geglaubt, die werden wohl zusammengeknüppelt, dann ist Feierabend. Erst ganz am Ende hat man gesehen: das funktioniert.

Die maßgeblichen Dinge, die die Lebenskultur im Westen geprägt haben, kamen alle aus dem Westen. Lebensweltlich hat sich im Westen niemand, der nicht enge Familienangehörige im Osten hatte, irgendwie für die DDR interessiert, und da wurde nichts Attraktives entdeckt. Selbst die große kulturelle Vielfalt des Ostens blieb im Verborgenen, und was den Konsum angeht, gab es sowieso kein Interesse an den dortigen Angeboten. Die Städte im Osten kannte man nicht. Und soweit man sie kannte, waren es Städte der Düsternis. Deren Schönheit entdecken wir jetzt erst langsam wieder. Das war für die meisten einfach etwas ganz Fremdes geworden.

Demokratischer Sozialismus und soziale Demokratie – und die Megaherausforderung Migration

Die Grundwertedebatten der 1970er-, 1980er-Jahre waren wichtig auf dem Weg zum Berliner Programm. Womit habt Ihr Euch da besonders beschäftigt?

Meyer: Da waren einige Themen zentral, über die wir uns jahrelang unterhielten. Das eine war die Rolle des Staates. Ist der Staat wirklich ein vom Wirtschaftssystem total abhängiges Wesen oder etwas anderes? Wir haben da sehr differenziert. Das andere war der Zusammenhang von Ökonomie und Ökologie. Kann es ein Bündnis geben zwischen den neuen sozialen Bewegungen und der Arbeiterbewegung? Was wäre die programmatische Grundlage dafür? Daran haben wir intensiv gearbeitet. Später kam noch eine andere Debatte hinzu: Wie verhält es sich mit der Globalisierung? Schließlich mussten wir uns auch den Fragen der deutschen Wiedervereinigung stellen. Da gab es dann zum Berliner SPD-Grundsatzprogramm von 1989 ein Leipziger Ergänzungspapier.

Welche Personen engagierten sich vor allem in diesen Programmdiskussionen?

Meyer: Einer der großen Köpfe in der Grundwertekommission war Richard Löwenthal, die Hauptkontroversen gingen in der Regel zwischen ihm und Erhard Eppler. Johano Strasser war auch schon dabei und Gesine Schwan eine immer sehr stark intervenierende Stimme. Aber in der Hauptsache war Löwenthal der Taktgeber mit großer Intelligenz und einem unerschöpflichen Selbstbewusstsein. Er hat sich massiv dagegen gewehrt, dass diese akademischen Marxisten in der sozialdemokratischen Theorie irgendeine Rolle spielen sollten. Wir haben unter seiner Federführung ein Papier erarbeitet über den Staat, der, wenn er demokratisch organisiert ist, nicht einfach als Instrument des Kapitalismus definiert werden kann. Das ist einfach falsch, weil die vorhandenen Einflussströme vielfältig sind. Der demokratische Staat hat eine relativ starke Autonomie.

Wo war das umstritten, staatliche Reformpolitik ist doch eigentlich ein ganz wesentliches Element sozialdemokratischen Handelns?

Meyer: Das war die Gegenthese damals besonders zu zwei Fraktionen der Jungsozialisten. Die Anti-Revis sagten, der Staat *ist* wesensmäßig der ideelle Gesamtkapitalist und die Stamokaps relativierten dies nur leicht. Bei ihnen *wirkt* der Staat immer mehr als ideeller Gesamtkapitalist, nämlich solange ein kapitalismusfreundliches Personal die Kommandohöhen der Wirtschaft und des Staates beherrscht. Die Reformsozialisten unter den Jusos hatten eine realistischere Sicht und meinten, dass der demokratische Staat durchaus für antikapitalistische Reformen gewonnen werden könne, also im Sinne des demokratischen Sozialismus wirken kann, wenn eine politische Mobilisierung der Linken, vor allem der Sozialdemokratie und der Gewerksaften dafür sorgt.

Kleine, aber feine Unterschiede, die aber draußen im Lande sicher keiner kapierte?

Meyer: Genau, aber auch bei weitem nicht alle auf dem Juso-Bundeskongress, wo darüber entschieden werden sollte. Als ich diese langen Papiere der Fraktionen las, saß ich in Gummersbach in einem Restaurant, weil ich auf dem Weg nach Bonn war. Ich habe mich gefragt, wo ist denn eigentlich der Unterschied? Ich habe ihn lange Zeit gar nicht gefunden, bis ich dann auch durch Hilfen von außen darauf kam, hier an dieser Stelle liegt er, und das war eben diese Dogmatik, der Staat ist unveränderbar in der Hand des Kapitalismus. Da kann man dann nichts mehr reformieren. Wenn er jedoch nur falsch wirkt, ist er eine Organisation, die relativ autonom ist und verändert werden kann. Je nachdem, wie sich die verschiedenen politischen Kräfte organisieren und mobilisieren, kann es demokratische und sozialistische Einflüsse geben, die zentral werden können. Das ist der Unterschied. Immerhin gab es einen Arbeiter, ein Krupp-Stahlwerker, im Juso-Bundesvorstand, mein alter Freund Loke Mernizka, mit diesem Siegerländer Dialekt, der so amerikanisch klingt. Nachdem sich der Juso-Kongress zwei Tage wie die Kesselflicker über die beiden Positionen zerstritten hatte, kam ein Antrag auf Schluss der Debatte. Loke meldete sich daraufhin und sagte «Genossen, ich glaube, wir können uns da nicht einigen. Ich bin gegen diesen Antrag auf Schluss der Debatte. Ihr müsst Euch jetzt noch so lange weiter zerfetzen, bis Euch diese ganze Kacke zum Halse raushängt». Daraufhin wurde noch ein bisschen weiter diskutiert, aber nicht mehr sehr lange.

Was waren neben dieser, sich von den Jusos unterscheidenden, klar reformpolitischen Rolle des demokratischen Staates die weiteren Themen Eurer Grundsatzdebatten?

Meyer: Dann beschäftigten wir uns mit den Themen der neuen sozialen Bewegungen, mit der Frauenemanzipation und dann vor allen Dingen mit der Umweltbewegung. Der erste Reflex in der sozialdemokratischen Führung war: Die entstehende grüne Bewegung müssen wir irgendwie bekämpfen. Doch wir sahen, dass die ökologischen Fragen für unsere Grundwerte eine lebenswichtige Rolle spielten und begannen nach dem Verbindenden zu suchen. Wir haben mit profilierten Vertretern beider Ansätze, des traditionell sozialen und des neuen ökologischen, lange diskutiert und in mehreren Papieren Synthesen ausprobiert. Das ist uns dann im neuen Berliner Grundsatzprogramm von 1989 auch ganz gut gelungen. Auf der Grundwerteebene selbst sagten wir z. B., wir müssen uns künftig nicht nur um die eigentlichen Grundwerte, sondern auch um die Grundvoraussetzungen der menschlichen Existenz kümmern, der Schlüssel dazu ist eine nachhaltig intakte Natur. Im Einzelnen enthält das Programm dann Vorschläge, wie die Ökologisierung der verschiedenen gesellschaftlichen Bereiche sozial organisiert werden kann.

Die Synthese von Ökonomie und Ökologie habt Ihr nicht nur als akademisches Projekt betrieben, sondern als Diskussion zwischen sozialen und ökologischen Akteuren angelegt?

Meyer: Genau. Wir, voran Erhard Eppler, meinten, dass wir nicht nur unter uns, stellvertretend für andere über Arbeit und Umwelt diskutieren sollten. Wir brachten die verschiedenen Lager zusammen und konnten so ernsthafte Papiere gemeinsam ausdiskutieren. Eppler und Strasser haben von Anfang an die ökologische Position vertreten. Wir bezogen dann die Gewerkschaften ein, die dem aus der klassischen Arbeiterbewegung heraus etwas entgegensetzten. Da war Hermann Rappe, Vorsitzender der IG Chemie, und Franz Steinkühler von der IG Metall. Mit denen haben wir tagelang diskutiert. Wir haben Papiere ineinandergeschoben, aber nicht im Sinne von faulen Kompromissen, sondern von wirklich organischen Verbindungen zwischen den verschiedenen Strategien. Heraus kam ein sehr ausführliches sozialökologisches Konzept, eine Glanzleistung sozusagen.

Die sozialen Fragen der Arbeiterbewegung und die neuen sozialökologischen Fragen zusammenzubringen, wurde zur zentralen Grundlage für die Entstehung des neuen Grundsatzprogrammes der SPD. Wenn man sich das Berliner Programm von 1989 ansieht, so sind diese Themen sowohl rhetorisch wie auch sachlich sehr stark miteinander verbunden. Die Versöhnung von Ökologie und Ökonomie – diese Grundweisheit war nicht nur eine stark rhetorisch gefärbte Formel: «Es kann nichts auf die Dauer ökonomisch sein, was nicht auch ökologisch ist». Die Sachen, die ökologisch nicht stimmen, zahlen sich am Ende auch nicht aus. Da bezogen wir damals bereits prominente Studien ein, etwa aus England, die sagten, wenn wir noch länger mit der Umweltpolitik warten, wird es immer teurer. Und so haben wir einen guten sozialökologischen Konsens gefunden.

Diese frühe «Ergrünung» der SPD-Programmatik war sicherlich nicht unumstritten?

Meyer: Da gab es zwei Strategien. Da gab es die Strategie des Bekämpfens, um die Grünen klein zu halten, wie sie zum Beispiel von Peter Glotz vertreten wurde, mit kritischen Stichworten wie Zerstörung der Industriegesellschaft, Postmaterialismus von Privilegierten, Tradition der deutschen Romantik, undemokratische Basisillusionen. Von uns hingegen wurde vertreten, die ökologischen Themen aufzugreifen und diese auf eine andere, sozialdemokratische Art und Weise zu übernehmen und mit unseren Traditionen des demokratischen Sozialismus zu verbinden, was sich dann durchgesetzt hat. Dazu haben vor allem auch Erhard Eppler und Johano Strasser beigetragen.

Das Berliner Programm wurde im Dezember 1989 mitten in der Implosion der DDR im Westberliner ICC verabschiedet. Welche Wirkung entfaltete es in dieser Situation?

Meyer: Das war eine seltene Kombination von Glück und Pech. Nach der Verabschiedung war die Sozialdemokratie unter politischer Führung von Oskar Lafontaine voller Hoffnung, dass sie die nächste Wahl gewinnen werde und sozialökologische Reformpolitik machen könne. Doch die Friedliche Revolution und die Wiedervereinigung hatten die Tagesordnung vollkommen verändert. Plötzlich spielte das ökologische Thema keine Rolle mehr, an dessen Stelle traten die ökonomischen Fragen der Vereinigung. Das Thema der Nation, das die westlichen Intellektuellen radikal – intellektuell wie emotional – verabschiedet hatten, tauchte wieder auf. Dass plötzlich das Thema Nation wieder da war, erschien manchem wie ein Backlash zurück in die Geschichte, ein Ruck nach rechts; nicht alle sind damit zurande gekommen.

War die SPD wirklich, wie ein besonders kritisches Buch hieß, «Uneinig in der Einheit»?

Meyer: Es waren meiner Wahrnehmung nach die älteren Sozialdemokraten, die sich auf die Einheit gut einstellen konnten, weil sie an ihre eigene Lebensgeschichte und ihre tief sitzenden Emotionen anzuknüpfen vermochten. Willy Brandt und Hans-Jochen Vogel waren in der Lage zu begreifen, was da passiert, und dass die SPD dazu eine fundamental positive Einstellung gewinnen müsse. Dass manche, am lautesten Oskar Lafontaine, den öffentlichen Eindruck erweckten, als sei man eher skeptisch und kritisch abwehrend, das war es auch, was Brandt verletzt und irritiert hat. Man kann sagen, wir haben uns in der Friedlichen Revolution den nächsten Wahlerfolg der Sozialdemokratie selbst verdorben. Helmut Kohl konnte die DDR-Wahl am 18. März 1990 mit dem Versprechen gewinnen, dass es mit der Einheit schnell gehen und auch nicht weh tun werde. Somit war ab sofort die Tagesordnung für die nächsten Jahre vollständig verändert. Die ökologische Frage wurde nach hinten gedrängt. Die Grünen haben dies auf schmerzliche Weise gespürt. Sie waren plötzlich weg vom Fenster, nicht mehr im Bundestag; nur noch ihr östlicher Teil, Bündnis 90, kam ins Parlament. Also, es war plötzlich eine gänzlich andere Situation.

Wie ging es weiter in der Grundwertekommission, nach der Einheit mit dem stellvertretenden Parteivorsitzenden aus dem Osten?

Thierse: Ich bin ja überraschenderweise bereits 1991 auf Vorschlag von Erhard Eppler zum Vorsitzenden der Grundwertekommission gewählt worden. Er hatte wohl diesen Instinkt, jetzt ist eine andere Grundsituation entstanden. In dieser Hinsicht war seine Zeit mit den großen Themen Ökologie und Dritte Welt zunächst vorbei, es brach eine andere Zeit an mit anderen dominierenden Themen in den nächsten beiden Jahrzehnten. Zunächst war ein erstes Thema, dass wir in der Grundwertekommission darüber sprachen, wie gehen wir mit dem Begriff des Sozialismus um. Die Lebenserfahrung der Ostdeutschen war hier eine vollkommen andere. Wir hatten ein existenzielles und erfahrungsgesättigtes Verhältnis zu dem Thema und Ihr im Westen ein Theorie-Verhältnis. Dennoch wollte ich als Sozialdemokrat den Begriff des Demokratischen Sozialismus verteidigen, indem wir daran erinnerten, das war doch der politische Gegenbegriff zum kommunistischen Sozialismus, genannt

Realsozialismus. Das war ja immer unser eigentlicher Anspruch, Freiheit und Gerechtigkeit miteinander zu verbinden als Kernstück sozialdemokratischer Identität. Und in diesem Sinne konnte und durfte man den Begriff auch verteidigen. Wir versuchten in unseren Erklärungen ihn einerseits zu historisieren und andererseits in bestimmter Weise politisch zu reinigen, damit er überhaupt noch für die ostdeutschen Sozialdemokraten handhabbar wurde. Wir kamen ja aus einer Gesellschaft, die das Scheitern des Kommunismus, das Ende der DDR und die Wiedervereinigung erlebt haben als eine historische Erledigung dessen, was sich Sozialismus und Kommunismus nannte.

Thomas, obwohl Du selbst ihn in den 1970er-, 1980er-Jahren noch viel benutzt hast, siehst Du den Begriff des demokratischen Sozialismus heute skeptischer?

Meyer: Ja, da habe ich mittlerweile eine etwas kritischere Position. Da spielt folgende anekdotische Erfahrung eine Rolle: Ich hatte in Indonesien einen großen Kongress veranstaltet mit Gewerkschaftern und Mitgliedern sozialistischer Widerstandsgruppen gegen die Diktatur. Der Übersetzer der Friedrich-Ebert-Stiftung hatte als großes Spruchband über das Tor eine falsche Übersetzung von sozialer Demokratie angebracht, irgendwie ging es um die Zukunft des Sozialismus. Auf diese Formulierung hin kam die Geheimpolizei und hat versucht das Ganze zu behindern. Da wurde mir klar, wie belastet und lädiert in vielen Teilen der Welt der Begriff des Sozialismus jetzt ist. Auch in deutschen Diskussionen musste man immer das Demokratische davorsetzen, musste man nach Erwähnung des Begriffs immer die nächste Viertelstunde dazu nutzen, den Leuten klarzumachen, was man damit alles nicht meint, jedenfalls nicht die Vorstellung, es reiche, die Kommandohöhen der Wirtschaft einfach mit den «richtigen» Leuten zu besetzen. Nicht von ungefähr hatten sich eine Reihe von Parteien in Europa wie die Sozialistische Partei Österreichs rasch umbenannt in Sozialdemokratische Partei Österreichs. Der Begriff war durch den langjährigen Missbrauch und schließlich das klägliche Scheitern der Kommunisten vom Hoffnungssymbol zur kommunikativen Belastung geworden.

Thierse: Natürlich gibt es die Belastung des Begriffs durch die historische Erfahrung…

Meyer: …und an dieser Erfahrung knüpft die Union immer wieder erfolgreich an. Sie unterscheidet überhaupt nicht zwischen unterschiedlichen Sozialismen, während ich wusste, der Begriff der «sozialen Demokratie» ist tief verankert im Denken des Sozialismus und der Arbeiterbewegung. Bei Marx selber taucht der Begriff der sozialen Demokratie häufiger auf und wird da oft sogar in einem radikaleren Sinne als der Begriff des Sozialismus verwendet. Sozialismus wird bei Marx mitunter auch als Prinzip des Gemeinschaftlichen und Gemeinwirtschaftlichen verwendet, während die soziale Demokratie weiter greift. Der eigentliche Geburtshelfer dieses Begriffs war in Deutschland allerdings Hermann Heller, der eine große wissenschaftliche Theorie der sozialen Demokratie geschrieben hat, in der sich der Rechtsstaat verbindet mit der rechtsstaatlichen Sicherung der materiellen Voraussetzungen von Freiheit. Diese Tradition ist dann auch in die Diskussionen um das Grundgesetz eingegangen. Ich habe mich für diese Theorie intensiv eingesetzt, in Deutschland und international.

Thierse: Man kann es auch noch anders sagen, man muss den Begriff demokratischer Sozialismus befreien von dem Systemgedanken. Wir lernten Sozialismus/Kommunismus kennen als ein ausgearbeitetes alternatives System mit all seinen Implikationen. Der entscheidende Punkt war, dieses loszuwerden und daran zu erinnern, wie in der «Deutschen Ideologie» Sozialismus die wirkliche Bewegung ist, die über den gegenwärtigen Zustand hinausgeht. Die aber nicht funktioniert, wenn sie nicht demokratisch ist. Und von diesem Prozess der Demokratisierung der Gesellschaft konnte nun wirklich keine Rede sein.

Kann man Deine Rolle auch beschreiben als derjenige, der Brücken baute zwischen den beiden Positionen?

Thierse: Ich habe damals versucht eine vermittelnde Position einzunehmen und wegen der gescheiterten DDR nicht alles wegzukippen, was in der Geschichte der Sozialdemokratie einen emotionalen Wert hat. Als Olaf Scholz Generalsekretär war, wollte er den Begriff des demokratischen Sozialismus gleich miterledigen. Da sagte ich, das ist die falsche Frontbildung, man kann anknüpfen an eine Tradition, die mit diesem Begriff Freiheit und Gerechtigkeit verbindet. Man muss diese als klassisch sozialdemokratischen Reformismus übersetzen, in eine Bewegung über den jeweils gegenwärtigen Zustand hinaus.

Meyer: Doch in der öffentlichen Debatte hat die Befreiung vom diktatorischen Erbe und vom leicht zu nutzenden Verhetzungspotenzial eben nicht funktioniert. Im Bereich der politischen Semantik sind wir mit der Unterscheidung zwischen Sozialismus und demokratischem Sozialismus nie voll durchgedrungen. Deshalb ging ich zu Willy Brandt als ich 1991 aus Indien zurückkam, und schlug vor, dass wir jetzt doch stärker zum Begriff der «sozialen Demokratie» übergehen sollten. Dem stimmte Willy zu, was leider nicht schriftlich dokumentiert ist. Er sagte, «da rennst Du bei mir offene Türen ein, aber was glaubst Du, wenn ich das in der Sozialistischen Internationale vorschlage, dann schmeißt mich Gro Harlem Brundtland dort sofort raus». So hat Brandt das gesehen.

Thierse: Ja die Politik kann nicht davon absehen, dass sich mit dem Sozialismusbegriff offensichtlich wirklich viele Emotionen verbinden. Erstens die ostdeutschen und osteuropäischen negativen Erfahrungen. Dann sozusagen das Verhetzungspotenzial von konservativer Seite, die Verdächtigung der Nähe zum Kommunismus. Aber innerhalb unserer Partei auch das Misstrauen, Ihr wollt unsere Tradition, ein Kernstück unserer Identität, begraben. Das spielte alles eine Rolle, deswegen haben wir den Begriff nicht ganz begraben.

Aber – denken wir an Peter von Oertzen – es gab doch immer auch glühende sozialdemokratische Vertreter des demokratischen Sozialismus?

Meyer: Ja, natürlich gab es einige, mich selbst eingeschlossen mit zahlreichen Veröffentlichungen. Aber die Situation war jetzt eine ganz andere geworden. Spätestens als der trickreiche Gregor Gysi und seine Freunde die SED ohne jede grundsätzliche Klärung im Handumdrehen in die «Partei des Demokratischen Sozialismus» umbenannte und damit unseren Traditionsbegriff kontaminierte. Dessen ungeachtet blieb zum Beispiel Helga Grebing eine energische Verteidigerin des Begriffs demokratischer Sozialismus auch für die SPD. Auch Susi Miller hat noch darauf bestanden, dass wir den Begriff nicht aufgeben sollten, weil er für die Tradition wichtig bleibe. Das sei ein Kernstück der Identität, die man gegen die kommunistische Verfälschung des Sozialismusbegriffs verteidigen müsse. Aber das konnte man eben nicht öffentlich durchsetzen, obwohl wir, auf vielen Wegen ja auch ich selbst jahrzehntelang, intensiv versucht haben, unsere Abgrenzung im öffentlichen Bewusstsein durchzusetzen, mit vielen Veranstaltungen und Debatten in den 1990er-Jahren.

Im geltenden Hamburger Grundsatzprogramm der SPD wurde dann 2007 aber eine geradezu salomonische Lösung gefunden?

Thierse: Dort haben wir, da bin ich mitverantwortlich für das Hamburger Grundsatzprogramm, eine Formel gefunden, die diese Bedenken mit aufnimmt. Unter der Zwischenüberschrift «Demokratischer Sozialismus» steht geschrieben: «Unsere Geschichte ist geprägt von der Idee des demokratischen Sozialismus, einer Gesellschaft der Freien und Gleichen, in der unsere Grundwerte verwirklicht sind.» Und dann heißt es weiter: «Das Ende des Staatssozialismus sowjetischer Prägung hat die Idee des demokratischen Sozialismus nicht widerlegt, sondern die Orientierung der Sozialdemokratie an Grundwerten eindrucksvoll bestätigt. Der demokratische Sozialismus bleibt für uns die Vision einer freien, gerechten und solidarischen Gesellschaft, deren Verwirklichung für uns eine dauernde Aufgabe ist. Das Prinzip unseres Handelns ist die soziale Demokratie.» Das ist die Zusammenfassung dessen, was wir miteinander immer wieder besprochen haben. Das eine ist noch einmal die Aufnahme der großen historischen Idee, die wir nicht wegen der Kommunismuserfahrung für erledigt halten, denn die Idee einer gerechten Gesellschaft war mit diesem Begriff verbunden und ist es eigentlich immer noch. Das andere ist die Übersetzung in die Politik praktischer Reformen, die Sozialdemokratie als die in der Wolle gefärbte reformistische Partei.

Thomas, Du hast in den letzten Jahrzehnten besonders über die Theorie und Praxis der sozialen Demokratie geforscht und geschrieben, worum geht es da genau?

Meyer: Soziale Demokratie ist seit Hermann Heller ein politischer Rechtsbegriff, da geht es um die verbindliche staatliche, wirtschaftliche und gesellschaftliche Institutionalisierung sozialer und wirtschaftlicher Grundrechte – ein alter Traum der sozialistischen Arbeiterbewegung. So ist die Bundesrepublik im Sinne des Bundesverfassungsgerichts auch eine soziale Demokratie. Soziale Demokratie heißt eine Demokratie, in der die sozialen Grundwerte in Form von Grundrechten Rechtsstatus gewonnen haben. Grundrechte sind natürlich etwas Verbindlicheres als Grundwerte, die moralische Postulate sind, die man auch einmal übergehen kann. Die Vorstellung ist, eine soziale Demokratie ist eine Demokratie, in der die sozialen Grundrechte verbindlich gelten und institutionalisiert sind. Die sozialen Grundrechte gelten nicht, wenn sie nur als Grundwertepostulate von einzelnen Akteuren verfolgt werden. Das ist ein Begriff unserer sozialstaatlichen Verfassung, die wir soziale Demokratie nennen, die Verbindung von sozialen Rechten und von Grundrechten.

Aber die Bezeichnung der Partei und ihrer Idee kann damit nicht identisch sein, denn selbstverständlich beschreibt die Partei ja nicht einfach den Rechtszustand, sondern muss ein Ziel beschreiben, das wiederum über den gegenwärtigen Zustand hinausgeht. Gerade weil dieser Rechtszustand noch nicht die Verwirklichung der Ideale ist, für die Sozialdemokraten 160 Jahre eingetreten sind, und für die sie weiterhin eintreten. Der Verfassungsbegriff der Sozialdemokratie ist eben keine Beschreibung, denn die sozialen Rechte gelten bekanntlich nicht in vollem Umfang. Doch die SPD ist die Partei, die die sozialen Grundrechte am aktivsten, am vollständigsten, am unbedingtesten durchsetzen und als Rechte verankern will.

Thierse: Da bin ich ganz einverstanden. Ich bin nur an der Stelle widerborstig, wo ich den Sozialismusbegriff trotz seiner immensen Schwierigkeiten nicht aufgeben will, weil ich nach aller Lebenserfahrung mit dem Kommunismus diesem diesen Sieg nicht zubilligen will. Mit der historischen Erfahrung der kommunistischen Verfälschung der sozialistischen Idee hat sich die sozialistische Idee nicht erledigt.

Worum ging es neben dieser epochalen Debatte um demokratischen Sozialismus und soziale Demokratie noch in der Grundwertekommission?

Thierse: In den 19 Jahren, in denen ich ihr Vorsitzender war, haben wir zwei weitere mir sehr wichtige Papiere diskutiert und verabschiedet. Das eine war das erste Papier einer Partei in Deutschland zum Thema Globalisierung. Also auszubuchstabieren, was verändert sich da mit der Öffnung der Konkurrenzverhältnisse, der Entgrenzung und Beschleunigung aller Entwicklungen. Und welche politischen Aufgaben ergeben sich hieraus? Es ging um die Widersprüchlichkeit dieser Entwicklung, nicht nur alles negativ zu sehen und die Ängste, die es ja gab, zu mobilisieren und zu bestätigen, aber auch nicht das Ganze als Verheißung zu beschreiben. Das Ausarbeiten des Textes war wichtig, doch es gehörte auch dazu, dass wir dann mit diesem Papier eine ernsthafte öffentliche Diskussion auf die Beine stellten, damit von diesen Überlegungen etwas wahrgenommen wird. Sogar ein Streitgespräch zwischen Ernst-Ulrich von Weizsäcker und Olaf Henkel vom Bundesverband der Deutschen Industrie gehörte dazu.

Und das zweite wichtige Papier...

Thierse: ... das war umstritten, auch innerparteilich, ein Papier über die sogenannten «Dritten Wege». Das war die Antwort der Grundwertekommission auf das Schröder/Blair-Papier. Die Konzepte von Anthony Giddens und Tony Blair haben wir ganz nüchtern analysiert. Welche unterschiedlichen Positionen gibt es in der europäischen Sozialdemokratie dazu? Was ist in den offenen kapitalistischen Gesellschaften überhaupt noch möglich? Wie kann die Wirtschaftsordnung in der Globalisierung überhaupt noch reformiert werden? Wir sprachen im Plural von «dritten Wegen», schon zwischen dem skandinavischen Weg und dem englischen Weg gab es große Unterschiede. Das war ein wichtiges Papier, weil es eine gewisse Differenz der SPD markierte zu den eigentlich oberflächlich-propagandistischen Thesen von Schröder/Blair. Es gibt nicht nur den reinen Pragmatismus, sondern es gibt unterschiedliche Antworten auf die Herausforderungen, das wollten wir in der Diskussion festhalten als sozialdemokratischen Weg.

Meyer: Genau, man muss unterscheiden, zusammen mit Wolfgang Merkel habe ich das entsprechend formuliert. In Großbritannien, wo der Begriff des «Dritten Weges» herkam, war der programmatische Stand von Labour immer noch der berühmte Satz, Sozialismus ist die Verstaatlichung der Produktionsmittel. «Dritter Weg» – das war die deutsche Sozialdemokratie im Grunde schon seit dem Godesberger Programm. Doch hat diese Diskussion noch einen anderen interessanten Effekt gehabt. Sie hat nämlich durch diese Begrifflichkeit, die im Grunde ziemlich vage ist, in einer ganzen Reihe von Ländern noch einmal einen neuen Anstoß zur Diskussion gegeben und die Sozialdemokratie aus der Isolation herausgeführt. Ich habe von Israel, dort mit Anthony Giddens selbst, bis Japan Seminare darüber durchgeführt. Zu sagen, wir nehmen jetzt einen neuen Ansatz und wollen mit anderen politischen Kräften zusammenarbeiten, das war eigentlich ein Hauptgewinn. Das ist etwas, was geblieben ist.

In Deutschland wurde das Schröder/Blair-Papier allerdings auch kritisiert als eine Verschiebung der SPD nach rechts. Der damalige Bundesgeschäftsführer Ottmar Schreiner kam damit gar nicht zurande?

Thierse: Richtig, das war auch eine gewisse Verschiebung in die wirtschaftsliberale Richtung. Daher wollte die Grundwertekommission ein Gegengewicht bilden, damit die Sozialdemokratie nicht darin aufgeht, in Verabschiedung des Staates immer mehr dem Markt zu überlassen. Diese politische Intention von uns hat dann in die Partei hineingewirkt und wurde auch öffentlich wahrgenommen, natürlich wieder mit dem Verhetzungspotenzial, die kritisieren Gerhard Schröder. Das war die übliche Verkürzung und Personalisierung in den Medien.

Waren diese sogenannten Sozialstaatsreformen, die der SPD so große Zustimmungsverluste gebracht haben, wirklich notwendig?

Meyer: Die Demokratie musste irgendwie reagieren in diesem Spannungsfeld zwischen altem Interventionsstaat, der alles vorgibt, und der geforderten neuen Flexibilität gegenüber den Standorten und Investitionen. Bei uns dominierte die Debatte, dass wir uns einer Massenarbeitslosigkeit von fünf Millionen gegenübersahen und die Zahl der sozialversicherungspflichtigen Arbeitsverhältnisse so gering wurde, wie wir uns das heute nicht mehr vorstellen können. Als diese Papiere geschrieben wurden, hatten wir fast überall, wie auf dem Bamberger Soziologentag 1982, das Thema «Krise der Arbeitsgesellschaft»: Der Gesellschaft geht die Arbeit aus und wie sollen wir da die Sozialversicherungssysteme finanzieren? Wie soll überhaupt der soziale Staat finanziert werden? Und das andere, was wir hier auch vermitteln wollten, war, dass es wirklich um neue Zugänge geht im Verhältnis zwischen Staat, Gesellschaft und Markt.

Hinzu kamen noch anderen Fragen, die besonders seit den 90er-Jahren Thema wurden: Da ist die zunehmend schwieriger werdende Integration der Unterschichten, der sogenannten Arbeiterklasse, in sozialdemokratische Gewässer. Wahlverhalten ändert sich und Anbindung lockert sich. Dann ist da das kontinuierlich diskutierte Thema des demografischen Wandels, womit auch die ganzen Rentenreformen vorbereitet wurden. Dann das Thema Migration, das die ganze Zeit als angstbesetztes Thema unterthematisiert ist.

Es war ja auch viel die Rede von einer Politik der «Neuen Mitte»?

Meyer: Eine große Rolle spielte, dass angeblich die Arbeiterklasse selber schrumpft und stattdessen eine neue Mittelschicht entsteht, und wir deswegen in unseren sozialdemokratischen Programmen diese neuen Mittelschichten ansprechen müssen. Dafür braucht man neue Formen der Teilhabe, eine andere Sprache dafür braucht man zum Teil auch andere Themen, man muss inklusiver werden, was alles unter diesem

Begriff der «Neuen Mitte» diskutiert wurde. Auch dies kam von den Briten, die damit angefangen hatten, die Mittelschichten zu erreichen, ohne die Arbeiter zu verlieren. Das war das Kunststück, das so schwierig zu realisieren ist.

Deswegen tauchten Themen auf wie die Zivilgesellschaft. Diese kann viel mehr Dinge selber tun. Das muss nicht alles der Staat machen. Der Staat muss die Gesamtverantwortung behalten, aber er muss nicht alles, wofür er verantwortlich ist, auch selber tun. Da kann vieles von anderen Akteuren übernommen werden, der Staat kann zum Teil an die Zivilgesellschaft und sogar an die Märkte delegieren – aber nur solange er die Gesamtverantwortung innehat. Solche Überlegungen sind bis heute richtig. Vielleicht wurden Zivilgesellschaft und Markt von der Semantik her zu sehr aufgewertet, aber wir gingen ja von dem Anspruch aus, die Globalisierung als Faktum zu akzeptieren. Weshalb wir meinten, um die gleichen Ziele zu erreichen wie vorher, um die gleichen Grundwerte zu praktizieren, müsse die Politik geändert werden. Das war die große Linie, auf der die Änderung der Politik diskutiert wurde. Während andere Sozialdemokraten, wie die schwedischen, dem zustimmten, merkte ich bei internationalen Tagungen immer wieder: Den einen «Dritten Weg» gibt es weder von der Intention her, noch über die sachlichen Ergebnisse.

Die SPD konnte und wollte sich nach 1998 nicht mehr als Partei des grenzenlosen Ausbaus des Wohlfahrtsstaates präsentieren. Wieso war gar von vorsorgendem Sozialstaat oder von Eigenverantwortung die Rede?

Thierse: In den Zeiten der sozialdemokratisch geführten Regierung gab es noch einmal eine erhebliche Ernüchterung darüber, was ein sozialdemokratisch geführter Staat angesichts der veränderten inneren und äußeren Verhältnisse leisten kann. Da gehört ja nicht nur der demografische Wandel zur Vorgeschichte der angemahnten, dann berüchtigten großen Sozialstaatsreformen, genannt Hartz IV. In diese Rubrik gehört die Wahrnehmung, dass der Sozialstaat auch durch die deutsche Vereinigung in eine dramatische finanzielle Schieflage geraten war. Ein Gutteil der Kosten der Einheit sind in die Sozialkassen verlagert worden. Und Norbert Blüms «Die Renten sind sicher» war nun finanziell nicht mehr durchzuhalten, auch das gehört mit zur Vorgeschichte. Die Hartz IV-Reformen müssen wir jetzt nicht diskutieren. Das ist nochmal ein anderes Thema. Aber darin steckt auch, das hat Thomas gerade gesagt, dass die Sozialdemokraten von der Vorstellung Abschied nehmen mussten, dass der Staat alle ihre wichtigsten Anliegen verwirklichen kann. Und deswegen tauchte die Frage danach auf, was ist mit individueller Verantwortung. Die Debatte über Selbstverantwortung als Voraussetzung für Solidarität war ein erster Schritt. Eigenverantwortung spielte in den Auseinandersetzungen mit Olaf Scholz und dann später mit Hubertus Heil, der war ja auch einmal Generalsekretär, eine erhebliche Rolle. Wie kann dieses Verhältnis von Solidarität und Eigenverantwortung sozialdemokratisch definiert werden?

Was mir auch deshalb selber gefallen hat, weil zu meinen politischen Erfahrungen auch die Wahrnehmung der übergriffigen Macht des Staates gehört, der für alles zuständig sein soll, was zu Unfreiheit führt und außerdem den Staat überfordert. Die DDR war auf eine am Schluss ökonomisch abenteuerliche Weise ein sozialer Fürsorgestaat. Das konnte doppelt nicht gut gehen: Freiheitseinschränkung der Bürger und Selbstüberforderung des Staates. Und jetzt erkennt man als Reaktion auf wirklich dramatische Probleme, dass der Staat nicht alle Erwartungen erfüllen kann, in der Reformpolitik den Einzelnen fordert und selbst immer an der Grenze der Überforderung ist. Das war das Dilemma dieser ganzen Reformpolitik, und wir haben diese begleitet mit Überlegungen: Was hat der Staat zu leisten, was gehört in die Selbstverantwortung des Einzelnen, und wo bleibt Solidarität, auch verpflichtende, staatlich verbürgte, organisierte Solidarität. Und es ist zu fragen, wie leistet der Staat das, was er zu leisten hat? Wie sollte sich der Leistungsstaat entwickeln?

War nicht einst demokratisches staatliches Handeln, auch um den Kapitalismus einzuhegen, in der Arbeiterbewegung das Entscheidende?

Meyer: Es gibt drei, wie man auf Englisch sagt, *modes of governance*, also Regierungsweisen. Es gibt den Markt, der dirigiert über das Geld. Es gibt die Zivilgesellschaft, die dirigiert über die Solidarität. Und es gibt die Politik, die regiert über die Macht. Der Fehler der Sozialdemokratie und erst recht anderer Parteien war lange, dass sie nur eine dieser Regierungsweisen in den Vordergrund gerückt haben. In Wahrheit kommt es auf die Balance von allen dreien an. Das haben wir diskutiert: Ist eine Balance gegeben zwischen Staat, Markt und Zivilgesellschaft und wieweit verändert sich diese Balance andauernd? Ist sie je nach Problemlage niemals endgültig? Dazu haben wir in dieser Situation eine ganze Philosophie aufgeschrieben.

Zu welchen anderen zentralen gesellschaftspolitischen Debatten hat die Grundwertekommission noch Wesentliches beigetragen?

Thierse: Neben anderen Themen erstellten wir ein Papier zum bedingungslosen Grundeinkommen. Wenn ich es richtig weiß, war das das erste Papier einer Partei zu diesem Thema. Wir haben, auch im Nachhinein vernünftig, Pro und Contra abgewogen und nicht einfach nur Hurra geschrien oder verteufelt, sondern: Was spricht dafür, was spricht dagegen. Am Schluss spricht für Sozialdemokraten eher mehr dagegen als dafür. Das Problem dieser Papiere der Grundwertekommission war immer, dass sie, wenn man nicht Skandal und Konflikt organisiert, öffentlich nicht so recht wahrnehmbar waren, obwohl die Texte starke Argumente enthielten.

Meyer: Das ist ein Riesenproblem. In der Mediengesellschaft kannst Du nur mit spektakulären Ereignissen Aufmerksamkeit generieren. Wenn Du so ein Papier auf einer Veranstaltung diskutierst, kommen meist nur die bereits Bekehrten hin.

Thierse: Aber das Papier zum Grundeinkommen war insofern wirksam, weil tatsächlich eine große Mehrheit in der SPD die Argumente eher dagegen durchaus übernommen hat. Das ist deshalb nicht unwichtig, weil es so viele suggestive Argumente dafür gibt. Zunächst mal ist es ja etwas, was so schön einleuchtet, gerade für Sozialdemokraten. Dann hat man gesehen, die Argumente, die wir gesammelt haben, sind durchgesickert. Das ist etwas, was wir erreicht haben. Nicht in jedem Fall kann man sich da sicher sein.

Meyer: Wir haben in der Gustav-Heinemann-Akademie in Freudenberg bei Siegen lange darüber diskutiert, ob die Grundwertekommission überhaupt eine Wirkung hat. Wir haben uns das von allen Seiten angesehen und mussten am Ende erkennen, dass sie im Grunde genommen keine direkte Wirkung auf die Entscheidungen der Partei hat. Aber sie hat eine indirekte Wirkung. Sie hat in bestimmten aktiven Teilen der Partei Diskussionen angestoßen und Denkrichtungen befördert, die dann meistens die Atmosphäre und die Koordinaten auf dem Spielfeld verändert haben. Auf diesem Wege sind dann Positionen nach oben an die Spitze gelangt.

Habt Ihr das seit Jahrzehnten virulente Thema Migration und Integration, auch das Aufeinandertreffen unterschiedlicher Kulturen, ausreichend behandelt?

Meyer: Ob wir die Migration in hinreichender Tiefe ausreichend behandelt haben, sei mal dahingestellt. Wir sind dies einst kulturtheoretisch angegangen und haben gesagt, «natürlich können sich die verschiedenen Kulturen auf gemeinsame politische Formen des Zusammenlebens einigen. Wenn Leute hierherkommen, die ganz andere Kulturen repräsentieren, ist das im Prinzip kein Problem».

Das war mein Hauptgesichtspunkt. Heute würde ich das so nicht mehr sagen, denn in der Zwischenzeit hat ein bedeutender Theoretiker der Zivilgesellschaft, Robert Putnam, eine große empirische Untersuchung in den USA durchgeführt, die Jahre lang dauerte und deren Veröffentlichung er viele Jahre hinauszögerte, weil er dachte, sie werde angegriffen. Putnam stellte als Problem fest, desto kulturell diverser eine Gesellschaft ist, umso überforderter ist sie. Es ist nicht so, dass da ständig positive Kontakte stattfinden, man sich mit anderen anfreundet. Es ist aber auch nicht so, dass man sich ständig abstößt. Typischer sei der «Schildkröteneffekt», die Leute ziehen die Köpfe ein, ziehen sich zurück, bleiben zu Hause und gehen nicht mehr raus in diese durch andere Riten, Sprachen und Religionen zusammengesetzte Öffentlichkeit, diei hnen fremd erscheint und sie überfordert.

Fördert nicht auch der Vorwurf des Ausnutzens unseres Sozialstaates die Distanz; Vielleicht ist der ja nicht nur ausländerfeindlich, sondern manchmal nicht ganz unberechtigt?

Meyer: Ja, da kommt eine eigene Anschauung hinzu. Ich bin ja viel gereist, auch in muslimischen und arabischen Gesellschaften. Es gibt Gesellschaften, da erleben die Menschen den Staat nur als Knüppel, nicht als Hilfe. Und diese Leute haben gelernt, den Staat auszunutzen, wo es geht, das ist dort nichts Schlimmes. Es gibt Gesellschaften, da endet die Verantwortungssphäre an der eigenen Haustür. Da leben alle in blitzsauberen Wohnungen und im Treppenhaus türmt sich der Müll auf: «Das ist nicht mehr unser Gebiet, das geht uns nichts mehr an». Und dann gibt es natürlich auch Gesellschaften, wo das Frauenbild für uns überhaupt nicht stimmt.

Kurzum würde ich sagen, das Kulturelle darf man, ganz im Sinne von Pierre Bourdieu, nicht unterschätzen. Kulturell eingeübtes Verhalten lässt sich durch andere Sozialisation nur schwer ändern, reproduziert sich in relativ selbstständigen und konsistenten kulturellen Milieus, die an diesen Weltbildern festhalten. Da ist es naiv, davon auszugehen, dass alle Leute, die hierherkommen, bei uns vor allem arbeiten wollen. Die bei manchen Migrantengruppen von den Schleppern ständig genährten Vorstellungen, «wenn Ihr nach Deutschland kommt, dann erwartet Euch Geld, ein Auto und ein Haus», werden schließlich gerne geglaubt.

Sind die schwierigen Seiten der Zuwanderung tatsächlich ein Thema, das in der SPD lieber umschifft wurde?

Thierse: Ja, das ist schon ein wichtiger Punkt, die SPD hat eine ehrliche, radikale Diskussion über Migration nie zustande gebracht. Das Thema ist hochgradig moralisiert und emotionalisiert. Da kann man einerseits schwerlich etwas Kritisches sagen über Flüchtlinge und die Migration. Und auf der anderen Seite ist das Thema zutiefst vorurteils- und angstbesetzt, gerade bei denen, die eher auf der schwierigeren Seite der Verteilungskämpfe stehen. Dort werden die Fremden sowohl als soziale wie auch als kulturelle Bedrohung erlebt. Es ist nie gelungen, die beiden Sichtweisen miteinander zu vermitteln. Ich habe oft erläutert, dass Integration eine doppelte Aufgabe ist. Die zu uns Kommenden und Gekommenen sollen, wenn sie hierbleiben können, heimisch werden im bisher fremden Land. Und was heißt das? Sie sollen die Chance bekommen an den Grundgütern dieser Gesellschaft teilzunehmen, also an Bildung, Arbeit, Demokratie, sozialer Sicherheit und Kultur, diesen fünf Dimensionen öffentlicher Güter. Und die einheimische Gesellschaft, diejenigen, die schon länger hier leben, sollen nicht das Gefühl bekommen, dass ihnen das eigene Land fremd wird. Deswegen ist Integrationspolitik, zum Beispiel auch Politik für bezahlbare Wohnungen, so wichtig.

Wenn ich die eigene Bevölkerung aus den Augen verliere, muss ich mich nicht wundern, wenn ich an Zustimmung verliere?

Thierse: Ja, genau das meine ich und genau das muss die Sozialdemokratie besonders interessieren. Gerade der weniger erfolgreiche und materiell gesicherte Teil der Bevölkerung erlebt und empfindet die notwendigen Integrationsanstrengungen durchaus als sozialen Verteilungskonflikt und als kulturelle Verunsicherung. Deshalb bedarf eine diverser werdende Gesellschaft der immer neuen Versicherung dessen, was ihr gemeinsam ist, was die Gesellschaft zusammenhält. So verstehe ich übrigens auch die fast schon zu Tode zitierte These von Ernst-Wolfgang Böckenförde, der freiheitlich-säkulare Staat lebe von Voraussetzungen, die er nicht selber schaffen könne. Damit meint er nämlich auch, dass der demokratische Staat nur funktionieren kann bei einer relativen Homogenität der Gesellschaft. Damit hat er überhaupt nicht irgendeine katholische Ideologie, wie oft unterstellt, vertreten. Er hat nur gesagt, wenn es gelingen soll, muss es auf der kulturellen Ebene auch Gemeinsamkeiten und Übereinstimmung geben, etwa die Einhaltung von Regeln und grundlegende Verwandtschaften. Ohne das kann das Ganze nicht funktionieren. Identitätspolitiker behaupten, das Gemeinschaft geschaffen werde durch Konflikte und Disruption. Da sage ich, ja es stimmt, es werden immer mehr, die sich äußern, aber wer hört überhaupt noch zu? Die Sozialdemokratie, das ist meine Grundüberzeugung, muss ein Angebot machen für diese fundamentale Gemeinsamkeiten. Nur wenn es Übereinstimmung gibt, können wir die Vielfalt bejahen und produktiv leben.

Es kommen ja ganz unterschiedliche Menschen zu uns, afrikanische junge Männer, die angesichts des Wirtschaftselends ihr Glück woanders suchen oder ukrainische Frauen, die Schutz vor Putins Angriffskrieg suchen!

Meyer: Es fängt ja bei der Verwirrung der Begriffe an. Man muss eigentlich einen klaren Unterschied machen zwischen Asylsuchenden, die wegen der Verfolgung herkommen, unter Umständen auch Kriegsflüchtlinge, und Migranten, die bessere Lebenschancen suchen. -Das ist einfach etwas vollkommen anderes. Man kann sagen, diejenigen, die hier Asyl suchen, müssen nicht unbedingt integriert werden, die sind vielleicht ein paar Jahre hier und dann können sie wieder nach Hause zurückkehren. Die sollen in der Zeit, wo sie hier leben, gut und menschenwürdig behandelt werden. Bei den anderen, den Arbeitsmigranten und dergleichen, muss man vorher sehen, wer und was sie sind. Die kann man nicht einfach so blind hereinlassen und dann sagen, «Schaut mal, wo Ihr was findet». Diese unterschiedlichen Gründe der Migration werden ständig durcheinandergebracht.

Diese Diskussion konnte in der SPD-Grundwertekommission der letzten Jahre nie stattfinden. Die Aussage, die kommen sowieso rein, da kann man nichts machen, war die Voraussetzung – und der Schlusspunkt – jeder Debatte. Jeder, der irgendwie eine skeptische Position vertritt, wird gleich als fremdenfeindlich diffamiert und sofort mit härtester Tabuisierung sanktioniert. Gerade hat Ruud Koopmans dazu ein sehr gutes Buch («Die Asyl-Lotterie») mit sehr viel niederländischer Klugheit und Erfahrung geschrieben. Wie auch der Niederländer Paul Scheffer das Thema Zuwanderung so aufgriff, wie das in Deutschland bis heute nicht diskutiert werden konnte.

Thierse: Immerhin ist es jetzt zum ersten Mal gelungen, ein wirkliches Einwanderungsgesetz zu schaffen. Mal sehen, der Prozess ist damit noch nicht zu Ende. Es ist ein erster Schritt zu sagen, wir sind ein Einwanderungsland, aber wir brauchen Regeln und die Prüfung der Zuwanderung. Dabei dürfen legitimerweise die eigenen Interessen wie der Arbeitskräftebedarf eine Rolle spielen. Das ist nicht moralisch verwerflich, sondern legitim. Davon zu unterscheiden ist unsere moralische und grundgesetzliche Verpflichtung, Asylbewerbern, Kriegsflüchtlingen und Armutsflüchtlingen ein Ausmaß von Hilfe zur Verfügung zu stellen, das leistbar und verkraftbar ist. Und da sind Grenzen nicht einfach abstrakt zu definieren, sondern das muss immer jeweils neu vermessen werden. Es muss ein lebendiges System sein. Das ist hoffentlich inzwischen in der Sozialdemokratie gelernt. Aber es bleibt natürlich in der Auseinandersetzung zwischen SPD und Grünen ein Konflikt, bei dem die SPD, wenn ich das alles immer richtig höre, auf durchaus irritierende Weise immer noch innerlich gespalten ist.

Meyer: Das wird wenig vernünftig diskutiert, ein anderer Gesichtspunkt ist die Frage der Kapazitäten. Es gibt von Eduard Bernstein einen berühmten Aufsatz über die sozialpolitische Bedeutung von Raum und Zahl. Wenn du eine Wirtschaft sozialisieren willst, spielt es natürlich eine Rolle, in welchem Raum und in welcher Zahl da Unternehmen vorhanden sind. Raum und Zahl – das gilt natürlich auch hier. Wenn eine Gesellschaft begrenzte Aufnahmekapazitäten hat, was Schulen, Wohnungen, Ärzte oder Sozialstrukturen betrifft, kann man nicht jederzeit beliebig aufnehmen. Dann kommst du in die Situation, dass du für für später nachkommende Geflüchtete, die es dringend brauchen, keine Kapazitäten mehr hast. Dies ist eine verantwortungslose Art und Weise, das Problem zu lösen, und in der Situation sind wir jetzt im Grunde schon.

Hat es denn nach Eurer Erinnerung Chancen gegeben, das Thema Asyl und Einwanderung besser, anders, mutiger angehen zu können?

Meyer: Ja, da gibt es eine sehr gute Erinnerung, das war die Wahrnehmung des jugoslawischen Bürgerkrieges. Es kamen urplötzlich Hunderttausende mit Berufung auf unser heiliges, also im Grundgesetz verankertes, Asylrecht, was zu enormen inneren Schwierigkeiten führte. Das konnte nicht so weiter gehen. Es wurde gelernt, wir müssen genauer definieren, für wen dieses Asylrecht ist. Das führte 1993 zu einer Einschränkung des Asylrechts. Aber genau das ist uns aufs Heftigste moralisch vorgeworfen worden von zahlreichen prominenten Intellektuellen, von Leuten, die deswegen aus der SPD ausgetreten sind. Wegen unserer eigenen Migrationsgeschichte, weil viele, die vor den Nazis flohen, nur überlebten, weil sie in anderen Ländern aufgenommen wurden, durften wir das nicht zu Ende diskutieren. Bis heute gibt es diesen Vorwurf. Der Schritt hin zu den anderen Einwanderungsländern gelang nicht: USA, Kanada, Australien, die klassischen Einwanderungsländer regeln das selbst und sind mit ihren Quoten Herr des Verfahrens. Die Erfahrung der jugoslawischen Emigration bei uns war, dass wir Objekt und nicht Subjekt dieser Prozesse sind. Die Neudefinition des Asylrechts hängt uns an wie ein Makel. Für manche ist es schon Ausländerfeindlichkeit, überhaupt etwas regeln zu wollen. Der aktivere Teil der Funktionäre der SPD hat damit nie richtig Frieden geschlossen, die SPD hat dazu nicht energisch genug gestanden. So erleben wir jetzt, wie dieses Thema bei ganz anderen landet.

Wolfgang, wie ist Deine Bilanz was die Migrationsfrage angeht. Auch so skeptisch?

Thierse: Es hat tatsächlich lange gebraucht, bis wir jetzt zu einem solchen Gesetz gekommen sind. Das lag auch an der Abwehr anderer, daran, dass die Union lange bestritten hat, dass Deutschland ein Einwanderungsland ist. Auf der anderen Seite wollten die Grünen eigentlich die totale Öffnung, Deutschland solle ein «Multikulti-Land» werden. Das ist es aber schon, nur nicht so konfliktfrei, wie sie es sich erträumten. Dazwischen stand die SPD, die keinen selbstbewussten Standpunkt entwickeln konnte, weil sie sich moralisch so unter Druck fühlte und zugleich wusste, wir müssen in bestimmter Weise doch politische Verfahren entwickeln. Eine eigene, kluge, selbstbewusste Antwort, ohne anderen hinterherzulaufen, die in unserem Wertesystem verankert ist und Handlungsmöglichkeiten entwirft, darum ging es eigentlich. Und unbestritten ist, in Notfällen weiter echte Flüchtlinge aufzunehmen. Es gibt einfach diese Verfolgten, die auf alle Fälle sofort Hilfe brauchen ...

Meyer: ... wo man aber an der Grenze sehen muss, wer sie sind. Das wollen wir aus guten Gründen wissen, um sie zu unterscheiden von denjenigen, oft jungen Männern, die hierherkommen, um Freiräume oder den Sozialstaat zu suchen. Jeder auf der Welt weiß: Wenn du die deutsche Grenze erreicht hast, tritt der deutsche Sozialstaat für dich ein und raus musst du auch nicht mehr. Dass das nicht auf längere Sicht geht, muss man sozialdemokratisch diskutieren können.

Aber es gibt doch auch die andere Betrachtungsweise. Ohne Zuwanderung, so hört man, sei die Zukunft unseres Landes gefährdet. Es führt also kein Weg daran vorbei, sich intensiv mit Fragen der Integration zu beschäftigen?

Thierse: Wir haben auch gelernt, dass wir in der deutschen Gesellschaft Arbeitskräfte brauchen, um die Zukunft unseres Wohlstands zu garantieren. Man hört von gigantischen Zahlen, die ich im Einzelnen nicht bewerten kann. Neulich nannte eine führende Wirtschaftswissenschaftlerin, man brauche im Jahr 1,5 Millionen Zuwanderer. Eine solch irre Zahl geht nur in der wirtschaftspolitischen Logik. Wenn man von der sozialen und kulturellen Logik ausgeht, hat dies für die bestehende Gesellschaft gravierende Folgen. Sie kommen nämlich nicht nur als Arbeitskräfte. Der alte Satz von Max Frisch gilt: Es sind nicht nur Arbeitskräfte, sondern Menschen. Die Folgen wären unerhörte Anstrengungen: Kraftakte in der Bildung und kulturellen Angleichung, Anstrengungen auch in der Veränderung des Bewusstseins. Bis hin zu der Frage, was verlangen wir von der bisher heimischen Gesellschaft? Und was dürfen wir von denen, die zu uns kommen, verlangen? Das ist nicht lapidar.

Da höre ich, man dürfe von ihnen nicht verlangen, dass sie deutsch sprechen. Und da sage ich, das elementarste Gemeinsame ist, dass wir miteinander kommunizieren können und das heißt, die gemeinsame Sprache ist deutsch. Aber schon als Bundestagspräsident habe ich einmal in all meiner Naivität gesagt, wir sollten doch wie andere Länder auch unsere Sprache in die Verfassung aufnehmen. Da wurde ich sofort als Nationalist und Rassist verdächtigt, auch aus den eigenen Reihen. Daran merkt man, dass gar kein angemessenes Problembewusstsein über die kulturelle Problematik vorhanden ist, was sich jetzt als identitätspolitische Auseinandersetzung von links wie von rechts äußert. Das Gespräch wird abgewehrt, und der Sozialdemokratie gelingt es nicht, weil sie sich so moralisch unter Druck wähnt, sich dazu zu äußern. Vielleicht kann jetzt die Grundwertekommission nochmal einen neuen Versuch starten, sich gewissermaßen in die Nesseln zu setzen, das wäre wirklich verdienstvoll.

Politik in einer schwierigen Mediengesellschaft

Demokratie kann ohne unabhängige, seriös arbeitende Medien nicht funktionieren. Weil die Demokratie auf Öffentlichkeit und Kritik angewiesen ist, ist es existenziell, sich über die Funktionsweise von Medien zu verständigen. Die Reflexion über die Arbeit und Rolle der Medien ist kein Selbstzweck, sondern zentral dafür, dass die demokratischen Akteure auf Augenhöhe mit Gesellschaft und Wirtschaft agieren und die Gesellschaft in der Lage ist, Politik und Wirtschaft zu kontrollieren und zu korrigieren. Ihr habt beide unterschiedliche Erfahrungen im Umgang mit den Medien. Wolfgang war vor allem Gegenstand der medialen Beobachtung und Berichterstattung. An Dich die Frage: Wie erlebst Du die Rolle der Medien?

Thierse: Wir leben in einer «Mediokratie», so ja auch ein Buchtitel von Thomas. Das heißt wir leben in Gesellschaften, wo neben den demokratischen Strukturen die mediale Prägung mit ihren Strukturen eine zentrale Rolle spielt. Das merkt man jeden Tag, wenn man sich anschaut, wie Themen behandelt werden, was die Journalisten uns mitteilen wollen, was von vornherein schon in Narrative eingepackt ist, die wir ihnen abkaufen sollen. Die Bewertung ist oftmals nicht uns überlassen, sondern die Journalisten servieren diese bereits. Und bestimmte Themen, die im journalistischen Milieu nicht beliebt oder nicht akzeptiert sind, spielen fast gar keine Rolle mehr.

Thomas, Du warst als Chefredakteur der Neuen Gesellschaft / Frankfurter Hefte *selbst Teil der medialen Funktionselite. Zugleich hast Du als Wissenschaftler die Funktionslogik und Widersprüche der durch Medien vermittelten Politik systematisch untersucht. Was war der Grund dafür, dass Du Dich mit der Rolle der Medien in der Politik befasst hast?*

Meyer: Ich war an der Universität Dortmund Teil eines großen empirisch angelegten Forschungsprojektes, das sechs Jahre lang die Theatralisierung der Politik in den Massenmedien untersuchte. In diesem interdisziplinären Projekt der Deutschen Forschungsgemeinschaft waren Wissenschaftler aus vielen Forschungsgebieten engagiert: Theaterwissenschaftler, Philosophen, Soziologen, Ethnologen, auch aus der Journalistik. Ich hatte zuvor als Politikwissenschaftler ein Buch über symbolische Politik geschrieben. Wir haben Medienprodukte nach bestimmten Kategorien analysiert: Worum geht es da? Welche Inszenierungsform wird gewählt, und was für Folgen hat dies für die Inhalte? Bei welcher Inszenierung spielen die Inhalte eine Rolle, eine Nebenrolle, eine verfälschende Rolle oder kommt es zur Rollenumkehr? Die Schlussfolgerung war letzten Endes, dass Journalisten immer inszenieren müssen; ohne Inszenierung geht es nicht. Es ist das Apriori der Medien, aufmerksamkeitssteigernd zu inszenieren. Dabei sind die meisten Inszenierungsformen dem Theater entlehnt: dramatisch, unterhaltsam, bestimmte Archetypen, Personalkonflikte darstellend usw.

Wenn die Form der Inszenierung, also die Verpackung, die Inhalte dominiert, dann müssen wir über die Rolle der Sender, also der Journalisten sprechen.

Meyer: Man kann natürlich in jeder Inszenierungsform auch Inhalte gut vermitteln, aber man kann in jeder Inszenierungsform Inhalte auch verschwinden lassen und die kollektive Subjektivität der Journalisten spielt dabei eine gewaltige Rolle. Selbst für aufmerksame und kritische Rezipienten ist das, was die Journalisten vorgeben, nicht immer erkennbar. Wir sind zu dem Ergebnis gekommen, dass eigentlich die Theatralisierung die Grundlage für die Arbeit der Medien ist, und dass die Politiker ihrerseits zum großen Teil schon vorwegnehmend in medialen Formaten inszenieren, um die Aufmerksamkeit der Medien zu erregen. Es ist im Grunde die Unterwerfung der Politik unter die mediale Form. Die Präsentationsform ist dabei sozusagen eines der Hauptübel. Aus diesen Überlegungen heraus ist das Buch «Mediokratie» entstanden. Ich bin dann über einen längeren Zeitraum am Ball geblieben und habe dieses Buch über die Rolle der Journalisten geschrieben: «Die Unbelangbaren». Darin geht es um das politische Milieu des Journalismus. Auffallend ist, dass es zwischen den Massenmedien keine wirkliche politische Konkurrenz mehr gibt; weil sie sich gegenseitig kaum noch kritisieren, sind Journalisten auch nicht mehr belangbar.

Thierse: Deine zentrale These ist, dass die Aufmerksamkeitspolitik durch Theatralisierung zum herrschenden Prinzip in den Mediendemokratien wurde.

Und worin besteht diese entscheidende Kritik an den Journalisten?

Meyer: Die Journalisten haben die Politiker in der Hand: Die Art wie sie das Ganze darstellen, was sie daraus machen, da sind sie von niemandem mehr belangbar. Sobald jemand die Diskussion anfängt, wie man besonders problematische Journalisten zur Rechenschaft ziehen könnte, wie ja alle anderen Akteure in der Demokratie auf unterschiedliche Weise auch belangt werden können, gilt er als Feind von Demokratie und Freiheit. Das gravierendste Problem ist heute der sogenannte «Haltungsjournalismus», die offensive Abkehr von den klassischen Grundsätzen ihres Metiers, der angestrebten Objektivität bei ihren Berichten, der Erkennbarkeit des Meinungsteils und der Maxime, «sich nie mit einer Sache gemein zu machen, auch nicht mit einer guten». Alles andere kommt einer nicht bestellten und nicht legitimierten Vormundschaft über das Publikum gleich und macht aus der Demokratie eine Mediokratie.

Thierse: Da herrscht eine strukturelle, prinzipielle Verantwortungslosigkeit. Die sind durch nichts zu belangen. Außer natürlich, wenn sie einen im rechtlichen Sinne direkt beleidigen.

Worin besteht denn dieser Mechanismus genau, der die Journalisten gewissermaßen schützt?

Meyer: Meine Grundthese zu diesem Thema ist, dass die medialen Regeln von den privaten Medien dominiert und perfektioniert werden. Sie müssen sich am Markt behaupten – und sie geben mit ihrer Vorgehensweise auch die Schlagzahl vor: Die zentrale Währung sind die Einschaltquoten, also die Verkaufszahlen, an denen sich letztlich auch die Öffentlich-Rechtlichen weitgehend orientieren.

Ist der öffentlich-rechtliche Rundfunk mit seiner privilegierten Position den Einschaltquoten wirklich so ausgeliefert?

Thierse: Ich finde nicht. Die Öffentlich-Rechtlichen haben doch eine relative Autonomie und einen Gestaltungsspielraum, weil sie eben einen Haushalt haben, der über acht Milliarden Euro verfügt, und da können sie natürlich schon eigenständige Entscheidungen treffen.

Meyer: Wenn die Klickzahlen dauerhaft gering sind, wirst du innerhalb deines Senders infrage gestellt. Zudem werden bestimmte Themen medial nicht mehr so artikuliert und präsentiert, dass sich alle Gesellschaftsschichten mit ihren Interessen wiedererkennen können. So wird bspw. das Thema Migration zwar von allen Medien behandelt. Doch jede kritische Thematisierung wird sofort mit dem Etikett des Ausländerhasses oder ähnlicher Brandmarkung versehen. Das nehmen natürlich viele so wahr und haben den Eindruck, dass da die Medien im Dienst irgendwelcher anderer Interessen sind. Das verkürzt und verzerrt die Demokratie und ist zugleich ein Einfallstor für Kräfte wie die AfD.

Heißt dies aus Deiner Perspektive, dass es keine Reform des Journalismus geben kann?

Meyer: Überhaupt nicht. Eine richtige Reform kann allerdings nur innerhalb des Journalismus entstehen, weil man den Journalismus nicht von außen regulieren kann. Es wäre schon ein Ansatz, für eine etwas offenere Streitkultur Preise zu vergeben, oder bei journalistischen Karrieren auf einen breiteren Blick zu achten. Und wenn wir wieder dahin kämen, dass sich Journalisten gegenseitig kritisieren, was jetzt ja ganz selten vorkommt, wäre schon einiges erreicht. Es sollte eigentlich der wirksamste Ansporn sein, wenn ein Journalist auf andere Journalisten trifft, die ihn kritisieren – statt wie jetzt, wo alle nur dem Chefredakteur und dem von ihnen selbst erzeugten öffentlichen Sog gefallen wollen.

Deine Sicht auf den Journalismus ist negativ geprägt, Wolfgang, nicht zuletzt, weil Du selbst unter medialer Beobachtung standest und noch stehst. Worin liegt die Macht der Journalisten im politischen Prozess?

Thierse: Das Verhältnis zwischen Politikern und Journalisten ist ein schiefes Verhältnis. Politiker sind abhängig von den Medien. Denn es gibt den Politiker nur, wenn über ihn berichtet wird. Das können Politiker nur begrenzt beeinflussen. Wenn sie es allzu heftig versuchen, ist das kontraproduktiv, erzeugt Abwehr. Die Macht von Politikern über Medien ist also ziemlich begrenzt, zum Glück! Dagegen üben Journalisten erhebliche Macht über die Politik aus. Sie entscheiden darüber, was und wie über Politik, über die Personen und über politische Entscheidungen berichtet wird. Das ist in den letzten Jahren noch einmal radikaler geworden. Angesichts der neuen Medien, die den Rundfunk und die Zeitung außerordentlich bedrängen, ist die Bereitschaft und Fähigkeit, sich auf komplexe politische Zusammenhänge und Entscheidungsprozesse einzulassen, immer geringer geworden. Das ist nicht einmal ein Vorwurf gegen einzelne Journalisten. Eine der demokratischen Aufgaben von Journalismus wäre aber doch, komplexe Sachverhalte für die Bürger ins Verständliche zu übersetzen. Aber genau das setzt voraus: Zeit haben, Kompetenzen besitzen oder erwerben, das Sich-Einlassen auf Probleme und Themen und zunächst einmal der Verzicht auf das flotte Urteil. Und genau all das findet in der Beschleunigung und Verschärfung von Konkurrenz kaum mehr statt. Statt komplexe Probleme zu erläutern, findet Personalisierung statt. Es wird vor allem berichtet, wer hat gewonnen, wer hat verloren – was etwas anderes ist als die Bereitschaft, die Schwierigkeiten der Materie zu erläutern.

Was bedeutet diese Analyse für die Rolle der Medien in der Demokratie?

Thierse: Die von mir beschriebene Entwicklung hat insofern demokratiegefährdende Züge, weil es für die Demokratie elementar ist, dass es ein Minimum an übereinstimmenden Problemwahrnehmungen und Informationen gibt, um Entscheidungen plausibel und konsensfähig zu machen. Und genau das passiert immer weniger, weil die einen in die Echokammern der eigenen Vorurteile im Internet auswandern und die anderen gar nicht mehr bereit sind, solche Konflikte verständlich zu übersetzen. Das ist so gesagt natürlich übertrieben, der öffentlich-rechtliche Rundfunk ist immer noch relativ gut in dieser Hinsicht. Aber auch dort passiert es, dass Diskussionen zu einem komplexen Sachverhalt nur in der Kategorie des Streitens vorkommen – und das Streiten nicht nur beim Publikum, sondern auch bei den Journalisten eher negativ besetzt ist. Der Begriff Streit wird ja generell auch eher abwertend verwendet. Von diskutieren oder debattieren zu sprechen, wäre schon viel neutraler. Also Politik wird zum Gegenstand von Unterhaltung. Da ist Information, wenn es gut geht, ein schöner Nebeneffekt, der für diejenigen, die schon ganz gut informiert sind, hilfreich ist. Die können das, was da passiert ist, dann noch einmal einsortieren.

Da sind wir wieder bei der Sozialfigur des Journalisten, der keine Verantwortung für die von ihm formulierten Berichte und Urteile übernehmen muss.

Thierse: Die leichteste politische Existenz ist es, Journalist zu sein und ganz locker Urteile zu formulieren, ohne je dafür belangt zu werden. Politiker müssen irgendwann für ihre Meinungen und Entscheidungen einstehen, nicht nur vor den Medien, vor allem vor den Wählern. Journalisten müssen für nichts einstehen. Umso steiler und entschiedener sind ihre Urteile. Das kann zerstörerisch für die Demokratie werden, weil die Schwierigkeiten im politischen Entscheidungsprozess im Meinungsjournalismus gar nicht mehr abgebildet werden.

Ihr vertretet die These von einer Dominanz der Journalisten gegenüber den Politikern. In den Medienwissenschaften wird aber auch die These einer wechselseitigen Abhängigkeit von Politikern und Journalisten vertreten.

Thierse: Journalisten sind davon abhängig, dass in der Politik etwas passiert über das man berichten kann, dass Politiker sich äußern, dass eine Debatte stattfindet, die man bewerten kann. Das ist selbstverständlich eine Voraussetzung. Aber das Problem besteht darin, dass ich als Politiker die Bürger zum Beispiel meines Wahlkreises immer nur begrenzt direkt erreichen kann. Ich kenne immer nur einen ganz kleinen Ausschnitt, ich bin also fundamental darauf angewiesen, dass über das, was ich sage und tue, berichtet wird, sodass die Leute es in der Zeitung lesen, im Fernsehen verfolgen können etc. Das ist eine fundamentale Abhängigkeit. Denn die Berichterstattung folgt nicht der Logik des politischen Prozesses, sondern dem politischen Urteil und Geschmack. Also der Medienlogik. Das ist das Moment der systematischen Verzerrung des Politischen im medialen Prinzip, die man nicht vollständig auffangen kann, denn alle Anstrengungen der direkten Kommunikation sind sehr begrenzt. Deswegen brauchen wir Verantwortung und Selbstreflexion der Journalisten über ihre Rolle innerhalb der Demokratie. Ich bin neugierig, ob die europäische und weltweite Bedrohung der Demokratie und damit die Bedrohung ihrer Existenzgrundlage als freie Journalisten, diese zum Nachdenken anregt. Etwa darüber was der Medienbetrieb selbst zum Erfolg der AfD beigetragen hat. Ich wünschte mir, dass die Journalisten darüber nachdenken. Falsch und zugleich richtig: «Ein guter Journalist macht sich mit keiner Sache gemein, auch nicht mit einer guten»; dieser Satz kann ja nicht gelten, wo es um die Voraussetzungen des eigenen Berufes geht, nämlich darum, Demokratie und Meinungsfreiheit zu verteidigen. Ich würde mittlerweile sagen, zu einem guten Journalismus gehört vor allen Dingen Haltung. Neutralität kann es nicht geben, Enthaltung heißt gewissermaßen Bewertung.

Welche konkreten Verfehlungen können aus Deiner Sicht dazu beitragen, dass die Medien ihren Zweck und ihre Funktion in der Demokratie selbst gefährden oder sogar verfehlen?

Thierse: Die wichtigste Aufgabe der Medien in der Demokratie, so sagt man, ist die Kritik, die Herstellung von Öffentlichkeit. Aber genauso wichtig ist die Aufgabe der Übersetzung von komplexen politischen Meinungsbildungs- und Entscheidungsprozessen ins Verständliche, um in einer medialisierten und zerklüfteten Gesellschaft die Menschen daran teilnehmen lassen zu können und sie damit gewissermaßen zur Demokratie einzuladen. Dazu sind die Journalisten kaum bereit. Neulich durfte ich bei einer kleinen online-basierten Redaktionssitzung beim Deutschlandfunk teilnehmen. Sie hatten mich eingeladen, weil ich meinen Ärger über einen eigentümlichen neuen Dogmatismus geäußert hatte: Bei der Nachrichtensendung wird immer erst mit der Kritik an etwas begonnen, bevor man mitteilt, was kritisiert worden ist. Also erst wird kritisiert, was Olaf Scholz erklärt hat, und dann wird übermittelt, was Scholz gesagt hatte. Was ist das für ein Dogmatismus? Ich will doch erst wissen, was er gesagt hat. Dann kann ich auch die Kritik besser bewerten. Gesagt wurde mir, das läge an der zeitlichen Abfolge, man bringe immer das Aktuellere zuerst, und die Kritik sei das Neueste. Nein, in Wirklichkeit bedeutet dies, die Kritik, das heißt die Negation, wird zum Entscheidenden. Das führt in einer Situation, in der die Negation, die Schwierigkeiten und die Mühsal von Demokratie dominieren, dazu, dass diese allgemeine Stimmung durch die Journalisten immer wieder neu bestätigt und verstärkt wird. Und das führt wiederum dazu, dass die demokratieskeptische, ja demokratiefeindliche Stimmung, die Verachtung der demokratischen Politik und Politiker, der Vertrauensverlust gegenüber den demokratischen Institutionen, ja auch den Medien selbst, vom Journalismus bestätigt und befördert werden. Es müsste doch Journalisten auffallen, was sie anrichten – man schaue nur auf die ständig wiederholten Umfrageergebnisse. Das heißt ja nicht, den kritischen Kommentar aufzugeben, aber sich doch der Anstrengung zu unterziehen, erst einmal eine sachliche Darstellung dessen zu liefern, was gesagt worden ist, was stattgefunden hat, bevor man sich der Leidenschaft der Kritik hingibt.

Nachdenken über die Parteiendemokratie

Wie wurdest Du, Wolfgang, eigentlich zum Berufspolitiker?

Thierse: Ein politischer Mensch war ich von Kindesbeinen an. Ich kann mich noch an die frühesten politischen Nachrichten, die mir gegenwärtig sind, erinnern. Das war der Sturz der Regierung im Iran 1953, da war ich neun Jahre alt. Wir haben an der Zonengrenze immer West-Radio gehört. Der RIAS wurde von DDR-Störsendern gestört, was dazu führte, dass mein Vater, wenn Nachrichten kamen, rief: «Ruhe jetzt», erst recht, wenn die Stimme ertönte: «Und nun hören sie einen Kommentar von Egon Bahr». Also war man gezwungen zuzuhören und hinterher hat man miteinander darüber diskutiert, um zu verstehen. Mein Vater hat auch nachgefragt, was alles meiner Politisierung und politischen Leidenschaft förderlich war.

Als Parlamentarier bist Du ja von Berufs wegen Werbender für unsere Demokratie. Lässt sich Deine Erfahrung des politischen Interessierens auf heutige Verhältnisse übertragen?

Thierse: Später bin ich als Bundestagspräsident oft genug gefragt worden, vor allem von jungen Leuten: «Was tun Sie, damit wir uns für Politik interessieren?». Diese Frage hat mich zunehmend geärgert. Als könnte man Politik gewissermaßen auf dem Silbertablett des Konsums darbieten, und dann habe ich ihnen eine wahrscheinlich altväterlich wirkende Antwort gegeben: Nach meiner Lebenserfahrung entsteht politische Leidenschaft aus einem einzigen Grund, nämlich aus der Erfahrung, mit etwas nicht einverstanden zu sein oder unter etwas zu leiden. Dann fängt man an nachzudenken und stellt die drei entscheidenden politischen Fragen. Warum ist das so? Wie kann ich das ändern? Mit wem zusammen kann ich das ändern? Aber wenn junge Leute diese gefühlte Erfahrung des Nichteinverstandenseins, des Leidens, der Verärgerung, der Wut nicht mehr machen, dann kann man sie nicht zur Politik zwingen.

Aber wie hast Du Dein Interesse an Politik in der DDR umsetzen können?

Thierse: In der DDR konnte ich meine politische Leidenschaft nicht leben. Jedenfalls wollte ich nicht in die SED eintreten und erst recht nicht in eine dieser Blockparteien, was ich noch beschämender gefunden hätte. Ich habe es wiederholt abgelehnt in die SED einzutreten, immer mit einer artistischen Argumentation, um die eigene berufliche Existenz nicht zu gefährden.

1989 tat sich ja dann das auf, was in der Politikwissenschaft als Gelegenheitsfenster bezeichnet wird. Was vorher unmöglich war, wurde von einem auf den anderen Tag zur Möglichkeit.

Thierse: 1989 endlich ging es mir wie so vielen anderen in Ostdeutschland: Wenn ich jetzt nicht mitmische, werde ich mich mein ganzes weiteres Leben vor mir selber und vor meinen Kindern schämen, wenn ich jetzt nicht die Chance nutze, die zum ersten Mal zu sehen war. Vorher gab es ja nur Enttäuschung und Niederlagen und damit auch Lähmung, Resignation und Trotz nach innen. Aber 1989, das war dieser entscheidende Moment, und dann ging eben alles ganz schnell: Zunächst bin ich dem Neuen Forum beigetreten, dann folgte der Eintritt in die neugegründete SDP und fünf Monate später war ich ihr Vorsitzender. Das sind revolutionäre Zeiten, da gibt es keine mühsame Ochsentour, wie es im Westen hieß, sondern da wird man nach oben geschleudert. Zwischendurch war es mir im Jahr 1990 immer mal ziemlich schwindelig. Es galt im Entscheiden alles gleichzeitig zu lernen. Überraschend war, dass mein Auftritt im Westen Erstaunen erregte und ich im *Spiegel* lesen konnte, da kommt einer aus Ostdeutschland und kann reden, er spricht eine Sprache, die so ganz anders ist als die unserer Politiker.

Woher stammen denn Deine rhetorischen Fähigkeiten, ein Coaching, wie es mancher Politiker im Westen absolvierte, kann es ja nicht gewesen sein?

Thierse: Gelegentlich habe ich ironisch auf dieses Erstaunen hin gesagt, ich habe heimlich geübt. Also wo konnte man die öffentliche Rede erlernen? Da war die katholische Studentengemeinde ein solcher Ort der Diskussion, wo man aufstand und frei diskutierte. Ich habe immer versucht, in der DDR bei aller Gegnerschaft differenziert zu denken und zu argumentieren: Was spricht dafür, was spricht dagegen? Das gehört ja zur Grundsituation des Minderheitendaseins, des Nicht-dazu-Gehörens, das man vor sich selber und vor anderen rechtfertigen muss, warum man so und so ist, warum man anders denkt. Wenn man so und so spricht oder sich entscheidet, setzt das immer eine Reflexion der anderen Argumente und der eigenen Argumente voraus. Ich habe jedenfalls – ob das eine natürliche Begabung ist oder ob ich das erworben habe, weiß ich nicht – eine tiefe Abscheu vor jedweder Form von Fanatismus und radikaler Einseitigkeit. Oder anders gesagt, so mein Sprüchlein, in meinem Kopf hat mehr als eine Meinung Platz. Deswegen wurde ich auch so gerne Parlamentarier, weil ich dann vieles wahrnehme, ich höre andere Meinungen und kann prüfen, was ist denn da dran und sind die anderen Meinungen wirklich zu 100 Prozent falsch?

Mit dem Beruf des Politikers und Parlamentariers hat sich für Dich also so eine Art Traum realisiert?

Thierse: Dass ich dann Parlamentarier geworden bin, entsprach einem wirklichen Wunsch seit Kindheitstagen. Das habe ich in meiner ersten Rede im Bundestag dann auch förmlich zur Freude der Anwesenden erzählt, dass ich mich an die großen Redner der 1950er-/1960er-Jahre im Deutschen Bundestag gut erinnern kann. Also, da war eine frühe Faszination für die parlamentarischer Rede und ich habe immer gedacht, so etwas müsstest du auch können. Ich hatte eher Angst davor, 1990 in der Ostberliner Regierung etwas zu werden, aber Parlamentarier wollte ich immer gerne sein.

Damit wurde aber bereits 1990 deutlich, dass Deine wissenschaftliche Laufbahn vorbei ist?

Thierse: Das war relativ schnell klar. Ich war ganz gerührt, als Kollegen an meinem Institut gesagt haben, wir halten den Arbeitsplatz für Dich frei, das ist ja ganz wichtig, was Du jetzt machst. Aber auch ich war mir nicht sicher, wie lange das in der Politik gehen wird. Also, es hat mich richtig gerührt, weil das eine Wertschätzung war, dass ich ihnen doch ein einigermaßen verlässlicher Kollege gewesen bin. Aber dann ging, wie gesagt, alles ganz schnell innerhalb eines halben Jahres wurde ich an die Spitze geschleudert, Ost-SPD Vorsitzender, dann stellvertretender Parteivorsitzender der gesamtdeutschen SPD und stellvertretender Fraktionsvorsitzender im Bundestag.

Die SPD war für Dich immer alternativlos, es hätte ja jetzt auch andere Parteien gegeben?

Thierse: Nein ich fühlte mich früh schon als Sozialdemokrat. Da hatte die Gerechtigkeitsidee bei mir gezündet, die Idee des freiheitlichen Sozialismus, diesen Versuch, Ungerechtigkeit und Elend zu bekämpfen, für das vernünftige Gute einzutreten. Es war auch meine Einsicht, dass der Faschismus mit Massenelend zu tun hat, woraus man soziale Konsequenzen ziehen muss. Auch bestätigte mich das Erlebnis des Passierscheinabkommens 1964, überhaupt die sozialdemokratische Entspannungspolitik: Auf Dauer helfen nicht die großen Redensarten, sondern es braucht konkrete Politik für konkrete Menschen. Was immer auch heißt: Schritt für Schritt, Reform für Reform, nicht die große Systemutopie. Wenn man in der DDR leben musste, konnte man von der sozialistischen Systemutopie nicht wirklich schwärmen oder theoretisch angezogen sein. Man hat sie erlebt und erlitten, ihre Alltäglichkeit, ihre grauen und bitteren Seiten. Die wirklichen konkreten Verbesserungen des Lebens der Menschen, konkrete Politik für Menschen, die nicht für sich selber Politik machen können, das hat mich überzeugt. Und natürlich die Figur Willy Brandts, die das alles für mich personifizierte.

Wofür warst Du dann im Parlament und in der Partei zuständig?

Thierse: Natürlich zuvorderst für die ostdeutschen Probleme, in der Fraktion auch für Bildung und Wissenschaft. Etwas Grundsätzliches habe ich lernen müssen: Wenn man vorher politisch eher in privaten Kreisen und unterschiedlichen Zirkeln der DDR gelebt hat, häuft man alles Mögliche an Träumen, Ideen und Vorstellungen an. Jetzt kommt man in die wirkliche Politik und muss lernen – ich sage es mal in einer Metapher –, die großen Scheine der Überzeugungen und Hoffnungen umzutauschen in das Kleingeld der alltäglichen Politik der kleinen Schritte. Es tut auch weh, wenn man erleben muss, dass man mit dem, was man vorschlägt, auch auf Abwehr stößt und nicht immer durchkommt. Also muss man lernen, auch mit Niederlagen fertig zu werden.

Der parlamentarische Alltag wird nicht immer nur eine helle Freude gewesen sein …

Thierse: … was mich in den ersten Jahren richtig gequält hat, war, dass demokratische Politik unendlich viel mit Wiederholung zu tun hat. Ich bekam am Sonntagabend schon schlechte Laune. Jeden Montag stand ich frühzeitig auf, um nach Bonn zu fliegen, um dann eine Sitzung nach der anderen zu haben: Präsidium der SPD, SPD-Parteivorstand, geschäftsführender Fraktionsvorstand, dann noch Fraktionsvorstand, vier Sitzungen, immer dieselben Themen, immer wieder die Wiederholung derselben Argumente. Ich habe die Genossen bestaunt, die mit dem gleichen rhetorischen Aufwand immer das Gleiche erzählen konnten, während mir beim zweiten oder dritten Mal die Worte im Munde schon wegstarben, es war doch alles schon einmal gesagt. Dann war ich Montagabend meist ganz kaputt, dachte, das ist nichts für mich, ich halte diese Wiederholungen nicht aus. Doch Demokratie kostet eben Zeit, weil man immer wieder sich mit anderen besprechen muss, andere Meinungen hören muss, andere überzeugen muss. Das hat etwas Quälendes, woran ich mich eigentlich bis zum Schluss nicht vollständig gewöhnt habe.

Du warst dann der Ossi in der Führung der westdeutsch geprägten Sozialdemokratie?

Thierse: Auch im Einsatz für Ostdeutschland habe ich lernen müssen, dass man ganz unterschiedliche Stilmittel anwenden muss. Gerade wenn man für den kleineren und schwächeren Teil des Landes spricht, muss man für deren Probleme, Interessen, auch deren Empfindungen und Gefühlslagen immer wieder Worte finden, die ansprechen und überzeugen, warum das wichtig ist. Da habe ich gelernt, dass man manchmal durchaus jammern, den Ton des Klagens einnehmen muss oder eher appellativ argumentieren sollte. Und man in anderen Fällen sozusagen mitschachern muss. Also, könnten wir dies noch in diesem Gesetz unterbringen, wenn man auf der anderen Seite auf etwas verzichtet.

Eine Deiner am stärksten zur Kenntnis genommenen Initiativen ergab sich aus dem 2001 von Dir formulierten Befund, dass Ostdeutschland «auf der Kippe» stehe...

Thierse: Ich hatte in einem Brief an Gerhard Schröder, der sich auch in der Zeitung fand, gesagt, der Osten steht auf der Kippe. Das wirkte.

Wieso auf der Kippe? Ging es nicht, wenn auch zu langsam, beständig bergauf?

Thierse: Gemeint war nicht, dass der Osten herunterfällt, sondern ich sagte, wir sind in einem Moment, wo das, was wir im Osten in den ersten zehn Jahren erreicht haben, gefährdet wird, wenn es uns nicht gelingt, einen zweiten Solidarpakt auf die Beine zu stellen. Das war ein Appell an die SPD-geführten westdeutschen Länder, die nämlich sagten, noch weiter soll das mit der Solidarität, mit den erheblichen Finanztransfers nicht gehen. Das war nun ein öffentlicher Warnruf. Schröder hat das zunächst geärgert, zurecht, denn es war ein genau adressiertes lautes Wort, um zu sagen, wenn wir jetzt nicht diese Solidarität auch unter Schmerzen fortsetzen, dann geht vieles verloren von dem, was erreicht worden ist. Dies ist der entscheidende Moment auf der Kippe. Die erste Reaktion war Empörung, aber am Schluss war ich erfolgreich, der Solidarpakt 2 ist abgeschlossen worden. Meine lieben ostdeutschen Genossen waren mir dankbar, dass ich Lärm gemacht habe, gerade die Ministerpräsidenten, die öffentlich keinen so großen Lärm machen können. Dies war außerdem z. B. überhaupt nicht Manfred Stolpes Art, der hat sich dann immer bei mir bedankt, es sei gut, wie ich da agiere. Das war auch eine Rollenverteilung, ich hatte kein Ministerpräsidentenamt, kein Regierungsamt. Ich konnte öffentlich anders reden.

Dein höchstes Amt war das des Bundestagspräsidenten. Unserem Parlament hast du zwischen 1998 und 2005 vorgestanden. Wie bist Du in diese Position gekommen?

Thierse: Als die SPD 1998 die Wahl gewonnen hatte, gab es die Koalitionsverhandlungen mit den Grünen. Auch ich als stellvertretender Vorsitzender der SPD wurde gefragt, was ist mit Dir, was willst Du künftig machen? Und da habe ich gesagt, ich bin mit Leidenschaft Parlamentarier, ich würde gerne Parlamentspräsident werden, habe aber bekanntlich auch, was mir nicht ganz so wichtig ist, in der Fraktion Zuständigkeit für Forschung und Bildung, wovon ich ein bisschen etwas verstehe. Und dann gab es plötzlich eine dramatische Zuspitzung. Oskar Lafontaine, der Parteivorsitzende, hat meine Kandidatur abgelehnt und ziemlich rüde bekämpft. Zugleich hat er schon gesehen, da muss auch Ostdeutschland vorkommen. Zunächst wurde eine ostdeutsche Abgeordnete gefragt, die ablehnte und mir sagte: «Wolfgang, Du bist unser ostdeutscher Anführer, gegen Dich werde ich nicht antreten». Dann ist es Lafontaine doch noch gelungen, eine andere Abgeordnete aus Halle zu gewinnen, die gegen mich kandidierte. Sein Argument war, das richte sich gar nicht gegen mich, es müsse eine Frau sein, damit Johannes Rau Bundespräsident werden könne, weil dieser ja ein Mann ist. Ja, was sollte ich damit anfangen?

Aber dann hat es trotzdem noch geklappt...

Thierse: Auch Gerhard Schröder hat mich nicht unterstützt, sondern Lafontaine machen lassen. Schröder und ich sind ja auch sehr unterschiedliche, ja gegensätzliche Menschen. Erst später als ich Bundestagspräsident war, hat er Respekt vor mir bekommen, hat gesagt: «Du machst das gut». Er hat auch keinerlei Versuch gemacht, sich in meine Amtsführung oder in meine Entscheidungen einzumischen, die hat er vollständig respektiert.

Aber zunächst musste ich diese Schwelle überwinden, das heißt, ich musste mehrere Abstimmungen im Parteivorstand, aber vor allem in der Fraktion überstehen. Das Erstaunliche war, dass auch die Mehrheit der Frauen in der Fraktion für mich und nicht für Oskars Kandidatin gestimmt hat. Auf diese Weise bin ich dann Bundestagspräsident geworden. Es war mir dann wichtig, in meiner Antrittsrede darauf hinzuweisen, dass zum ersten Mal ein Ostdeutscher in eines der Verfassungsämter gelangt ist und dass dies ein weiterer kleiner Schritt im Prozess dessen ist, was wir innere Einigung nennen. Darauf bin ich ein wenig stolz, schließlich kamen Angela Merkel und Joachim Gauck erst nach mir.

Steht das Amt des Bundestagspräsidenten nicht etwas im Schatten von Bundespräsident und Bundeskanzler?

Thierse: Ich bin schon der Meinung, dass das Amt des Bundestagspräsidenten das schönste Amt dieser Republik ist. Wir sind eine parlamentarische Demokratie, der Bundestagspräsident ist der Repräsentant dieses Parlaments und er hat einen besonderen Vorteil, er bewegt sich in Halbdistanz zur Tagespolitik. Er muss nicht jede politische Entscheidung, nicht jeden Winkelzug, nicht jede Debatte mitmachen, aber er ist noch nahe genug dran, um mitreden zu können, Einfluss ausüben zu können, mitzuentscheiden. Das ist ein erheblicher Unterschied zum Amt des Bundespräsidenten, der in einer Art *splendid isolation* wie in einem goldenen Käfig, immer gute Reden halten muss, wobei alle ständig zusehen und herummeckern. Der Bundestagspräsident muss auch ordentliche Reden halten, aber er hat auch operativ viel zu tun. Er leitet eine große Verwaltung. Der Parlamentsbetrieb muss klappen, er muss sich mit den Fraktionen auseinandersetzen, dem Ältestenrat etc.

In Deiner Amtszeit ist das Thema der rechten Gewalt öffentlich geworden. Wie hast Du darauf reagiert?

Thierse: Der Bundestagspräsident kann Aufmerksamkeit für Themen schaffen. Es wird wahrgenommen, womit sich der Bundestagspräsident befasst. Ich habe diese Rolle wirklich ernst genommen und bin viel unterwegs gewesen, sehr viel in Ostdeutschland. Gerade als das losging, dass die Rechten die Herrschaft über «befreite Zonen» ausriefen, als rechte Schläger junge Leute bedrohten, wo sie mich nach und nach, als sie das bemerkten, der kommt auch wirklich, um Hilfe gerufen haben. Ich war in zahllosen kleinen und mittleren Städten und habe mir Zeit genommen, um die Aktiven dort zu besuchen. Nicht, weil ich direkt Geld verteilen konnte, das geht über den Haushaltsausschuss, aber ich konnte Aufmerksamkeit erzeugen, sodass mindestens die örtlichen Journalisten darüber schrieben.

Dein Engagement gegen rechts war aber nicht überall gern gesehen?

Thierse: Ja, das hat zu eigentümlichen Konfrontationen geführt. Ich werde nie vergessen, wie die sächsische Landesregierung von Kurt Biedenkopf sagte, der Thierse macht sich wichtig, wir haben kein Rechtsextremismusproblem, und dabei waren schon viele junge Leute zusammengeschlagen worden. Es gab CDU-Bürgermeister, die haben mich nicht empfangen und beschimpften mich als Nestbeschmutzer. Aber für mich war das eine besondere Art von öffentlich-politischer Solidarität mit den Gefährdeten. Einen Bericht meiner jahrelangen Aktivitäten gegen rechts mit zusammenfassenden Beobachtungen versuchte ich nach Ende des Amtes in der *Zeit* unterzubringen. Auch eine Erfahrung, die wollten ihn nicht, die *Welt* hat ihn dann genommen, das werde ich nicht vergessen.

Als Parlamentspräsident warst Du auch für die Bundestagsverwaltung zuständig. Ist das ein Selbstläufer oder muss bzw. kann man da auch eigene Akzente?

Thierse: Zunächst muss man sehen, das ist eine große Verwaltung. Da geht es um mehr als 2000 Leute. Der Bundestag hat sogar eine eigene Polizei, weil natürlich niemand in den Bereich des Bundestages von außen hineinregieren soll. Man hat die Verantwortung, dass der Parlamentsbetrieb ordentlich läuft, dass die Rechte der Parlamentarier gewahrt bleiben, dass der Ablauf geregelt wird. Ich lobe diese gut funktionierende und erfahrene Verwaltung, die ist wirklich sehr gut organisiert und verlässlich. Ich habe zu den Menschen gehört, die auch bereit sind, hinzuhören, sich etwas sagen zu lassen, was dann abgewogen wurde. Wenn etwas schief ging, habe ich es nicht auf die Verwaltung geschoben, sondern es war meine Verantwortung. Man sollte auch nicht Entscheidungen vor sich hertragen, sondern zuhören, sich überzeugen lassen, das so oder so zeitnah entscheiden.

Ein großes Konfliktthema kann sich aus der Kontrollaufgabe des Bundestagspräsidenten für die Gelder der Parteien ergeben, also vor allem, wenn es Unregelmäßigkeiten bei den Parteispenden gibt.

Thierse: Ja, tatsächlich, das galt auch für meine Zeit: Mein brenzligster Fall war die Spendenaffäre der CDU. Als bekannt wurde, dass Helmut Kohl erhebliche Spenden eingenommen hat und deren Quelle nicht benennen konnte oder wollte, war klar, dass hier ein Verstoß gegen das Parteiengesetz vorliegt und damit indirekt auch gegen die Verfassung. Das Parteiengesetz schreibt bestimmte Sanktionen vor. Das ist natürlich eine sehr schwere Sache, weil man dann plötzlich in den Verdacht von Parteilichkeit gerät, wenn es die größte Oppositionspartei betrifft. Also habe ich mich erstens von der Verwaltung beraten lassen und dann externen Rat von Verfassungs- und Parlamentsjuristen unterschiedlicher parteilicher Provenienz geholt. Das Ergebnis sah nach den Regeln eine erhebliche Bestrafung vor. Die CDU musste eine Millionen-Strafe entrichten. Das hat sie empört. In der Union haben sie mir das nie verziehen. Sie sind vor Gericht gegangen, und ich habe durch alle Instanzen bis zum Bundesgerichtshof immer gewonnen. Umso schlimmer stand ich in ihren Augen da. Bei jeder nächsten Wahl haben sie es mir heimgezahlt. Seitdem wurde ich immer verdächtigt, ich sei parteiisch. Dabei habe ich nur diese schwierige Aufgabe zu lösen gehabt, die ich mir nicht ausgesucht hatte.

Demokratie ist ja kein einfacher Prozess. Durch die Komplexität unseres Mehrebenensystems wird die Verantwortungszuweisung – nicht zuletzt für die Bürger – immer schwieriger.

Thierse: Die komplexe bundesdeutsche Demokratie ist, wie gesagt, eine Mehrebenendemokratie, in der die Kommunen, die Länder, der Bund und dann auch noch Europa auf unterschiedliche Weise miteinander verbunden sind. Im Ergebnis dauern die Entscheidungsprozesse häufig lange und es kommt auch immer wieder zu Spannungen. Einerseits zwischen Bund und Europa, an dieses fundamentale Spannungsverhältnis hat man sich inzwischen gewöhnt. Was darf Europa und was nicht? Zu meiner Zeit waren Fragen der Subsidiarität ein großes Thema, die europäische Ebene prüft immer, ein zentrales Element des Maastrichter Vertrages, ob sie das entscheiden müssen oder ob das nicht auf die nationale oder sogar regionale Ebene gehört.

Auch das Spannungsfeld zu den Ländern ist eine ständige Quelle des Ärgernisses bis hin zu Absurditäten aktueller Art. Die Länder rufen unablässig nach noch mehr Geld, zum Beispiel auch für Bildung. Zugleich bestehen sie aber darauf, dass die Bildung ausschließlich ihre Zuständigkeit sei. Doch der Bund darf kein weiteres Geld zur Verfügung stellen, ohne nicht auch Einfluss nehmen zu dürfen, was mit dem Geld passiert. In diesem klassischen Konflikt sieht man die ganze Misere der deutschen Bildungspolitik und des deutschen Föderalismus.

Ein Problem über das seit vielen Jahren diskutiert wird, betrifft den Bedeutungsverlust des Parlaments angesichts einer immer mächtiger werdenden Exekutive, Prozessen der Europäisierung und nicht zuletzt der enormen Bedeutung der Medien. Wie ist Deine Haltung zu diesen Fragen?

Thierse: Ich will den Einfluss der Medien herausgreifen. Da wird gesagt, die eigentlichen Dinge würden schon in den Medien kommuniziert, die an die Stelle der Parlamentsdebatte getreten seien. Doch das ist nicht dasselbe: In den Talkshows ist Politik Gegenstand von Unterhaltung. Dort geht es nicht um Entscheidungen, dort gewinnt der, der das witzigste, das schnellste, das überzeugendste, das erheiterndste Argument hat. Im Parlament geht es am Schluss einer Debatte um die Entscheidung, für die ich einstehen muss: vor meinem Gewissen, mit meiner politischen Überzeugung, vor den Wählern, in der Öffentlichkeit. Da ist es wichtig, dass man als Bundestagspräsident, mein Nachfolger hat das fortgesetzt, nicht in Talkshows geht, um zu zeigen, ich stehe mit meiner Person für das Amt und die Ernsthaftigkeit der Parlamentsdebatte. Ich kritisierte diese Art von Medialisierung von Politik zu Unterhaltungszwecken als systemische Verzerrung des Politischen.

Wie kann man als Bundestagspräsident gegen die Vorurteile, die über das Parlament im Umlauf sind, reagieren?

Thierse: In der Kritik am Parlament spielen auch Bilder eine riesengroße Rolle, wenn diese zeigen, da sitzen nicht viele Abgeordnete im Plenum, die Stühle sind leer. Da muss man auf das Unsichtbare der Parlamentsarbeit verweisen. Unser Parlament ist ein Arbeitsparlament: Die Abgeordneten sitzen nicht nur im Plenum, sondern vor allem in den Ausschüssen. Es ist also eine Aufgabe des Bundestagspräsidenten, Parlament und Demokratie immer neu zu erklären und auch dem populärsten aller Vorurteile zu widersprechen: «Das ist eine faule Bande, da sitzt ja nie jemand drinnen». Ich habe dann etwas übertrieben gesagt, nirgendwo bin ich so faul wie in der Zeit, in der ich im Plenum sitze. Ich muss aber eine Menge anderes tun.

Angesichts der Fülle der Aufgaben müssen die Parlamentarier Präferenzen setzen, sonst werden sie wohl im Alltag untergehen. Wie macht man das?

Thierse: Ich muss Akten lesen, ich muss mich in Themen einarbeiten, ich muss Post beantworten, ich muss an Diskussionen teilnehmen. Man hat also gar nicht so viel Zeit, daher gibt es vernünftigerweise eine Arbeitsteilung in der Politik. Da es z.B. in meinem Wahlkreis, soweit ich ihn kenne, keinen nennenswerten landwirtschaftlichen Betrieb gibt, werde ich kein Fachmann in Landwirtschaftspolitik werden. Da verlasse ich mich darauf, was in der Fraktion zu diesem Thema erläutert wird. Wenn mir das halbwegs intelligent und verständlich ist, dann trage ich den Vorschlag mit, aber ich gehe trotzdem nicht zu einer landwirtschaftspolitischen Debatte ins Plenum. Man geht zu Themen, von denen man etwas versteht, wo man auch beauftragt ist, sich dazu zu äußern, oder zu wichtigen Themen von großer Bedeutung, die uns alle betreffen.

Das Parlament steht ja in Krisen immer wieder Mal unter großem Zeitdruck, was auch als Schwächung des Parlaments kritisiert wird...

Thierse: Es geht auch um das Selbstbewusstsein des Parlaments, um dessen Rechte und seine Rolle gegenüber der Exekutive. Das ist natürlich auch ein Spannungsverhältnis, weil es auch Entscheidungssituationen gibt, die unter großem Zeitdruck stehen. Ich erinnere an die Finanzkrise. Da mussten innerhalb von Tagen und Wochen dramatische Entscheidungen getroffen werden. Es war nicht möglich, das zu tun, was das Parlament normalerweise tut, nämlich: Erste Lesung, Anhörungen, Debatten, Zweite Lesung. Ein normales Gesetzesverfahren dauert zwischen ein und zwei Jahren, wenn es ganz ruhig zugeht. Da mussten wir kurzfristig entscheiden, hatten das nicht selber in der Hand, weil Banken und Sparguthaben gefährdet waren, die Wirtschaft und der Wohlstand. Eine solch dramatische Situation aber muss die Ausnahme bleiben. Deshalb habe ich in meiner Abschiedsrede als Parlamentarier gesagt, gerade das Parlament muss seine Rolle verteidigen. Man muss immer wieder neu für Entschleunigung eintreten, denn parlamentarische Demokratie braucht Zeit, damit sich möglichst viele und erst recht die Parlamentarier an der Meinungsbildung und den Entscheidungsprozessen beteiligen können.

Das Parlament wird in seiner Souveränität hin und wieder durch das Bundesverfassungsgericht eingeschränkt. Wie bewertest Du vor diesem Hintergrund die Entscheidung des Bundesverfassungsgerichtes vom Juli 2023 beim Gebäudeenergiegesetz, den parlamentarischen Prozess zugunsten der Rechte der Abgeordneten zu stoppen?

Thierse: Gerade die aktuelle Entscheidung des Bundesverfassungsgerichts, die Abstimmung über das Gebäudeenergiegesetz zu stoppen, ist genau darin durchaus paradox. Sie ist zunächst mal ein problematischer Eingriff in das Selbstorganisationsrecht des Parlaments, aber sie ist gleichzeitig auch im Interesse der selbstbewussten Rolle der Parlamentarier. Es ist wieder eine Ausnahmesituation, weil die Umweltkatastrophe natürlich schnelleres Handeln verlangt, weil die Gesellschaften auf der Welt insgesamt ziemlich viel Zeit verloren haben. Ob das nun in Deutschland in Wochen entschieden werden muss oder nicht, ist eine andere, offene Frage. Grundsätzlich habe ich immer wichtig gefunden und gelegentlich dem damaligen Bundeskanzler mitgeteilt, dass man dem Parlament, auch als Gegengewicht zur Regierung, genug Zeit lassen muss.

Gegenüber dem Bundesverfassungsgericht gibt es natürlich ein prinzipielles Spannungsverhältnis. In der öffentlichen Wahrnehmung sucht ein großes Parlament mit rund 700 MdBs, mit zahllosen Mitarbeitern, einer Regierung und einem Regierungsapparat mit tausenden Mitarbeitern und Fachleuten einen Weg, um die gestellten Herausforderungen zu bewältigen und fällt hierzu souveräne Entscheidungen. Dann wird diese Entscheidung von acht Richtern mit einer kleinen Anzahl von Beratern gekippt. Das ist so natürlich eine naive Sichtweise, doch sehen viele dies so. Natürlich weiß ich, dass das Verfassungsgericht andere Kriterien hat, mit denen es seine Urteile begründet. Doch haben diese unerhörte politische Folgewirkungen. Entscheidungen des Gerichts, etwa zum Wahlrecht, betreffen die parlamentarische Demokratie unmittelbar. Asymmetrie herrscht zudem in der Öffentlichkeit: Die Regierung und das Parlament sind ständig Objekt der Kritik, und zwar heftigster, leidenschaftlichster, bösartigster Kritik. Das Bundesverfassungsgericht ist im Zustand einer heiligen Institution. Es wagt kein Politiker, das Verfassungsgericht frontal anzugreifen, auch die Medien sind sehr verhalten. Urteilskritik ist eher selten, was mich eigentlich wundert, denn auch diese Institution der Demokratie sollte kritisiert werden dürfen. Natürlich nicht herabwürdigend, sondern inhaltlich, das ist bei Urteilen unter Juristen doch eigentlich üblich, müsste also auch gegenüber dem Verfassungsgericht gelten. Ein Beispiel, das ich hochproblematisch fand, war die Entscheidung zur Europawahl, dass es dort für den Einzug der Parteien in das Parlament keine Sperrklausel geben soll. Mit dieser Argumentation des BVG wurde dem Europaparlament im Grunde bescheinigte, das es von geringer Qualität und Legitimation sei.

Wie siehst Du das sogenannte Repräsentationsproblem des Bundestages, das in den Politikwissenschaften viel diskutiert wird?

Thierse: Das hat mich immer irritiert, wen soll das Parlament repräsentieren? Das Ganze der Gesellschaft. Der Bundestag ist doch kein Ständeparlament, in dem jedes Segment der Gesellschaft nach seinem Umfang repräsentiert werden sollte. Sondern die Idee der Verfassung ist, dass der einzelne Abgeordnete unabhängig ist und seinem Gewissen folgt. Zugleich vertritt er auch Interessen und ist Repräsentant der ganzen Gesellschaft. Repräsentation zur eigenen Verpflichtung zu machen, dafür gibt es sehr gute Argumente, ein leitender Gesichtspunkt ist die Idee der Geschlechterparität. Aber es zu einer Vorschrift zu machen und damit die Wahl in gewisser Weise einzuschränken, hat etwas Problematisches an sich. Ich bin gespannt, wie dieser Streit ausgeht. Es ist vernünftig, dass die Parteien alles unternehmen, dass in ihnen ein möglichst breites Spektrum der Gesellschaft, zumal die Parität der Geschlechter, repräsentiert ist. Aber das gesetzlich *per ordre du mufti* zu regeln, halte ich für schwierig.

Meyer: In der liberalen Repräsentationstheorie des 19. Jahrhunderts existierte die Vorstellung, die Parlamentarier repräsentieren nur sich selbst, sind aber die Besten der Gesellschaft, und wenn die miteinander diskutieren, kommt dabei das beste Gemeinwohl für die Gesellschaft heraus. In der Parteiendemokratie, so wird gesagt, funktioniere das nicht so, vielmehr repräsentieren die Parteien verschiedene Interessen, die im Lichte von Grundwerten politisch interpretiert werden. In der Politikwissenschaft gibt es die Vorstellung, wenn die Parteien eine große Repräsentationslücke lassen, d. h. wenn die politische Repräsentation der Interessen und der Werte nicht mehr funktioniert, dann entstehen mehr oder weniger automatisch neue Parteien. Diese gehen dann in diese Lücke hinein, sodass die Parteien immer unter der disziplinierenden Drohung stehen, sie werden bei der nächsten Wahl abgestraft. Besonders die Volksparteien hatten sich dieser Aufgabe gestellt, in den eigenen Reihen einen breiten Konsens und entsprechende Kompromisse vorzubereiten. Für die demokratische Mehrheitsfindung ist es hilfreich, dass ein bestimmter Teil des notwendigen Streits schon in den Parteien selbst ausgetragen wird.

Thierse: Deswegen halte ich die Volksparteien für unsere Art von Demokratie geradezu für überlebenswichtig.

Meyer: Es gibt eine Stufung der Integration. Wir haben zunächst einmal aus der Gesellschaft heraus Interessengruppen, Vereine und Verbände, die fast nur auf ihr eigenes Interesse blicken, die sind aber nicht wählbar. Die Parteien, besonders die Volksparteien, integrieren mehrere Interessengruppen und erfüllen damit schon eine wichtige Integrationsfunktion. Im Parlament werden dann diese Fragen und Konflikte noch einmal diskutiert, sodass diese mehrstufige Integration am Ende dazu führen soll, dass fast alle Interessen irgendwie berücksichtigt werden können. Problematisch wird es, wenn bestimmte relevante Interessen nicht repräsentiert oder bestimmte Interessen überrepräsentiert sind. Die Entstehung neuer Parteien ist jedenfalls meist ein Indiz dafür, dass in der Wahrnehmung größerer Teile der Gesellschaft die Repräsentation nicht funktioniert.

Repräsentation heißt nicht, dass alle Interessen auch angemessen befriedigt werden. Es ist eine der populärsten Fehldefinitionen von Demokratie, dass sie nur dann als Demokratie funktioniere, wenn meine Interessen voll berücksichtigt und angemessen befriedigt sind. Im Gegenteil: Demokratie meint nur, ich kann meine Interessen zur Geltung bringen, aber ob und in welchem Maße ich mich damit auch durchsetze und mehrheitsfähig werde, das ist Sache des politischen Streits in der Konkurrenz der Interessen und Werte. Doch klar sollte sein, dass es problematisch ist, wenn wesentliche Interessen der Bürgerinnen und Bürger zu wenig gewahrt sind.

Thierse: Verbreitet ist sicher die Vorstellung, Demokratie ist, wenn das geschieht, was ich will. Das führt zu einer unheilvoll verbreiteten Unzufriedenheit, namentlich in Ostdeutschland, wo man das besonders deutlich wahrnehmen kann. «Die machen nicht das, was ich will» – das ist aber eine falsche Vorstellung. Die Chance der Demokratie ist, dass ich meinen Willen artikulieren kann und mich mit anderen verbünde, um für Mehrheiten zu werben, ohne Garantie, dass ich mich erfolgreich durchsetzen kann.

Meyer: Das geht mir nicht weit genug. Wenn ich meinen Willen permanent artikulieren kann und er wird nie berücksichtigt, dann revoltiert das Volk, wird dies nicht akzeptieren. Es muss dann entweder durch einen Wechsel der Parteien oder durch eine Verstärkung der eigenen Sache gewährleistet sein, dass am Ende meine wesentlichen Interessen auch einmal politisch aufgegriffen werden.

Thierse: Das ist ganz wesentlich, aber indem ich mich verbünde mit anderen und deren Interessen gehe ich bereits einen Kompromiss mit den anderen ein, um mehrheitsfähig zu werden. Einen wunderbaren Satz habe ich oft verwendet: Der Kompromiss ist die Verwirklichungsform des Ideals auf Erden. Das muss man natürlich lernen in der Demokratie, dass die Interessen nie rein befriedigt werden, von niemandem eigentlich. Und wenn das so wäre, dass die Finanzinteressen immer dominieren, dann wäre es auch keine richtige Demokratie mehr, dann ist das eine Schieflage.

Geht es über Interessen und Integration hinaus nicht auch um die Vermittlung politischer Ideen?

Meyer: Ja, aber da würde ich nicht zu viel erwarten. Ich bin jahrzehntelang in der politischen Bildung tätig gewesen, da gibt es die Illusion, man könnte durch politische Bildung das alles erklären und dann würde schon begriffen, wie komplex alles ist. So funktioniert das aber nicht. Normalerweise wird einfach am Ergebnis gemessen, wann kommt denn endlich mein Interesse wirklich vor.

Thierse: Man muss etwas bitter sagen, wir erleben im Grunde eine höchst verbreitete konsumistische Einstellung zur Demokratie und zur Politik. «Die sollen mir liefern, was mein Interesse ist, was mir gefällt, was mein Bedürfnis ist». Es wird vergessen, dass in der Demokratie der eigene Einsatz, die Vertretung der eigenen Interessen notwendig ist. Da ist ein Verhältnis wie zu anderen Konsumgütern, noch dazu medial bestätigt, entstanden. Das ist so eine Grundeinstellung, «Die bringen das ja doch nicht, die taugen nichts, die liefern nicht das, was ich will».

Meyer: Aber aufpassen, die Durchsetzungsfähigkeit ist ja asymmetrisch. Wer Unternehmer ist und den Unternehmerverband im Rücken hat, wer über Geld verfügt, hat ein hohes Potenzial an Durchsetzungsfähigkeit, auch mit relativ geringem Engagement, der kann sich natürlich leichter mit den Ergebnissen identifizieren. Der ganz normale einfache Bürger hat solche Ressourcen nicht. Der ist darauf angewiesen, dass sein eigenes Engagement zusammenfällt mit dem vieler anderer und eine gemeinschaftliche Stoßrichtung entsteht, sodass eine Wirkung wahrscheinlich wird.

Thierse: In einem kleinen Nebensatz sei gesagt, auch der Unternehmer ist nicht als einzelner, sondern als organisierter ein Faktor. In einer Demokratie kann der einzelne Bürger natürlich nichts direkt ausrichten. Er muss sich verbünden, Arbeitnehmer müssen in ihre Gewerkschaft gehen, in Parteien, in Bürgerinitiativen und so weiter. Aber genau das ist das Gegenteil einer konsumistischen Einstellung, so begibt man sich auf den Weg, um für die eigenen Interessen einzutreten.

Meyer: Der Aufwand, den ein einzelner Bürger mit wenigen Ressourcen hat, um dafür zu sorgen, dass sein eigenes Interesse am Ende irgendwie zählt, ist wesentlich größer und anspruchsvoller als bei einem einzelnen Unternehmer. Bei dem reicht es letzten Endes, wenn er seinen Beitrag an den Bundesverband der Unternehmer überweist. Dann sorgen hervorragende Lobbyisten dafür, dass das meiste umgesetzt wird. Das ist eben asymmetrisch.

Thierse: Mitglied einer Partei, Mitglied einer Gewerkschaft zu werden, ist kein großer Aufwand. Also Mitglied einer Organisation, die die Interessen und Meinungen vertritt, bündelt, zur Geltung bringt.

Meyer: Naja, damit du in einer Partei überhaupt zur Geltung kommst, musst Du laufend hingehen, musst du auch an Sitzungen teilnehmen, musst du dich engagieren. Das ist dann schon so wie ein kleiner Teilzeitjob. Wenn du ein aktives Parteimitglied werden willst, das Einfluss hat, dann hast du einen Nebenjob.

Thierse: Der erste minimale Schritt ist aber doch, dass du sagst, ich entscheide mich für eine Partei nicht nur bei den Wahlen, sondern durch Mitgliedschaft. Also durch eine etwas stärkere Form der Unterstützung, im Prinzip ohne die eigenen Interessen selbst organisieren zu müssen.

Das ist ja auch im Sinne der repräsentativen Demokratie. Die Parteien sind repräsentative Parteien, die stellvertretend für mich agieren, weil nicht von jedem einzelnen verlangt werden kann, dass er unablässig aktiv ist.

Hat das auch mit der Individualisierung zu tun, dass Interessen und Meinungen kaum noch zu bündeln sind?

Meyer: Es gibt eben nicht mehr das verbindende Arbeitermilieu, wo man erfährt, wir haben eine gemeinsame Lage und eine gemeinsame Deutung der Situation. Früher war die sozialdemokratische Partei «Vaterhaus und Heimat», man lebte ständig im Milieu, hatte da seine gleichgesinnte Nachbarschaft und konnte so etwas bewirken.

Unterschiedliche Interessen sind nicht gleich stark. Es gibt starke und schwache Interessen. Muss man also nicht fragen, wie man schwache Interessen auf Augenhöhe mit den starken Interessen bringen kann?

Meyer: Ich stimme Claus Offe zu, der dazu eine wichtige Studie geschrieben hat. Er unterscheidet «sanktionsfähige Interessen», wie sie etwa die Unternehmen haben, von anderen. Die breitesten Interessen werden oft nicht befriedigt, weil sie nicht oder kaum sanktionsfähige Ressourcen haben. Diese Asymmetrie muss durch starke Parteien ausbalanciert werden. Es gibt eine aufschlussreiche Studie der Universität Princeton, deren Hauptautor Professor Martin Gilens ist. Dort wurde untersucht, was in der Washingtoner Politik in den letzten Jahren entschieden wurde. Dies haben sie dann mit den in Einstellungsumfragen erhobenen Interessen der Bevölkerung verglichen. Sie haben festgestellt, da besteht kaum ein Zusammenhang. Die machen dort in Washington eine Politik, die sich nicht nach den Wünschen und Interessen der Bürger richtet, sondern nach denen einer kleinen Wirtschaftselite, die mit dem, was die Leute in den USA wollen und brauchen, so gut wie nichts zu tun hat. Dass dies so ist und bleibt, dafür geben die starken Interessen allerdings Milliarden aus, vor allem in Wahlkampfzeiten. Natürlich ist es in Deutschland nicht ganz so.

Thomas, Du hast nicht das große staatliche Amt innegehabt, hast aber über Jahrzehnte wie wenige andere SPD-Positionen mitgeprägt – in der Wissenschaft, über Publikationen, Politikberatung, Textzuarbeit, Kommissionen und Erwachsenenbildung. Und als Nachfolger von Peter Glotz hast Du als Chefredakteur der

Neuen Gesellschaft / Frankfurter Hefte *in sichtbarer Position regelmäßig Deine Sicht der Dinge zur Diskussion stellen können. Wie schätzt Du selbst Deinen Einfluss ein?*

Meyer: Naja, wieviel Einfluss man letztlich hat, darüber muss man nochmal gründlicher reden. Ich fange einmal mit der Funktion der *Neuen Gesellschaft* an: Die Idee in den 1950er-Jahren war: Wir brauchen ein Diskussionsorgan, das dann unter Leitung von Willi Eichler den Weg vom dogmatischen Marxismus hin zu einem offenen Programm vorbereiten und flankieren soll. In diesem Sinne brauchte man einen Diskussionsort, heute würde man sagen: eine Plattform, um die Zwischenergebnisse zu diskutieren, auch damit diejenigen, die in dieser Kommission saßen, Rechenschaft ablegen konnten. In dieser Zeit wurde auch die Heimvolkshochschule Bergneustadt gegründet. Bergneustadt und die *Neue Gesellschaft,* beide in der Verantwortung der Friedrich-Ebert-Stiftung, waren die neuen unabhängigen Instrumente auf dem Weg zum Godesberger Programm. Das war bekanntlich eine Riesenwende, die von Grund auf diskutiert werden musste, weg vom offiziellen Parteimarxismus hin zum Programm einer Volkspartei.

Waren die beiden Projekte, Bergneustadt und Neue Gesellschaft, nicht zunächst direkt in der Verantwortung der Partei?

Meyer: Ja, der Impuls und die Beschlüsse für ein neues Grundsatzprogramm waren natürlich Sache der Partei. Der Gedanke, die Friedrich-Ebert-Stiftung zu bitten, entstammte der Überlegung, dass dieser Prozess als offene Diskussion organisiert werden soll, möglichst ohne direkten Einfluss der Parteiführung oder gar des Parteiapparats. Bergneustadt war in diesen Jahren unwahrscheinlich wichtig. Dort fanden unter den führenden Genossen, Mitgliedern der Partei und der Programmkommission sowie unabhängigen Wissenschaftlern und Beratern die entscheidenden Debatten in einem architektonisch interessanten Bau mit 70–80 Zimmern und genügend Tagungsräumen inmitten einer herrlichen Waldlandschaft statt. Es entsprach ja auch dem Auftrag der Friedrich-Ebert-Stiftung, den politischen Grundströmungen der Gesellschaft, die in den politischen Parteien ihren konzentriertesten Ausdruck fanden, die dafür am besten geeigneten Ressourcen und Möglichkeiten zur Verfügung zu stellen. Beides, die Zeitschrift und die Tagungsstätte waren unabhängig gegründet worden. Die *Neue Gesellschaft* hatte immer im

Einvernehmen mit der Friedrich-Ebert-Stiftung eine Herausgeberschaft, die das wusste und auch vertreten hat, und so habe ich dann das Amt dort ausgeübt, was freilich nicht immer jedem imApparat der Friedrich-Ebert-Stiftung geschmeckt hat.

Die mit den *Frankfurter Heften* durch Peter Glotz fusionierte *NG/FH* versteht sich als ein unabhängiges Diskussionsorgan, wo sich Wissenschaft, Gesellschaft und Partei in der Debatte begegnen – und so habe ich versucht, die Zeitschrift weiter zu entwickeln. Der Sinn der *NG/FH* besteht für mich darin, selbstständig die Probleme der Zeit aufzugreifen, sie unter sozialdemokratischen Gesichtspunkten zu analysieren und daraus Strategien abzuleiten und alle, die Diskussionsbeiträge leisten können, einzubeziehen. Ohne diesen übergreifenden ideenpolitischen Bezugspunkt kann selbst eine SPD ihre Bedeutung verlieren. Wir müssen da sehr aufpassen.

Wir hatten natürlich keine Massenleserschaft, aber es wurden so rund 10.000 Exemplare verkauft und an die Stipendiaten verteilt. Mit denen haben wir auch immer auf ihren Stipendiatenseminaren diskutiert. So konnte ich immer auch ein wenig Einfluss ausüben. Wenn auch sicherlich nicht direkt und durchschlagend, aber doch im Sinne einer Integration in die politische Kultur der Sozialen Demokratie. Wir konnten über die *NG/FH* Debatten anstoßen und beeinflussen. Das merkten wir auch an den Rückmeldungen.

Ein Wort zur Debattenlage: Gleichbleibend oder gibt es deutliche Einschnitte und Veränderungen?

Meyer: Es gibt natürlich eine starke Veränderung. Es gab eine Zeit bis in die 1980er-Jahre hinein, da spielten für die meisten sozialdemokratischen Parteimitglieder und auch für die Medien die sogenannten Theoriediskussionen eine Rolle, sicher auch in Folge von 68 und den heftigen Theoriestreits der 1970er-Jahre. Diese Zeit des leidenschaftlichen, essenziellen und existenziellen Interesses an Theoriedebatten ist tatsächlich mehr oder weniger erloschen. Aber das Interesse an Orientierung, Analyse, Begründung und Zukunftsentwürfen besteht weiterhin.

Du hast über viele Jahre die SPD-Führung begleitet und unterstützt. War das oft vergebliche Liebesmüh?

Meyer: Ich bin sehr lange Zeit der Überzeugung gewesen, die aber nicht stimmt, dass jeder, der in der Partei ein Führungsamt hat, ungefähr das gleich starke Interesse an der theoretischen Fundierung unserer Politik hat wie ich. Das ist aber eben überhaupt nicht der Fall. Das war von vorneherein eine überzogene Erwartung. Ich dachte vor allen Dingen, man kann sich doch gar nicht unabhängig politisch engagieren, wenn man keine theoretische Orientierung hat. Das war meine Vorstellung, und dann merkte ich, von den Parteiführern, mit denen ich zusammengearbeitet habe, haben nur drei dieses Interesse wirklich geteilt: Willy Brandt, Hans-Jochen Vogel und Franz Müntefering. Die haben auf verschiedene Weise ein genuines Interesse an Theorie gehabt. Die suchten die theoretische Durchdringung der Gesellschaft, der Ursachen der Probleme und der Chancen für Veränderung «über den Tag hinaus». Sie haben das einfließen lassen in das, was sie gesagt haben, und dem zugrunde gelegt, was sie getan haben. Und sie haben auch im Auge gehabt, wie die Mitglieder der Partei und die zugänglichen Teile der Gesellschaft überzeugt und gewonnen werden können.

Und wie war das mit Gerhard Schröder?

Meyer: Der hat bekanntermaßen in den 1970er-Jahren die Position des Antirevisionismus unterstützt («Mit diesem Staat sind gar keine Reformen möglich, man muss erst die Revolution machen, und danach sehen, wie es weitergeht!»). Wolfgang Krumbein und andere verfassten damals diese vollkommen dogmatischen Papiere und Schröder hat sie mitunterschrieben. So, ohne Spielraum für schrittweise Reformen, hat Schröder zunächst bei den Jusos gewirkt. Man musste damals beim Eintritt zu den Jungsozialisten eine Art Konfessionsentscheidung treffen, je nachdem in welchem Bezirk oder Unterbezirk man war und wer dort die Mehrheit hatte: die Reformsozialisten, die Stamokaps oder die Antirevis. Das war die Voraussetzung dafür, um dort irgendetwas zu werden. Ganz stark war diese Konfessionalisierung in dieser Zeit im Bezirk Hannover, so war Schröder eben ein Antirevi. Ich traf ihn später einmal, als er gerade Bundestagsabgeordneter geworden war und sprach ihn auf diese Theoriedebatten an. Da hat er diese ganze Diskussion, die er vorher mitgeführt hat, in abschätziger Art und Weise pauschal abqualifiziert. Da wurde mir klar, das war für ihn nie mehr als ein Instrument gewesen, um bei den Jusos und in diesem Unterbezirk gewisse Ämter zu bekommen. Für ihn waren offenbar diese ganzen Theoriedebatten nur ein Instrument im Machtkampf innerhalb der Partei. Einen Eigenwert hat er darin wohl kaum gesehen. Wir hingegen hatten die Vorstellung, was sich als übertrieben erwies, dass wir diesen ganzen engen Parteimarxismus überwinden könnten zugunsten einer gut fundierten revisionistisch-reformistischen Konzeption, die Theorie und Praxis wirklich und verbindlich miteinander verbindet.

Hatte Willy Brandt auch so ein instrumentelles Verständnis von Theorie?

Meyer: Keineswegs, bei Willy Brandt war das ganz anders. Der hat das alles sehr ernst genommen. Und in der Sozialistischen Internationalen, für die wir zur gleichen Zeit eine neue Prinzipienerklärung schrieben, gab es eine ganze Reihe von Parteiführern aus anderen Ländern, die das ebenfalls ernst genommen haben. So wurden wir von führenden Sozialisten aus Lateinamerika auf einer Tagung gefragt: «Ihr habt hier Bücher geschrieben über Eduard Bernstein, könnt Ihr die nicht übersetzen lassen? Es gibt bei uns nichts zur reformsozialistischen Theorie für Sozialisten und deswegen brauchen wir etwas, was in schriftlicher Form zugänglich ist, sonst lesen unsere jungen Leute hauptsächlich die kurzen Texte von Lenin». Diese anderen Parteien hatten zum Teil ein ganz anderes kulturelles Gespür für die Notwendigkeit von Theorie. Wobei Theorie natürlich ein schwieriges Wort ist. Es ist später oft missbraucht worden, um den Dogmatismus als einzig angemessene Theorieform auszugegeben. Für uns war Theorie aber etwas anderes: Wir analysieren erst einmal die Gesellschaft, um zu sehen, wo liegen die Probleme, wo sind deren Ursachen, und bauen dann eine Strategie auf, die darauf beruht. Das war damit gemeint.

Die Führungskräfte der SPD haben also die Rolle von Theorie und Strategiebildung sehr unterschiedlich wahrgenommen?

Meyer: Das kann man schon sagen: Brandt hat sein ganzes Leben lang gewusst, dass diese intellektuellen Dinge eine Riesenrolle spielen. Vogel übrigens vielleicht sogar noch mehr, er hat sich als Parteivorsitzender mehrfach den ganzen Tag in die Grundwertekommission gesetzt und so aktiv an der Programmdiskussion teilgenommen, dass er selbst auch noch nach kleinen Kompromissen mitsuchte. Während Oskar Lafontaine zum Beispiel dachte, ich bin jetzt Vorsitzender der Programmkommission, das heißt, ich bin das Programm, und dann öffentlich von sich gab, was er so dachte. In dieser Art hat er als Vorsitzender der Programmkommission für das Berliner Programm kaum etwas beigetragen, sondern durch einen lässig überlegenen, abweisenden Gestus gezeigt, dass das Ganze hier nicht so ernst zu nehmen sei.

Vor der Grundwertekommission gab es in den 1970er-Jahren auch schon systematische Programmarbeit?

Meyer: Wichtig war jene Kommission, die mit dem Orientierungsrahmen '85 eine mittelfristige Perspektive entwickeln sollte. Der OR `85 bestand im Wesentlichen darin, dass auf eine sehr technokratische Art und Weise quantitativ ausgerechnet wurde, was in den verschiedenen Politikbereichen aufgrund des zu erwartenden Wachstums gemacht werden kann und wie diese Themen und Initiativen zusammengebracht werden können. Dabei war den meisten Beteiligten klar: Ohne konzeptionelle Grundlage, ohne Gesellschaftsanalyse und ohne eine präzisere Klärung der Grundwerte wird das nicht funktionieren. Daher gab es in der SPD erheblichen Widerstand gegen den technokratischen Charakter des OR `85. Es gab eine Stimmungslage wie: «So kann doch kein sozialdemokratisches Programm aussehen». Die Folge dieser Konfliktlage war, dass die Einsicht wuchs: «Wir müssen jetzt eine Grundwertekommission einrichten, die permanent diese Frage klärt, um was es uns eigentlich geht und was dafür zu tun ist, die also normative politische Orientierung gibt.»

Dahinter stand eine dauerhafte Grundkonstellation in der SPD. Auf der einen Seite diejenigen, denen allein die Frage am Herzen liegt, was können die nächsten Reformschritte in der operativen Politik sein und welche Daten brauche ich, um dafür die bessere Lösung zu finden. Zugleich hat auf der anderen Seite die Partei ein ganz anderes Bedürfnis. Sie möchte genau diese jeweils konkrete Politik eingebettet sehen in einen größeren Zusammenhang, in eine Zielorientierung, die nachvollziehbar ist und die mit den Werten und der Tradition der SPD zu tun hat. Der glaubhafte Zusammenhang von Tradition und Zielen macht ja die Identität der sozialen Demokratie aus. Die Grundwertekommission beim Parteivorstand der SPD wurde dann unter der Leitung von Jochen Steffen eingerichtet. Insofern ist die Grundwertekommission tatsächlich im wohlverstandenen Sinne eine Einrichtung zur Wahrung der Identität der Partei, um sicher zu stellen, dass sie bei sich bleibt in den sich wandelnden Zeiten, auf die sie jeweils unterschiedliche Antworten geben muss.

Welche geistig-politischen Linien, die in dieser Lage miteinander konkurrierten, in der SPD machst Du im Nachhinein aus?

Meyer: Ich würde drei verschiedene Herangehensweisen unterscheiden. Es gibt den Ansatz der Leute, die die Grundwerte sehr stark betonen und mit ihnen appellativ operieren, ohne selber analytisch angemessen zu klären, wie dieser große Anspruch mit den Bedingungen der Realisierung dieser normativen Ansprüche zusammenpasst. Da sind die Idealisten oft jüngere Linke. Es gab und gibt diejenigen, die sagen, die Grundwerte sind sehr wichtig, aber wir müssen uns gleichzeitig an den wissenschaftlichen Analysen der gegebenen Verhältnisse und der Mentalitäten der sozialen Milieus orientieren, um die Bedingungen zu verstehen. Themen der Geschlechtergerechtigkeit, der Bildungsreform und der Ökologie wurden so wissenschaftlich nach vorne gebracht. Das sind im eigentlichen, im Kantischen Sinne Pragmatiker. Und dann gibt es diejenigen, die den ganzen Grundwerteansatz verachten und sagen, das ist alles Idealismus, keine Politik. «Mal sehen, was die Probleme des Tages sind und diese wollen wir für heute und morgen lösen. Und dazu brauchen wir vor allem Macht, Zustimmung und gutes politisches Handwerk.» Das ist der technokratische Ansatz. Das war, trotz seiner Bezugnahmen auf Immanuel Kant, im Grunde auch das Vorgehen von Helmut Schmidt. Er hatte natürlich einen normativen inneren Kompass, doch meine Erfahrung war, dass er sich nicht wirklich für Kant interessierte. Auf dem von der Friedrich-Ebert-Stiftung für ihn organisierten internationalen Kant-Kongress hat er auf Rückfragen der Philosophen bemerkenswert arrogant reagiert.

Auf der Ebene der öffentlichen Politik reicht es nicht aus. etwas technokratisch, rituell zu reklamieren. Als Außenstehender muss man wohl auch schon erkennen können, dass es einem Politiker ernst ist mit den Ideen, die er für sich als existenziell erachtet. Also muss man eine solche Bezugnahme auf Theorie und Werte schon authentisch verkörpern wollen. Wie sind da Eure Erfahrungen?

Thierse: Man muss das verkörpern, was man vertritt. Ich merke das an mir selber. Es hat nichts mit Eitelkeit zu tun, wenn ich wahrnehme, dass viele Menschen auf mich immer noch reagieren: «Bei Dir erkennt man, dass du Sozialdemokrat bist.»

Meyer: Bei Dir wissen wir, was unsere Partei ausmacht trotz aller bitteren Veränderungen. Gerade wenn die Sozialdemokratie angesichts der Wechsel der Zeit auch schmerzliche Entscheidungen treffen muss, gibt es das tiefe Bedürfnis, dass es Gründe und Zusammenhänge für diese

Entscheidungen gibt, dass Ziele erkennbar bleiben und alles nicht nur als bloßes Gewurstel erscheint.

Thierse: Das ist ja leicht erklärbar. Für mich und eben auch für Dich ist Sozialdemokratie eine Kultur: eine Lebenskultur, eine Sozialkultur, eine politische Kultur. Wenn Du aus dieser Kultur heraus agierst, merken die Leute, da ist eine Tiefe und Beständigkeit. So eine Kultur ist keine Theorie, sollte aber eine haben. So war auch die Arbeiterbewegung, auch die Sozialdemokratie, immer mehr als eine bloße Partei. Sie war immer auch eine Kulturbewegung mit einem viel breiteren Ansatz, was unter viel schwierigeren Bedingungen unbedingt fortzusetzen ist. Das ist einer der wichtigsten Unterschiede zur CDU. Die verträgt es, dass die Leute von ihr nur denken, wichtig ist es an die Macht zu kommen, unsere Interessen gut zu befriedigen und dass der Laden läuft. Es soll auch gerecht zugehen, das gehört dazu, ich will gar nicht unfair sein. Während die Erwartungen an die Sozialdemokratie doch nach wie vor viel umfassender sind, und damit sind offensichtlich auch die Schwierigkeiten viel größer, diese zu befriedigen. Zudem ist natürlich die Rolle von Vereinen insgesamt deutlich schwächer geworden, von kulturellen Zusammenhängen kollektiver Art. Wir haben auch in der Kultur oft ein extremes Ausmaß an Individualisierung einerseits, von Medialisierung andererseits und was dazwischen zerrieben wird, trifft die SPD härter

Meyer: Diese Analyse teilen wir vollkommen. Bei Dir merken die Leute eben, Du kommst aus einer, wie immer das entstanden sein mag, sozialdemokratischen Kultur. Das war bei Erhard Eppler auch so. Das Allerwichtigste für die Glaubwürdigkeit ist ja das Gefühl, da wird nichts Beliebiges bloß «vertreten». Die Verkörperung hat viele Dimensionen und ist eigentlich ein Begriff aus dem Theater. Politiker, die Sozialdemokratie verkörpern, was z. B. für Eppler und Vogel galt, sind glaubwürdige Beispiele für soziale Demokraten. Politiker, die das nicht verkörpern, sondern nur advokatisch mit möglichst scharfer Zunge etwas fordern, da hatten wir Lafontaine und Schröder, sind dies nicht.

Thierse: Ich denke gerade noch über den Gesichtspunkt der Verkörperung nach, der ist natürlich sehr wichtig. Aber ich habe eine gewisse Skepsis gegenüber dem modisch gewordenen Begriff der Authentizität. Und ich sehe einen Widerspruch: Lafontaine und Schröder, bei aller Kritik, waren schließlich hocherfolgreiche Wahlkämpfer. Ich bestaunte

Schröder, was für ein Wahlkämpfer! Bis an den Rand der absoluten physischen Erschöpfung konnte er rhetorisch kämpfen und die Leute auch packen. Und Lafontaine war der blendendste Redner, den die SPD in den letzten Jahrzehnten hatte, der die Leute überzeugen konnte, Parteitage hinter sich bringen konnte. Deswegen muss man wohl noch genauer darüber nachdenken, was das Moment von Verkörperung darstellen soll.

Meyer: Authentizität ist tatsächlich schwierig, sie ist ja auch nicht ganz frei von Inszenierung und Vermittlung, man kann das schwer greifen. Jenseits der Begriffe geht es darum, wo kommst Du her, was ist Deine Geschichte? In der «Rhetorik» von Aristoteles gibt es zwei Hauptthesen, die sind beide sehr interessant. Das eine ist eine gute Rhetorik, also die Identität von Logos, Pathos und Ethos. Das andere ist, dies zu verbinden mit einer glaubwürdigen Lebensgeschichte und Lebenspraxis. Dass Du nicht nur etwas darstellst und sichtbar machst, sondern dass Du gewissermaßen schon das Entscheidende selbst bist.

Neue Konfliktlinien: Kommunitarismus/Kosmopolitismus, die Neue Rechte, Befunde über Ostdeutschland

Wie hat sich die politische Kultur, haben sich vor allem manche Debatten seit dem Wegfall der Systemkonkurrenz geändert?

Meyer: In den öffentlichen Stellungnahmen zum Ukrainekrieg konnte man erkennen, dass in Friedensaufrufen die Älteren eher bereit sind, sich festzulegen und damit auch der öffentlichen Kritik auszusetzen. Ich vermute, das hat unterschiedliche Gründe. Zunächst gibt es viel weniger Theorie und Grundsatzdebatten. Was auch mit dem Epochenwechsel '89/'90 zu tun hat, mit der Verabschiedung der ehemals großen Utopie und dem Gedanken, dass es eine prinzipielle Systemalternative aus einem Guss gibt. Das Systemthema ist sozusagen verdunstet. Es geht jetzt nicht mehr um die große Systemalternative Kapitalismus oder Realsozialismus/Kommunismus, sondern jetzt interessieren die Unterschiede der verschiedenen Kapitalismen und wie man einen besseren, menschenfreundlicheren Kapitalismus auf erreichbare Weise organisieren kann. Es ist alles eine Nummer kleiner geworden. Alle berühmten großen Geschichtserzählungen sind erschüttert und erodiert, wenn sich jemand an ihnen versucht, wird er sofort attackiert oder lächerlich gemacht. Das hat mit der medialen Besserwisserei zu tun, aber auch mit dem Grundvorgang von Individualisierung und Singularisierung in der Gesellschaft. Kollektive Narrative haben es viel schwerer und werden leichter von unterschiedlicher – nicht nur konservativer – Seite kritisiert, zersetzt und lächerlich gemacht. Die Älteren kommen noch aus der Tradition, in der man grundsätzliche Bekenntnisse und große Entwürfe formuliert, die Jüngeren und die mittlere Generation halten diese für sinnlos, lassen die großen Aussagen einfach sein. Doch für die politische Debatte ist das ein Verlust an Kenntlichkeit, der in verwascheneren Haltungen mündet, die keine klaren, generellen, auch parteiischen Positionen mehr kennen. Das dequalifiziert die politische Debatte in diesem Lande, macht sie schlechter.

Eine herausragende Rolle für die Differenz links-rechts kommt traditionell dem Verhältnis zum Kapitalismus zu. Welche Rolle nimmt dies heute noch bei der politischen Verortung ein?

Meyer: Wenn man den Begriff des Kapitalismus als geschlossenes System definiert, kommt man nie an irgendeiner vernünftigen Stelle heraus. Kapitalismus ist ein bestimmtes soziales Prinzip. Das kann man auf Dutzende verschiedene Arten eindämmen und organisieren, oder eben auch nicht. Wenn man aber sagt, wir müssen den Kapitalismus als System abschaffen, führt das absolut in die Irre. Da gab es eine schöne Beobachtung des ehemaligen Bundestagsabgeordneten Norbert Gansel, der die Angewohnheit hatte, jedes Jahr ein paar Wochen so eine Art berufliches Praktikum zu machen. Er ist nach der Deutschen Einheit auch bei den Ostberliner Müllwerkern gelandet und hat diese dann bald gefragt, «Was ist denn bei Euch anders geworden, seit die DDR weg ist?» Die Antwort lautete: «Nur das System ist ein anderes geworden, sonst ist alles dasselbe geblieben».

Thierse: Es geht tatsächlich statt um die Systemalternative zum Kapitalismus jetzt darum, was innerhalb einer bestimmten Ordnung, die offensichtlich von den USA bis nach China ganz unterschiedlich ist, stattfindet. Ich besuchte als Bundestagspräsident die chinesische Parteihochschule und habe den KP-Genossen gesagt, Marx würde sich im Grabe umdrehen, wenn er mitbekäme, welch besonders brutaler Kapitalismus hier in China exekutiert wird und zwar unter Führung einer kommunistischen Partei. Das haben die sich mit Pokerface angehört. Man sieht an China, welch unterschiedliche Kapitalismen es gibt, da ist das europäische Modell mir simpel gesagt schon sehr sympathisch.

Reden wir über die jüngeren Intellektuellen. Diskutieren die nicht so munter wie eh und je? Vielleicht besteht die eigentliche Differenz darin, dass sie nicht mehr im sozialdemokratischen Kontext auftreten, sondern eher im grünen, linken oder sogar rechten Kontext?

Meyer: Das ist sicherlich richtig, dass die Grünen in den letzten Jahren von vielen jüngeren Professoren gewissermaßen als politischer Partner angesehen werden. Dass die SPD auch viele gute ökologische Sachen gemacht hat, schmückt weniger, die SPD hat da, wenn man so will, im Moment keinen Sexappeal.

Thierse: Die Grünen sind attraktiv geworden durch ihre Konzentration auf die weltbewegende ökologische Herausforderung. Und die SPD «verwaltet» ein Thema, das schon sehr viel älter und im Grunde etwas grauer ist, die Gerechtigkeit als Kern ihrer Identität. Deshalb kann nur die SPD es fertigbringen, diese beiden, alten und neuen Aufgaben wirklich miteinander zu verbinden. Wir haben Überlebenspolitik zu organisieren! Überlebenspolitik ist nicht nur die Verhinderung der Umweltkatastrophe, sondern es geht um das sozialdemokratische Anliegen, dass die Früchte und Lasten, die Schmerzen und Vorteile dieser Politik gerecht verteilt werden müssen. Beides – Ökologie und Gerechtigkeit – zusammenzubringen, ist genau die Aufgabe der SPD. Manche Grünen haben hier vielleicht eine ähnliche Leidenschaft, doch weil ihre Herkunft und ihre soziale Basis anders ist, bleibt das Soziale für die Partei als Ganzes weniger attraktiv. Diese Seite muss die SPD in den kämpferischen Auseinandersetzungen sichtbar machen. Da ist die SPD manchmal zu spät aufgewacht, etwa beim sogenannten Heizungsgesetz. Nicht die schwierigen technischen Probleme, sondern die immensen Kosten hätten frühzeitig im Mittelpunkt stehen müssen. Sozialdemokraten sollten von Anfang an sagen, wir organisieren das so, dass wir keine Ängste auslösen, dass es für Euch finanziell machbar ist – auch wenn und weil es nicht ohne Schmerzen geht, müssen diese fair verteilt werden.

Meyer: Im Grunde genommen hat die SPD spätestens seit den 1980er-Jahren eine intellektuelle und programmatische Führerschaft in Fragen der Synthese von Sozialem und Ökologischem. Da sind damals schon unter Erhard Eppler Konzeptionen entwickelt worden, was das für wichtige Bereiche – Verkehr, Wärmedämmung, Industriearbeitsplätze Landwirtschaft usw. – genau zu bedeuten hat. Leider ist dies nicht zu einem Feld der öffentlichen Profilierung für die SPD geworden. Stattdessen wurde die Ökologie als gesondertes Fachgebiet wahrgenommen, das Soziale dann auch, aber es fand keine gemeinsame Traditionsbildung statt. Aus dem klaren Berliner Programm von 1989, wo sich diese Synthese mit operativem Ausblick findet, ist nichts Richtiges gemacht worden. Das liegt daran, dass viele der führenden Genossen das Programm für nicht so wichtig gehalten haben. Und natürlich auch daran, dass eine junge Partei wie die Grünen, wenn sie dieses eine Thema herauszieht und so richtig Zunder macht, in der öffentlichen Debatte dominiert. Aber letzten Endes werden die Grünen in der Ampel kläglich scheitern, wenn sie nur die Ökologie und nicht wirklich diese Synthese vertreten.

Wenden wir den Blick nach Ostdeutschland. Wie konnte es kommen, dass dort die rechte Landnahme so nachhaltig funktioniert und die Kräfte der sozialen

Demokratie so große Probleme haben, mit ihren Ideen und Angeboten zu reüssieren. Spielen dabei spezifisch ostdeutsche Erfahrungen eine Rolle?

Thierse: An dieser Stelle braucht es einen kurzen Rückblick, denn die derzeitige Stimmungslage hat natürlich eine Vorgeschichte. Sie hat zu tun mit der deutschen Einigung. Ohne jeden moralischen Vorwurf muss man den Ostdeutschen immer wieder in Erinnerung rufen, dass das für die SPD bittere Wahlergebnis des 18. März 1990 eindeutig war. Die große Mehrheit der Ostdeutschen wollte so schnell wie möglich unter das rettende Dach der Bundesrepublik. Das hat den weiteren Einigungsprozess geprägt, ergab das Grundmuster der Einheit. Wenn ein politisch, ökonomisch, in bestimmter Weise auch moralisch gescheitertes System mit einem Erfolgsmodell zusammenkommt, sind die Gewichte klar verteilt. Die einen sind die Lehrmeister, die anderen die Lehrlinge. Das ist kein Verhältnis von Gleichrangigkeit, das tut weh, aber es ist unausweichlich. Bei den einen muss ich nichts ändern, da erscheint die Einheit als Bestätigung des Status quo, bei den anderen muss sich alles ändern. Alles zu ändern führt in diesem Systemwechsel unausweichlich zu einer Entwertung von Lebenserfahrungen und Lebensleistungen. Dieses Grundmuster, von dem ich sage, es war bei allen Fehlern im Einzelnen im Prinzip alternativlos, bestimmte die ersten ein, zwei Jahrzehnte. Und über Fehler bei der Vereinigung, etwa die Treuhandpolitik, habe ich mich wahrlich oft genug öffentlich geäußert. Das ist nicht der Punkt.

Aber was sind nun diese Überforderungen konkret, die zu dieser starken Positionierung gegen die Prinzipien der liberalen und sozialen Demokratie führen?

Thierse: Diese dramatischen Veränderungen berühren ja nicht nur ökonomische und soziale Interessen. Vielmehr geht es auch um kulturelle, moralische und mentale Schmerzen, die zur gegenwärtigen Situation führen. Insgesamt erleben wir, dass eine neue Welle dramatischer Veränderungen näher rückt: verschärfte Globalisierung, Migrationsströme, Digitalisierung bis hin zur Künstlichen Intelligenz, die dramatischen Herausforderungen der ökologischen Politik mit der Folge einer tiefgreifenden Veränderung von Produktions- und Konsumptionsweise und dann die Unordnung in der Welt, die kriegerischen Auseinandersetzungen und Putins Krieg. All das trifft Menschen, die in den vergangenen 30 Jahren so viele Veränderungen mit Mühe und Not – manche erfolgreich, manchmal weniger erfolgreich – bestanden haben. Und jetzt kommt die nächste Welle auf sie zu. Dass das in Ostdeutschland noch einmal größere Unsicherheit, Ängste und Abwehr mobilisiert, das ist jedenfalls erklärlich und deswegen ist die Verführbarkeit zu den einfachen Antworten größer.

Aber muss dies unweigerlich der AfD in die Hände spielen?

Thierse: Es ist tatsächlich die Stunde der Populisten von rechts. Die Abwehr dieser eben genannten Veränderungszumutungen findet ihre politische Heimat in der AfD. Weil sie das Angebot macht, es könne und sollte alles so bleiben, wie es ist: «Wir wollen keine Sanktionen gegen Russland, wir beziehen weiter Gas von dort, wir fahren weiter Diesel, wir müssen die Flüchtlinge aus dem Ausland nicht aufnehmen, wir machen die Grenzen dicht …» Das erklärt den viel größeren Erfolg der AfD in Ostdeutschland. Das geht jedenfalls tiefer als die ständige Behauptung, es sei nur der aktuelle Streit in der Bundesregierung. Diese Argumentation ist schon deshalb falsch, weil wir die gleichen Tendenzen des erstarkten Rechtspopulismus in den Ländern ringsum haben, und da gibt es ganz unterschiedliche Regierungen.

Und was ist mit den sozialen und ökonomischen Ängsten: Kann man die so einfach ignorieren?

Thierse: Es ist falsch, alles auf die soziale Lage und finanzielle Ängste durch die drohenden Veränderungen zu schieben. Nehmen wir als Beispiel den Kreis Sonneberg, wo ein AfD-Landrat die Mehrheit bekam. Ich bin in der Nachbarschaft aufgewachsen, da war dieser Teil Deutschlands wirklich abgehängt, nämlich Grenzgebiet im wörtlichen Sinne. Heute, in der Mitte Deutschlands, sind die wirtschaftlichen und sozialen Daten des Kreises gar nicht so schlecht. Es sind weniger materiell-ökonomische Gründe, es herrscht eine relativ geringe Arbeitslosigkeit in Sonneberg, sondern es sind eher kulturelle und mentale Gründe, die sich artikulieren. Diese Abwehr äußert sich als Wut und Ärger auf die Regierung, oder pauschaler auf «die da oben», die ihnen als Agenten und Akteure dieses schmerzlichen Wandels erscheinen. Die eigentliche Aufgabe für die SPD, die sie mehr leisten muss als bisher, ist in einem viel stärkeren Ausmaß emotional zu erklären, was da stattfindet und warum wir was tun. Also nicht nur nüchtern erklären, sondern auch emotional den Ton treffen.

Warum fällt es so schwer, den Blick auf das bereits Erreichte zu richten, statt nur auf die Defizite zu starren?

Thierse: Zu dieser Defizitfixierung trägt auch bei, wenn man sich auf so eine Art Ostidentität kapriziert. Die sogenannte «Ost-Identität» ist auch eine Nachwirkung von jahrzehntelanger autoritärer Prägung. Wir Ostdeutschen schleppen einen Minderwertigkeitsrucksack mit uns. Wir haben immer nach Westen geblickt, der war immer der Maßstab. Die im Westen waren die Reicheren, die Erfolgreichen, die Besseren, und jetzt erlebt man das wieder, erneut sind die im Westen die Reicheren, die Erfolgreichen, die Besseren. Das hat sich verselbstständigt, was unfähig oder unwillig macht, die eigenen Erfolge wirklich wahrzunehmen, was in den 30 Jahren unter Schmerzen erreicht worden ist. Der AfD-Erfolg in Sonneberg ist dafür ein Beispiel. Man muss nur durch die ostdeutschen Städte gehen, um zu sehen, was sich da geändert hat. Aber das nimmt man gar nicht mehr wahr, weil die anderen ja immer noch besser erscheinen. Ich sage dann immer wieder wie ein Wanderprediger, seht bitte auch nach Osten, nach Polen, nach Tschechien, nach Russland. Das sind doch auch Vergleichsmaßstäbe, seht nicht nur in die eine, sondern in beide Richtungen. Aber das fällt unendlich schwer, weil wir diesen Blick nach Westen gewohnt sind. Das ist der alleinseligmachende Maßstab, der aber unglücklich macht.

Meyer: Ich stimme dem weitgehend zu, ich habe da ja auch intensive persönliche Erfahrungen. Und will hinzufügen, den Menschen im Osten ist die Anerkennung für die große Lebensleistung, die sie dort erbracht haben, versagt worden, ohne ihre eigene Schuld, ohne eigenes Zutun. Alle Grundstücke und Immobilien, die da übertragen worden sind, sind jetzt in Westhand. Die Wahrnehmung ist den Österreichern ähnlich, die kritisieren die Deutschen ja auch als dominant, überheblich und rechthaberisch, obwohl sie gar nicht so behandelt worden sind. Dazu kommt noch die Frage der Legitimität. Als dummer Wessi, der von nichts eine Ahnung hat, ist man trotzdem ein Stück dieser glanzvollen, erfolgreichen Demokratie. Im Osten großgeworden, egal wie ehrenwert die persönliche Biografie ist, wurde man zum Objekt der Wahrnehmung des Westens. Diese Ungleichheit ohne jedes Verschulden gipfelt in verweigerter Anerkennung. Bei verweigerter Anerkennung entstehen automatisch Ressentiments, sozusagen Rachegefühle. Das würde ich als ein Teil der Erklärung hinzufügen.

Thierse: Das habe auch ich immer wieder thematisiert. Aber ich verlange, dass die Ostdeutschen etwas fertigbringen, was zum menschlichen Leben gehört: Selbstanerkennung. Sagen wir weiterhin, ich muss vom Westen anerkannt werden, setzen wir das schiefe Verhältnis fort. Das falsche Grundmuster der Deutschen Einheit mit konkreten Konflikten und teilweise niederschmetternden Ergebnissen zu kritisieren ist das eine. Doch Selbstkritik zu lernen wäre das andere, sich selbst in den letzten 30 Jahren wahrzunehmen und anzuerkennen. Selbstkritik ist ein Moment unserer Würde, dazu gehört auch selbstkritisch zurückzublicken auf unser DDR-Leben. Das kann dann in neues Selbstbewusstsein münden, hoffe ich.

Meyer: Da bin ich Hegelianer. Ich kenne die Phänomenologie des Geistes ganz gut und auch die Schriften, die Axel Honneth dazu verfasst hat. Die Anerkennung ist die Anerkennung des anderen. Dadurch, dass der Herr die Anerkennung des anderen hat, gewinnt er das Selbstbewusstsein, und nur wenn der Knecht diese Anerkennung hätte, wäre er nicht mehr Knecht. Die Anerkennung, die ich nur mir selber gebe, ist nichts wert und wirkt eben nicht als Anerkennung.

In den letzten Jahren hat sich angesichts der Globalisierung eine neue Konfliktlinie aufgetan, nämlich die zwischen «Kommunitaristen und Kosmopoliten».

Meyer: Dieser neue Grundkonflikt bedeutet im Kern, dass die Globalisierung ihren eigenen gesellschaftlichen Widerspruch erzeugt, so wie zuvor der Kapitalismus den Widerspruch zwischen Kapital und Arbeit. Die Globalisierung hat ihre eigenen Effekte und Deutungen hervorgerufen: Von ihr profitieren die unterschiedlichen gesellschaftlichen Milieus, Schichten und Klassen sehr unterschiedlich. Diejenigen, die als kulturell, ökonomisch und sozial stationäre Menschen an ihren Ort gebunden sind, durch den Arbeitsplatz, Familie und Wohnung, durch das Wenige, das sie dort haben, sind benachteiligt, sie profitieren davon nicht. Hingegen gewinnen erheblich die kulturell und ökonomisch mobilen Schichten und diejenigen, die die neuen globalen Techniken wie Internet, Versicherungswesen, Finanzwesen usw. beherrschen, sowie die großen Industrien. Die haben das soziale und kulturelle Kapital, sprechen ein paar Sprachen, profitieren ökonomisch erheblich davon, was sie auch zeigen. Sie versuchen das, was ihr Maßstab des Lebens ist, zum Maßstab für alle zu machen. Wer ihre Lebensform nicht teilt, wird ostentativ verachtet und dies spüren die anderen auch so. Sodass man unter Umständen am Prenzlauer Berg noch nicht einmal mehr Kaffee bestellen kann, wenn man kein Englisch spricht, wenn man, wie manche sagen, «Lokalist» ist. Die mehr «kommunitär Orientierten» wollen ihre überschaubaren Lebensräume schützen. Diesen stehen die sogenannten «Kosmopoliten» gegenüber, ich nenne sie «Globalisten», die den Eindruck haben, es könne nicht genug Öffnung geben. Es ist im Grunde genommen der Widerspruch zwischen Öffnung und Schließung. Die «Kommunitären» wollen ihre Welt abschließen und die «Globalisten» sie immer mehr öffnen.

Kommt der Frage der Migration in diesem Konflikt zwischen «Kosmopoliten und Kommunitaristen» eine Schlüsselrolle zu?

Meyer: Die Massenmigration wird begünstigt durch die radikale Öffnung der Gesellschaften, demgegenüber wollen die «Kommunitaristen» ihre Lebenswelten abschließen. Das ist ein Streit, der in die Tiefe geht, der mit persönlichem Leben, mit Mentalitäts- und Kulturbeständen zu tun hat, der weit in die Lebensführung hineinreicht. Und zwar so, wie das in der Milieuforschung immer beschrieben worden ist: Man erfährt durch die bloße Wahrnehmung, wie der andere aussieht, schon was das Andere ist. Das drückt sich an jeder Straßenecke symbolisch aus, durch die Art, wie sich die Leute auf verschiedene Weise selbst inszenieren, es entstehen ganz unterschiedliche Lebenswelten. In Ostdeutschland kommen diese Widersprüche in besonderer Weise zum Tragen aufgrund einiger Besonderheiten, von denen vorhin die Rede war. Aber im Kern ist der Konflikt überall, er hat z. B. die USA besonders stark polarisiert. Auf der einen Seite sehen wir in Kleinstädten und auf dem Land enge Gemeinschaften und eine oft faszinierende Nachbarschaft. Auf der anderen Seite in den Großstädten das blanke Elend, Menschen, die auf der Straße leben, verfallende Stadtviertel, all die verlassenen Städte, die vor der Globalisierung blühende Industriezonen waren usw. In Deutschland ist dieser neue Grundkonflikt durch den Ost-West-Konflikt geografisch akzentuiert.

Thierse: Dem stimme ich vollkommen zu. Dennoch sehe ich den Osten durch ein mehr an Ungleichheit, an Unsicherheiten und weniger Gewissheiten im Ost-West-Verhältnis geprägt. Mit der angesprochenen Migration verkörpert sich diese Konfliktlage tatsächlich noch einmal. Plötzlich rückt das Fremde in die Nähe, auf die Menschen zu, die viel geringere Fremdheitserfahrungen in der Vergangenheit gemacht haben. Sie waren ja eingesperrt, die meisten Gastarbeiter waren weit weg, mit denen hatten wir nicht viel zu tun, die Russen waren in den Wäldern interniert, von wegen deutsch-sowjetische Freundschaft. Das heißt, dieser Lernprozess, mit Vielfalt umzugehen und sie als etwas Verträgliches zu erfahren, konnte nicht gemacht werden. Er musste jetzt nachgeholt werden in den 30 umstürzlerischen Jahren, was die Sache verschlimmerte. Deswegen war die Reaktion in Ostdeutschland auf die erste große starke Zunahme von Flüchtlingen 2015 besonders heftig. Plötzlich rückte das Fremde ganz nahe, in den Fremden ist alles symbolisiert, was an Veränderungen auf die Einzelnen zukommt, von denen sie nicht wissen, ob sie dies bewältigen können. Das spiegelt sich in der Enttäuschung über die demokratische Politik wider, die die Erwartung Wunder zu vollbringen nicht erfüllen kann.

Neben den soziokulturellen Konflikten laufen immer auch die sozioökonomischen mit. Wie hast Du diese Konflikte wahrgenommen?

Thierse: Bevor die soziokulturelle Konfliktlinie relevant wurde, war die Erwartung der ersten zwei Jahrzehnte stark durch sozioökonomische Fragen geprägt. Wieweit gelingt den Ostdeutschen der Anpassungsprozess im Sinne der blühenden Landschaften? Die sozioökonomische Angleichung spielte die dominierende Rolle. Eine etwas geringere und andere Rolle spielte die sozial-moralische Frage, nämlich die Bewertung des eigenen Lebens in der DDR und die Anerkennung von Biografien. Das war das berechtigte und verständliche Bedürfnis der Ostdeutschen nach einer Art moralischer Gleichberechtigung. Ich bin damals durch die Lande gezogen und habe erklärt, dass diese deutsche Einigung eben auch ein kultureller Prozess des Austausches von Biografien und der Kommunikation sein muss. Mein Spruch war, erzählen wir uns wechselseitig unsere Lebensgeschichten, dann wird man erkennen, dass die westlichen nicht nur Sieger- und Heldengeschichten sind, und wir Ostdeutschen nicht nur Geschichten von Feigheit und Verrat mitbringen. Farbtupfer und Grautöne sind eben nicht nach Systemgrenzen verteilt. Das blieb ziemlich schwierig, weil natürlich auch noch die Aufarbeitung des SED- und Stasi-Unrechts eine Rolle spielen musste und die öffentliche Debatte dominierte: Der Stasi-Spitzel galt als Personifikation des DDR-Menschen. Dabei war doch die große Mehrheit weder Täter noch unmittelbares Opfer. Der Unterschied im Urteil muss deutlich sein: Das System war falsch und ist gescheitert, die Menschen, schon gar nicht alle, sind nicht einfach gescheitert, ihr Leben war nicht einfach falsch!

Dabei waren weder Angela Merkel noch Joachim Gauck eine wirkliche Hilfe für die Ostdeutschen. Was denkst Du, warum war das so? Schließlich sind beide ja selbst Ostdeutsche.

Thierse: Meine Wahrnehmung ist, dass die Ostdeutschen mich bis heute immer viel mehr als einen der Ihren anerkannt haben, als sie das bei Angela Merkel gemacht haben, was erklärlich ist. Merkel hat ja alle Anstrengungen unternommen, so westdeutsch wie möglich zu sein, um an die Spitze dieser westdeutsch geprägten CDU zu kommen. Und bei Joachim Gauck war es noch einmal anders, er hat den Ostdeutschen mit seiner moralischen Haltung den Spiegel vorgehalten: «Was habt ihr in der DDR getan?». Er hat ihnen ein schlechtes Gewissen gemacht, während ich eben vieles durch die Brille der Ostdeutschen sehen konnte. Rückblickend ist manches erstaunlich: Wie kommt es, dass sich Leute bei mir selbst für den einfachen Umstand, dass ich nicht in die mir zustehende Dienstwohnung als Bundestagspräsident gezogen bin, sondern in meiner Wohnung im Prenzlauer Berg blieb, bedankt haben? Aber ich wusste doch, ich habe ein Amt auf Zeit und ich will mich nicht an Privilegien gewöhnen.

Meyer: Lass mich den Gedanken der Meritokratie einwerfen. Der westliche Sozialstaat hebt in gewissem Sinne das Prinzip der Meritokratie auf, man bekommt bestimmte Leistungen als Bürger im unteren Bereich aufgrund universalistischer Bedarfszusagen. Hingegen war die DDR-Gesellschaft, außer an der Parteispitze, wo unverdient Privilegien gewährt wurden, im mittleren Bereich durch meritokratische Züge gekennzeichnet. Man bekam ungefähr den Lohn, der der eigenen Ausbildung und Berufsposition entsprach, weshalb in der Gesellschaft ein sehr stark leistungsbezogenes Gerechtigkeitsgefühl vorherrschte. Nun kamen plötzlich die Flüchtlinge ins Land und bekamen, obwohl sie natürlich keine Leistungen vorweisen konnten, erhebliche Sozialleistungen. Das haben viele Ostdeutsche, das sage ich jetzt aufgrund vieler Gespräche, als eine Art Nichtachtung ihrer eigenen Leistung empfunden. Wir arbeiten hier, wir kriegen kaum den unserer Arbeit entsprechenden Lohn, dann kommen hier Leute, die bekommen Leistungen, auf die wir lebensgeschichtlich jahrelang gewartet haben. Das wird nicht nur als reine Verteilungsungerechtigkeit kritisiert, sondern als eine Art Kränkung empfunden, zumal die Leistungen für die Migranten auch gerne noch großzügig übertrieben wurden. Sie selbst haben immer warten und bestimmte Anwartschaften erwerben müssen, und die Herkommenden kriegen das alles sofort, und zwar ziemlich umfangreich.

Thierse: Die DDR war ein Fürsorgestaat, der soziale Sicherheit garantierte, man konnte wirklich nicht verhungern. Damit lebte dieser Staat teilweise über seine eigene ökonomische Leistungsfähigkeit, bezahlte es also teuer. Arbeitslosigkeit und Asozialität waren verboten und dafür wurde auch mit Zwangsmitteln gesorgt. Man erinnert sich, wie die jüngere Generation der Kulturszene dagegen rebellierte, sich aus diesem Zusammenhang herausnahm. Aber das ist nur eine Nebenbemerkung.

Es gab in der DDR den selbstverständlichen Anspruch gegenüber dem Staat, dass er für meine soziale Sicherheit zu sorgen habe. Das zweite, was richtig beschrieben wurde, wir hatten gelernt, dass Sozialismus ein egalitäres Prinzip ist. Die sozialen Unterschiede waren die Unterschiede zwischen Wartburg und Trabant. Die Einkommensunterschiede waren gering, der Reichtum in Wandlitz ist lächerlich gewesen. Wichtig waren die Unterschiede politischer Art: politische Privilegierung oder politische Unterdrückung. Mit der Veränderung der Tagesordnung durch die Flüchtlinge, überhaupt durch die Veränderung der Weltverhältnisse hat sich die Politik der Angleichung relativiert, der Ost-West-Vergleich steht nicht mehr im Zentrum. Das ist in bestimmter Weise die neue Normalität. Die Ost-West-Differenz ist nur noch ein Unterschied neben vielen anderen sozialen und ökonomischen Unterschieden in diesem Land und auf der Welt. Darin steckt eine Verletzung, weil dies der Hauptgegenstand der politischen Erwartung in Ostdeutschland und eine Hauptaufgabe deutscher Politik in den ersten zwei Jahrzehnten nach der Einheit war.

Meyer: Das «sozialistische Verteilungsprinzip» lautet ja bekanntlich: «Jeder nach seinen Leistungen.» Das egalitäre Prinzip sollte später im Kommunismus kommen: «Jedem nach seinen Bedürfnissen.» Insofern war in der DDR das Leistungsprinzip kein Randphänomen. Die Vorstellung war allgemein akzeptiert, es gab eine Arbeitspflicht und es gab eine je nach Leistung, Ausbildung und Anstrengung gestaffelte Entlohnung dafür. Diese beiden Prinzipien sind sehr maßgeblich für eine meritokratische Gesellschaftsstruktur. Das ist das Gegenteil von: «Wer Glück hat am Markt hat viel Geld, war da kein Glück, hat man wenig Geld.»

Thierse: Es stimmt tatsächlich, die Einkommensunterschiede waren auch im Vergleich zum Westen auf niedrigem Niveau. Wolfgang Engler beschrieb den Osten als «arbeiterliche Gesellschaft». Er meinte damit, dass das Selbstverständnis der Arbeiterklasse, ihre Kultur und Gefühlslage, den Alltag bestimmte. Entscheidend aber ist: die eigentlichen Unterschiede waren politischer Natur.

Was kann man dagegen tun, dass die Probleme, seien sie nun neue Kulturkonflikte oder ostdeutsch konnotiert, nicht zum grenzenlosen Aufstieg der AfD führen?

Thierse: Wir können die Auseinandersetzung mit der AfD nicht als Kommunikation zwischen den vertikalen Polen führen: die empörten, wütenden, verängstigten, zornigen Bürger gegen «die Politik». Da entsteht immer eine ganze Kaskade von Vorwürfen. Wenn ich dann – so auf Veranstaltungen – Vorschläge machen wollte, habe ich oft genug erlebt, dass sie entweder herausgegangen sind oder nicht mehr zuhörten. Man wollte nur den Vorwurf gegen «die da oben» richten. Deshalb ist die eigentliche kommunikative Aufgabe die von Nachbar zu Nachbar, von Familienmitglied zu Familienmitglied, von Gemeindemitglied zu Gemeindemitglied, von Gewerkschaftsmitglied zu Arbeitskollegen und so weiter. Eben von gleich zu gleich, da kann man besser darüber reden, was ist dein Problem und nicht, was ist dein Vorwurf. Mit dem Nachbarn kann man über das Problem, die Angst, die Wut reden. Die Verteidigung der Demokratie ist eben eine eminent zivilgesellschaftliche Aufgabe, die man nicht an die Politik delegieren kann.

Fehlen dafür heute charismatische Politikerinnen und Politiker?

Thierse: Charismatische Figuren waren immer eine Ausnahme. Natürlich gab es im ersten Jahrzehnt die landesväterlichen Führungsfiguren wie Manfred Stolpe oder Kurt Biedenkopf. Diese entsprachen dem Bedürfnis einer Mehrheit in diesen unruhigen, gefährlichen und unsicheren Zeiten. Auf die können wir vertrauen, die strahlen so etwas aus, Ruhe, politische Erfahrung, knüpfen sogar an ostdeutsches Sonderbewusstsein an. Heute ist das anders, es geht um operative Lösungen im täglichen Streit, z. B. wie können wir den Ausstieg aus der Braunkohle organisieren, ohne dass zu viel Arbeitsplätze verloren gehen? Ich beobachte mit wirklichem Interesse, wie so eine neue Mischung daherkommt zwischen Anbiederung an die Ängste, dem Aufnehmen von Wut einerseits und der Weiterleitung der Kritik gegen die Bundesregierung und ein bisschen auch gegen die eigene Parteiführung andererseits. Doch trotzdem sind die Ängste da und werden von der AfD aufgerollt. Ob in so einer vollkommen anderen Situation wieder solche charismatischen Persönlichkeiten entstehen können, da bin ich skeptisch.

Wie könnte eine sozialdemokratische Antwort auf die Erfolge der AfD lauten?

Thierse: Heute sieht man, dass dort wo Unsicherheit und Ängste zunehmen, wo die Ungeduld immer heftiger wird, auch die Zustimmung zur AfD steigt. Ich fürchte, unser Weg, die Schritte der Problemlösung zu erklären und damit Emotionen zu verbinden, wird nicht reichen. Wir haben jetzt den Gleichstand der Rentenwerte Ost-West erreicht. Das wurde uns 30 Jahre lang zu Recht immer als elementare Ungerechtigkeit, die man erklären kann, entgegengehalten. Aber dieser Erfolg kommt im Bewusstsein der Ostdeutschen nicht vor. Wir haben plötzlich eine Welle von Ansiedlungen hochmoderner Unternehmen in Ostdeutschland, doch auch diese Erfolgsgeschichte kommt nicht vor. Die AfD und die Medien, das ist fast ein Zusammenspiel: Beide lassen keine guten Nachrichten zu. Die Sozialdemokratie sollte zwar die Probleme, die die Ängste auslösen, benennen und zeigen, wie sie sie bearbeitet, aber sie sollte nicht dieselbe Sprache der AfD sprechen.

Internationale Politik: Neue Welt(un)ordnung, der Aufstieg Chinas, die Aggression Russlands

Die Weltordnung, in der die G7-Staaten dominieren, wird zunehmend erschüttert durch die Infragestellung der führenden Rolle der USA, durch den Aufstieg Chinas, Indiens und anderer, durch die aggressiv-imperialistische Politik Russlands, durch den postkolonialen Diskurs des Globalen Südens, durch eine fragwürdig gewordene Globalisierung. Welche neuen Fragen einer internationalen Ordnung sind Euch besonders wichtig?

Thierse: Da wäre für mich die Frage interessant, wie gehen wir mit Ländern wie China um, geht da Entspannungspolitik? Gibt es einen zweiten, neuen Kalten Krieg? Zur Rolle Deutschlands in Europa könnte man diskutieren und natürlich über Russland. Wie schätzen wir Russland ein? Was kommt nach dem Ukrainekrieg mit einem Russland, das noch da sein wird, Putin aber hoffentlich nicht mehr? Was machen wir mit den Erfahrungen der Entspannungspolitik in einer nicht nur durch Putins Aggressionskrieg veränderten Welt, in einer auch veränderten Globalisierung? Dabei gibt es sicher weitere internationale Fragen unter dem Stichwort der veränderten Globalisierung.

Meyer: Für mich ist an der neuen Lage Folgendes besonders interessant: Wir hatten bisher in der internationalen Politik die Vorstellung, es gibt eine liberale Weltordnung. Die wird von den USA angeführt und ist eigentlich das Ideal einer Weltordnung, die wir unter allen Umständen bewahren sollten. In allen Ländern der Welt, die keine liberale Ordnung im westlichen Sinne haben, sollte ein Regime Change stattfinden. Es hat sich gezeigt, dass dieser Ansatz aus einer ganzen Reihe von Gründen jetzt nicht mehr in der Lage ist, eine friedenssichernde Weltordnung zu gewährleisten.

Wir haben erfahren, dass die westliche Modernisierung in vielen Ländern nicht mehr akzeptiert wird. Entweder weil der Westen selbst genug Probleme erzeugt hat oder weil man dort eigene Wege gehen will. So ist die Frage entstanden, was machen wir mit diesem Anspruch einer Reihe von Ländern. Nicht nur China und Indien – Russland ist ein ganz anders gelagerter Fall – wollen auf die ein oder andere Art einen eigenen Weg gehen, bedingt durch die großen kulturellen Traditionen der Länder. Sie wollen an der eigenen Zivilisation festhalten und die eigentliche Frage ist, wo sind die Grenzen und wo sind aus unserer Sicht die legitimen Spielräume für solche Ansprüche?

Du hast Dich ja auch akademisch mit der Frage unterschiedlicher kultureller Wege im Prozess der Modernisierung auseinandergesetzt?

Meyer: In der internationalen Debatte entwickelte der israelische Soziologe Shmuel N. Eisenstadt schon vor 30 Jahren das Paradigma der zivilisatorischen Vielfalt, der Wege der Modernisierung als «Multiple Modernities». Wir haben nicht nur die eine westliche Moderne, nicht nur den einen Kapitalismus in der Welt des 20. Jahrhunderts, wir haben sogar im Westen selbst «Varieties of Capitalism» und wir haben in der Welt «Multiple Modernities». Überall spielen die zivilisatorischen Voraussetzungen und Rahmenbedingungen weiterhin eine mitentscheidende Rolle. Modernisierung bedeutet nicht wie in der ersten Welle der Entkolonialisierung, bis heute im Westen geglaubt, allgemeine Konvergenz, die Angleichung aller Gesellschaften und Staaten. Nun zeigt sich vielmehr, dass einerseits bestimmte moderne Prinzipien überall zur Geltung kommen: Individualisierung, Rationalität, Säkularisierung und Universalismus. Doch andererseits vollzieht sich die Modernisierung überall im Rahmen von bestehenden zivilisatorischen Voraussetzungen. Das liegt ja auf der Hand. Überall entstehend Synthesen aus ähnlichen Motiven der Modernisierung und den jeweils besonderen Bedingungen der vorhandenen Zivilisationen.

Wenn man jetzt eine neue Weltordnung begründen will, die legitim und stabil ist, weil sie von allen akzeptiert wird, kann das nicht mehr lupenrein die westlich-liberale sein, mit den USA als ihrem Hüter, der berechtigt ist, überall einzugreifen, wo nicht seine eigenen Maßstäbe beherzigt werden. Sondern das muss eine Weltordnung sein, in der die Verständigung über das erneuert wird, was allen gemeinsam ist im Bereich der UN-Institutionen und Grundrechte und in der eine Verständigung erzielt wird über den Spielraum und das Eigenrecht der unterschiedlichen Zivilisationen. Für die Europäische Union heißt das, dass sie auf alle Fälle gut beraten ist, eine eigene strategische Autonomie in der Politik zu entfalten mit ihrer eignen zivilisatorischen Identität und nicht einfach nur als amerikanischer Erfüllungsgehilfe in Aktion zu treten.

Du hast Dich in den letzten Jahrzehnten besonders, auch in vielfältigen Dialogen vor Ort und einer ganzen Reihe von Publikationen, mit der Entwicklung Chinas beschäftigt.

Meyer: Deswegen finde ich manche Diskussion, wie sie bei uns geführt wird, ignorant und problematisch. Im aktuellen China-Papier der Bundesregierung und der EU wird etwa gesagt: China ist für uns wirtschaftspolitisch ein Wettbewerber, aber vor allen Dingen macht- bzw. weltpolitisch ein Rivale und in manchen Fragen der globalen Ordnung, bei gemeinsamen Interessen wie der Ökologie, ein Partner. Nun ist die Frage, was ist ein Rivale? Also, China ist innenpolitisch für uns in mancher Hinsicht problematisch, was immer kritisch diskutiert werden muss, auch wenn unser Bild da oft sehr einseitig orchestriert wird. Aber China erhebt weltpolitisch nicht den Anspruch, die Nummer eins zu sein und die bisherige Rolle der USA zu übernehmen. Wenn China sagt, es will mehr Gewicht haben, dann spielt dabei eine Rolle, dass es in der jetzigen Weltordnung unter Gewicht gehandelt wird. Die USA handeln als alleiniger Hegemon. China und andere werden von bestimmten Zugängen ausgeschlossen. China galt bisher als eine Macht minderen Gewichts, gleichsam als Bittsteller in vielen internationalen Fragen. Nun will es ausweislich der offiziellen Positionspapiere seinem neuen wirtschaftlichen und politischen Gewicht entsprechend einen Anteil an der Führung im internationalen politischen System. Die USA, das weisen auch die offiziellen Strategiepapiere aus, wollen – auch wenn sie die Rolle der wirtschaftlichen Führungsmacht verlieren und aufgrund ihrer innenpolitischen Entwicklung auch die Glaubwürdigkeit als vorbildliche Demokratie – unter allen Umständen der globale Hegemon bleiben. Die Mittel zu diesem Zweck sind einerseits der verschärfte Wirtschaftskrieg gegen China und zweitens die umfassende Delegitimierung der Politik Chinas. Natürlich müssen wir in alle Richtungen kritisieren, was kritikwürdig ist, wir müssen aber auch wahrnehmen und anerkennen, dass die Chinesen auch ein Recht auf Modernisierung im Rahmen ihrer eigenen Zivilisation haben. Wir akzeptieren den Weg des Landes im Rahmen seiner eigenen Zivilisationsbedingungen. Dafür sollte man diese ein bisschen besser kennen. Die Bemühungen dazu erlahmen aber, während wir uns an der Konfliktverschärfung beteiligen.

China und Russland sind beides keine Demokratien im westlichen Sinne, sie gleichzusetzen wäre aber sicher völlig falsch?

Meyer: Russland ist ein völlig anderer Fall, das Land ist ja Teil Europas und war in weiten Teilen historisch bereits aus eigenem inneren Antrieb europäisiert. Es gibt in Russland große, wichtige Milieus, die die europäische Kultur repräsentieren und das auch selbst so wollen. Unter diesen Bedingungen errichtet Putin eine Art ethno-fundamentalistisches diktatorisches Regime. Das Modell Putin ist eine eigenartige hybride Mischung aus totalitärer Diktatur, Nationalismus und nackter Geheimdienstherrschaft und Polizeigewalt, in den Kulissen einer gefakten rechtsstaatlichen Demokratie ohne die geringste Substanz. Es herrschen vollkommene Machtwillkür und Rechtlosigkeit. Hinter dem System der Simulacra von Rechtsstaat und Wahlen herrscht ein System der Selbstbereicherung der herrschenden Gruppen, von politisch gezügelter Oligarchenmacht mit faschistischen Zügen. Es gibt Beobachter, die sagen, das sei der Faschismus des 21. Jahrhunderts. Wenn man die Bilder sieht von brutalsten folterartigen Verhaftungen friedlicher Demonstranten, von politischen Schauprozessen mit Wahnsinnsstrafen, von den vielen Kriegsverbrechen in der Ukraine, dann kommt einem nicht der Gedanke an eine christliche Zivilisation. Doch sie beanspruchen in ihrer Propaganda zugleich das neue Rom zu sein, sie würden die christliche Zivilisation vor der westlichen Dekadenz und Perversion bewahren. Stattdessen ist es ein Faschismus neuen Typs, das hat mit Zivilisation wenig zu tun.

Thierse: Ich würde gerne, bevor wir noch einmal auf Russland kommen, Deiner Bewertung von China ein bisschen widersprechen. Ich finde die Formel, das ist natürlich eine Vereinfachung, China ist Partner, Konkurrent und Systemrivale, nicht ganz falsch, weil dort doch mit erheblichem Erfolg ein anderes Modell verfochten wird. Das europäische Modell verband dreierlei: erstens die Organisation von wissenschaftlich-technischem und ökonomischem Fortschritt zur Wohlstandsmehrung mit zweitens der Sozialstaatlichkeit, einer Politik des sozialen Ausgleichs und der sozialen Sicherung, und drittens dies alles unter Wahrung der individuellen Freiheit und von Rechtsstaatlichkeit. Dieses Dreieck macht das europäische Modell aus mit einer großen Erfolgsgeschichte im 20. Jahrhundert und heftiger Ausstrahlungskraft in andere Teile der Welt. China geht einen anderen Weg und ist insofern tatsächlich eine Systemkonkurrenz oder, wenn man so will, ein Systemrivale.

Wie ist Deine kritische Einschätzung der weltpolitischen Rolle Chinas?

Thierse: China ist eine organisatorische Alternative zum westlichen Modell mit einem wissenschaftlich-technologischen und wirtschaftlichen Erfolgsanspruch. Zwar ohne eine Politik des sozialen Ausgleichs und ohne Rechtsstaatlichkeit und individuelle Freiheiten, aber mit außerordentlichem ökonomischem Erfolg, wodurch dieser Kapitalismus eine bestimmte Attraktivität erzeugt. Die Chinesen verbinden das mit außen- und weltpolitischen Aktivitäten, die Seidenstraße ist eine imperiale chinesische Strategie. Der Kampf um die Attraktivität des europäischen und chinesischen Modells wird etwa in Afrika ausgetragen. Da gibt es eine wirkliche Rivalität. Wir sollten nicht dieselbe Blauäugigkeit wie gegenüber Putins Russland jetzt gegenüber China praktizieren. Nach innen ist das System diktatorischer geworden und nach außen imperialistischer, das erleben die Asiaten und das erleben auf andere Weise die Afrikaner. Insofern würde ich China viel kritischer sehen als Du und wir müssen diese Art von politischer Konkurrenz ernst nehmen. Das heißt nicht, dass man in die falsche Konfrontation zurückfallen darf, in eine moralisch-rhetorische und militärisch-konfrontative Politik. Da sollte man bestimmte Erfahrungen aus der Ost- und Entspannungspolitik schon ernst nehmen.

Meyer: Ich sehe überhaupt keine Elemente in der chinesischen Außenpolitik, die die Übernahme der imperialen Rolle im Weltsystem anstreben. Die Chinesen wollen die einzigartige Monopolstellung der USA verringern und wollen gleichberechtigt, gemäß ihrem wirtschaftlichen Gewicht, an der Führung der Weltgeschäfte teilnehmen. Sie wollen die volle Anerkennung, sie wollen das Ende der Demütigung, sie sind im 19. Jahrhundert durch die Kolonialmächte zerstückelt, gedemütigt und niedergeworfen worden. Wenn man sich die Landkarte ansieht, sieht man, ganz China ist umstellt von US-Militärposten. Nochmals: Es geht darum, ob überall nur die eine liberale Systemvorstellung der USA akzeptabel ist, oder ob diese Länder nicht das Recht haben, ihr eigenes System einzuführen.

Es geht längst nicht mehr um die kommunistische Weltrevolution. Auch die Seidenstraße würde ich anders bewerten. Sie ist im Grunde genommen der Versuch, die Außenhandelsstrukturen abzusichern, zu erleichtern und politisch zu stützen. Die Politik der Kolonialmächte, die Afrika eigentlich nur ausgebeutet haben und nirgendwo echte Entwicklung geleistet haben, hat China nicht übernommen. Sondern es hat überall Infrastruktur – Straßen, Eisenbahnen, Hafenbau usw. – aufgebaut. Übrigens mit normalen Krediten zu normalen Bedingungen. Dazu gibt es Untersuchungen von amerikanischen Universitäten über Bereiche, in denen Entwicklungsländern wirklich geholfen wurde. Also mit China jetzt einen neuen Kalten Krieg vom Zaun zu brechen, wie das mittlerweile auch in der EU versucht wird, und wie das ein Teil der deutschen Medien will, halte ich für völlig falsch. Man kann mit China als Partner kooperieren, sie haben keine Expansionsgelüste und sind mit dem russischen Modell überhaupt nicht vergleichbar.

Thierse: In der Konsequenz sind wir uns eigentlich einig, dass ein neuer Kalter Krieg gegen China unsinnig ist. Das ist die Lehre aus dem alten Kalten Krieg, dass er nur Verhältnisse zementiert und sie nicht ins Freundliche verändert, sondern höchstens ins Unfreundliche verfestigt hat. Aber ich sehe nicht, dass man China so freundlich interpretieren kann, ich denke auch an die Haltung zum Ukrainekrieg.

Meyer: China hat nirgends Russland direkt unterstützt, hat nur bei bestimmten Sanktionen nicht zugestimmt, weil sie selbst ja dauernd diesen Sanktionen unterliegen. Ihre Außenpolitik erklärt sich aus zwei Dingen. Das eine ist, weil sie sich umstellt und bedroht fühlen, kritisieren sie hier Russland nicht öffentlich, aber sie unterstützen es ja auch faktisch nicht. Und, da muss man genau hinsehen, sie haben am Tag nach dem Überfall in einer Stellungnahme gesagt, die Souveränität aller Nationalstaaten nach der Landkarte ist ein unverletzliches Prinzip der internationalen Politik, allerdings ohne deswegen Russland explizit zu verurteilen.

Das eine Imperium ist im Niedergang, das andere im Aufstieg. Ist dies mit ein Grund für die derzeitige Welt(un)ordnung?

Meyer: International ist ziemlich klar, die Chinesen versuchen nicht selber die beherrschende Weltrolle zu spielen, sie versuchen nicht, anderen ihr System aufzudrücken. Sie haben ihre eigenen kulturellen Grundsätze. Etwa, dass das Individuum immer schon in bestimmte soziale Zusammenhänge eingebettet ist, dass Pflichten und Rechte gleich ursprünglich sind. Daraus ergeben sich auch Rechte der Entwicklungsstaaten, dazu wird in China ziemlich viel geschrieben. Nach der alten chinesischen Tradition ist man im Wesentlichen Output-orientiert. Die chinesischen Kaiser hatten ein Mandat des Himmels. Das galt so lange, wie es der Bevölkerung gut ging. In dem Augenblick, wo es der Bevölkerung nicht gut ging, erlosch das Mandat des Himmels, und diese war zum Aufstand, zur Beseitigung der kaiserlichen Herrschaft berechtigt. Dieses alte Kulturprinzip der Output-Orientierung spielt immer noch eine Rolle. Deswegen sagen die Chinesen, unser Hauptziel muss sein, die Armut zu beseitigen, den Wohlstand abzusichern. Das ist der Hauptmaßstab für unsere Situation.

Thierse: Das ist die klassische Rechtfertigung jeder kommunistischen Diktatur, Armut zu verringern und die gerechte Welt herzustellen. Dabei ist China in erschreckendem Ausmaß ein Überwachungsstaat geworden. Die Bewertung, China sei eine defensive Macht, teile ich nicht.

Meyer: Das würde ich aber doch strikt behaupten. Du hast Recht in dem Punkt, dass China beim Thema Demokratisierung vor Xi Jinping schon mal weiter war. Wie er Demokratie einschränkt, verteidige ich nicht. Doch Xi ist im Glauben, dass er vor allen Dingen zunächst die in der Partei grassierende Korruption überwinden muss und deswegen bestimmte repressive Maßnahmen notwendig seien. Bei Umfragen in China, die jährlich auch international durchgeführt werden, erhält die Regierung eine Zustimmung von 85 Prozent der Bevölkerung, die sagen, wir vertrauen, dass die Regierung unsere Interessen wahrnimmt. Den Dissidenten, die man hier gelegentlich durch die Medien zieht, entspricht keine Opposition in China. Das sind Einzelpersonen, die vielleicht oft Recht haben und Respekt verdienen, aber in der chinesischen Bevölkerung ohne Rückhalt sind.

China hat die Charta der Vereinten Nationen über die sozialen und ökonomischen Grundrechte unterschrieben und hat gesagt, die bürgerlichen und politischen Grundrechte ratifizieren wir, wenn wir mit der Entwicklung noch ein Stück weiter sind. Es geht ihnen um das Grundrecht auf Entwicklung, eben die Priorität auf den politischen Output der Regierung zu legen. Man darf China natürlich nicht von den politischen Grundrechten und Menschenrechten ausnehmen. Doch der Zivilisationsanspruch, den es hat, ist plausibel und – mit bestimmten Ausnahmen – unterlegt durch die Leistungen dieser Regierung. Kurzum ich halte es für wichtig, dass man unter den derzeitigen Bedingungen noch einmal international neu darüber spricht, was die universellen Werte und Normen sind, die für alle gelten. Und dann den Konsens erneuert, der dann wirklich für alle gilt und Verfahren entwickelt, die die Chinesen tatsächlich einschließt.

Thierse: In Ordnung. Doch ist es ein wichtiger Punkt, wieweit wir die kulturelle Relativierung von Menschenrechten und von Aufklärung, das was uns in Europa ausmacht, hinnehmen müssen. Wenn da gesagt wird, das sei kolonial und eurozentristisch, sei kapitalistisch und imperialistisch geprägt, das sei nicht übertragbar auf andere Zivilisationskreise. Natürlich sehe ich auch, dass eine moralisch überhöhte Politik – wie immer wir sie nennen: eine wertefundierte, menschenrechtsorientierte, feministische Außenpolitik – sich in großem Ausmaß der Gefahr aussetzt, an Glaubwürdigkeitsverlust zu leiden. Man erlebt doppelte Standards, es kann immer vorgeworfen werden, das hätte man doch wissen können. Meine kritische Beobachtung ist, es gibt da eine falsche Entgegensetzung zwischen wertegeleiteter Politik und pragmatischer Realpolitik. Pragmatische Politik, das ist eine Beobachtung aus der Überwindung des Kalten Krieges, kann sehr werteorientiert sein und eine moralisch überhöhte Politik kann entsetzlich daneben gehen, wenn sie in die falsche Konfrontation hineintreibt. Doch heißt das nicht, die Universalität der Menschenrechte abzuwehren. Die Menschenrechtserklärung der Vereinten Nationen war bekanntlich nicht einfach eine europäische Erfindung, da waren an der Formulierung ganz andere Leute, auch aus Asien, beteiligt. Das war keine europäische Indoktrination und auch deswegen ist es vertretbar, diese Menschenrechte in ihrer Universalität zu verteidigen. Aber es bedeutet zugleich auch, sich selbst daran messen zu lassen.

Meyer: Ja, die Grundrechte müssen universell gelten, aber universell heißt nicht uniform. Es ist vertretbar, dass man sagt, wir reden jetzt noch einmal neu darüber: Wo wollt Ihr Änderungen und Ergänzungen haben? Und wie kann eine Kontrolle aussehen, der sich alle unterwerfen? Es kommt noch folgendes hinzu: Die Menschenrechtscharta von 1948, die nur ein moralischer Appell war, ist ja 1966 zu einem Vertrag weiterentwickelt und erst damit zu sanktionsfähigem Völkerrecht gemacht worden. Sie hat fünf Kapitel: soziale Grundrechte, wirtschaftliche Grundrechte, kulturelle Grundrechte, bürgerliche Grundrechte, politische Grundrechte. Die sozialen und wirtschaftlichen Grundrechte sind von den USA nie ratifiziert worden. Obwohl in der Präambel steht, Grundrechte haben nur dann eine wirkliche Bedeutung für das Leben der Menschen, wenn alle fünf Kategorien gleichzeitig und gleichermaßen verwirklicht sind. Sollte man nicht auch darüber über noch einmal neu reden? Xi Jingping trägt seine Argumente im Menschenrechtsausschuss vor, wie schon kürzlich, und man kann die Amerikaner fragen, wie ist das bei euch mit den sozialen und wirtschaftlichen Grundrechten?

Thierse: Ganz einverstanden, wenn sich die Chinesen fragen lassen, was ist mit den Menschenrechten in eurem Land. Doch wenn sie sich verweigern und plötzlich wieder das alte Lied von der Einmischung in innere Angelegenheiten ertönt, wie wir es jetzt in der Taiwanfrage ständig hören?

Meyer: Zusammengefasst: Wenn wir das Recht auf Zivilisation im Sinne von Multiple Modernities nicht in Betracht ziehen, wird es keine friedliche neue Weltordnung geben. Denn diese muss universalistische gemeinsame Normen, Werte und Rechte enthalten, die von allen aktuell anerkannt werden. Sie kann aber nicht einfach dem jetzigen Modell der USA folgen, nur einige Grundrechte zu akzeptieren, andere nicht, damit unsere liberale Ordnung überall Maßstab wird. Das kann es nicht sein, das bringt neuen Kalten Krieg in Permanenz.

Kommen wir jetzt zu Russland, ein paar Sätze sind dazu ja schon gesagt worden. Ist mit dem russischen Angriffskrieg auf die Ukraine die militärische Verschiebung von Grenzen nach Europa zurückgekehrt?

Thierse: Mit der russischen Aggression erleben wir eine mehrfache, höchst schmerzliche Ernüchterung. Es war auch im Rückblick nicht falsch, dass der Westen und Europa nach dem Zusammenbruch des Kommunismus mit dem Nachfolgestaat ein partnerschaftliches Verhältnis zur Modernisierung eingegangen ist; mit wirtschaftlichem Austausch, ohne Zweifel auch im eigenen westlichen Interesse. Das will mir auch im Rückblick nicht als falsch erscheinen, dass es gemeinsame Verträge gegeben hat. Das Pariser Abkommen und so weiter, ich brauche sie nicht alle aufzuzählen, in denen Russland sich auf diese europäische Friedensordnung eingelassen hat, die überhaupt erst dadurch entstanden ist und die jetzt von Putin verraten wurde.

Das ist eine ganz schmerzliche Enttäuschung. Man hätte diese Entwicklung von Putin vielleicht eher sehen können, spätestens seit der aggressiven Besitznahme der Krim sehen müssen. Jetzt begreifen wir, dass Putin sich in Russland einen regelrechten Überbau baut und damit auf eine viel ältere zivilisatorische Tradition zurückgreift, die alles andere als westlich, demokratisch, egalitär ist. Das kann man gut bei einem der besten Russlandkenner, Martin Schulze Wessel («Der Fluch des Imperiums»), nachlesen, der auf die kulturellen Wurzeln des russischen imperialen Denkens eingeht. In der russischen orthodoxen Kirche bis hin zu den großen Schriften findet sich bereits die Verachtung der Nachbarn, die Selbstverständlichkeit, mit der Russland ein Kolonialreich gebildet hat, bis hin zu Schilderungen des Krim-Krieges bei Tolstoi, in dem sich das alles spiegelt.

Wir haben diese starke Tradition gar nicht mehr wahrgenommen, das ist mein eigentlicher, wenn man so will, Vorwurf. Vielleicht ein falsches Wort dafür, dass man mit Staunen wahrnimmt, wie Putin aus dem irrsinnigen Reichtum dieses größten und eigentlich reichsten Landes der Welt nicht nur nichts gemacht hat, sondern das Falscheste. Er hat seine Macht mit Mafia-Strukturen aufgebaut und hat das Militär gestärkt, was dann fast zwangsläufig zu dieser Art von Aggression geführt hat. Mir ist in diesem Zusammenhang wieder eine These von Carl Friedrich von Weizsäcker aus den 1960er-Jahren eingefallen, die plötzlich von einer verblüffenden Aktualität erscheint. Er hatte die These vertreten, das Gefährliche an der damaligen Weltsituation wäre, dass einer der beiden Weltmächte nur militärisch stark und in jeder anderen Hinsicht – zivilgesellschaftlich, wissenschaftlich, infrastrukturell etc. – schwach sei. Und genau das ist gegenwärtig wieder die Situation. Das macht dieses Land so aggressiv. Deswegen ziehe ich daraus die Konsequenz, die im gegenwärtigen Moment fast utopisch erscheint: Wir Europäer müssen ein Interesse daran haben, dass es nach diesem Krieg und wohl auch nach Putin doch wieder so etwas wie eine Modernisierungspartnerschaft geben kann zwischen dem Westen und Russland. Damit Russland ein wichtiger Teil Europas bleibt und noch dazu ein friedfertiger.

Meyer: Dem würde ich voll zustimmen. Die Amerikaner sagen, Russland ist eine Tankstelle, die sich eine große Armee unterhält. Weiter sei es nichts. Das ist natürlich verleumderisch, das ist klar. Aber tatsächlich hat Russland keine interessante Infrastruktur und Industrie, produziert kaum für den Weltmarkt, hat keine Innovation. Natürlich sind die Grundsätze der Entspannungspolitik richtig, man muss auf Kooperation setzen und nicht auf Konfrontation. Doch solange Putin noch da ist, wird das ganz schwierig.

Thierse: Deswegen ist der derzeitige militärische Zwischenschritt leider notwendig. Denn auf absehbare Zeit geht es nicht um gemeinsame

Sicherheit, sondern wir müssen zunächst einmal Sicherheit gegen Russland organisieren, was durchaus an einen wichtigen Teil der Entspannungspolitik erinnert. Die hatte ja eine doppelte Basis. Die Voraussetzungen waren einerseits die militärische Stärke des Westens, das Abschreckungspotenzial der USA, und andererseits die sowjetische Kooperationsbereitschaft, dass die Sowjetunion eine defensive Macht geworden war. Beide Voraussetzungen sind gegenwärtig nicht mehr da. Die erste müssen wir durch eine stärkere NATO schaffen, durch Sicherheitsgarantien für die Ukraine, wie immer die aussehen. Das zweite hat die Voraussetzung, dass sich in Russland wirklich etwas ändert.

Was hältst Du von der moralisch aufgeladenen Aussage ein Sieg über Russland wäre notwendig?

Thierse: Das ist ein umstrittener Punkt. Ich weiß nicht, was die Redensart von einem Sieg über Russland gegenwärtig bedeutet. Ich finde eigentlich die Formel von Olaf Scholz sympathisch: Russland darf nicht gewinnen und die Ukraine darf nicht verlieren. Andere sagen nein, umgekehrt, Russland muss vollständig verlieren, und die Ukraine muss gewinnen. Das ist mehr als ein relativer Unterschied. Ich neige eher zum ersten in der nüchternen Überzeugung, dass man dieses riesige Land, das zumal eine Atommacht ist, nicht wirklich militärisch vollständig besiegen kann. Aber jetzt kommt ein Gegenargument, dass ich durchaus für gewichtig halte. Wenn sich in Russland Fundamentales im Sinne von Demokratie ändern soll, dann muss dieses Putin-Russland eine starke, vielleicht vollständige Niederlage erleiden. Das ist kein schlechtes Argument...

Meyer: ...doch diese Niederlage kann nicht von außen kommen. Diese Niederlage...

Thierse: ...muss von innen kommen. Aber ein bestimmter Ausgang dieses Krieges ist doch die notwendige Voraussetzung für den Sturz dieses Regimes. Putin muss das, was er in der Ukraine erobert hat, zurückgeben, in diesem Sinne muss die Ukraine seine Niederlage erreichen. Das löst wahrscheinlich Prozesse aus, die in Russland dazu führen, dass seine Macht untergraben wird und andere Kräfte sie ergreifen.

Meyer: Aber es ist eine Erfahrung der letzten Jahrzehnte, dass ein Regime Change, zumal mit Gewalt, eigentlich immer misslingt.

Thierse: Wenn Putin ohne Zugewinn in der Ukraine bleibt, wenn klar wird, dass er in der Ukraine nicht weiterkommt, dann müssen da tatsächlich innere Veränderungen stattfinden. Es gibt genügend andere Kräfte in Russland, sogar die Oligarchen sind zum Teil Leute, die nur ganz bedingt mit Putin kooperieren, weil er ihnen im Moment die großen Profite sichert.

Die Perspektive einer neuen europäischen Friedensordnung nach dem Krieg muss eben beide Komponenten haben: Die militärische Stärke des Westens, damit dieser die Garantie geben kann, dass Russland gegenüber der Ukraine und Europa nicht mehr aggressiv werden kann. Und zweitens, wie es in diesem Riesenland gelingen kann – das jetzt so aggressiv geworden ist, weil es eben nur militärisch und mafiös stark ist – Innovation und allgemeinen Wohlstand zu fördern. Deswegen brauchen wir dann nicht ein Diktat, sondern eine Modernisierungspartnerschaft, so schwierig diese gegenwärtig scheint, denn der Westen und Europa werden ja schon die Ukraine aufbauen müssen.

Ich nehme noch einmal ein Stichwort von Dir auf, da wird es bei Russland problematisch. Du hast ja gesagt, es gibt unterschiedliche Modernitäten, weil es unterschiedliche Zivilisationen gibt. Meinen wir gar, dass Russland eine andere Art von Zivilisation hat, oder ist es nicht eigentlich doch Teil dieser europäischen Zivilisation? Das knüpft an den jahrhundertelangen innerrussischen Streit an zwischen den Westlern und deren Orientierung auf Europa und dem anderen, eigentümlichen Russlandbild, wie wir es etwa bei Dostojewski finden.

Kulturelle Vielfalt herrscht doch eigentlich überall, erst recht in so einem Riesenreich wie Russland.

Meyer: Bei den Zivilisationen muss man vorsichtig sein, es gibt kein Land, das nur von einem einzigen kulturellen Milieu geprägt ist, es gibt überall konkurrierende kulturelle Milieus und zwischen diesen verschiedenen kulturellen Milieus Balancen oder Dysfunktionen. Und wenn nicht mehrere der kulturellen Milieus eine ähnliche Grundauffassung haben, sich aus der Tradition der Zivilisation heraus verbinden, gibt es keine kulturelle Basis für Herrschaft. Dies ist in Russland so. Es gibt das westliche Milieu und es gibt das slawisch-östliche Milieu. Putin spielt mit beiden konkurrierenden Milieus. Am Anfang sagte er, wir werden mit dem Westen kooperieren und eine entsprechende Modernisierungspolitik machen, so haben wir ihn weithin gesehen. Doch jetzt legitimiert er seine Macht, indem er auf fundamentalistische Weise das angeblich slawisch-östliche Milieu und die alten hierarchischen Teile instrumentalisiert. So hat er sich die Kirche unterworfen, sie dient ihm als Simulacrum, als Trugbild, für seine religiöse Untermalung. Aber in Wahrheit ist das europäisch geprägte Milieu nach wie vor stark in Russland.

Thierse: Die Frage ist, warum wir in der Vergangenheit so unzureichend in der Lage waren, die realen Intentionen und strategischen Vorstellungen von Putin zu verstehen? Und die zweite Frage, die sich aufdrängt, welches müssen die Voraussetzungen dafür sein, dass eine Partnerschaft mit einem künftigen Russland möglich ist, wenn es doch jetzt zunächst und vor allem um Sicherheit vor Russland gehen muss.

Ist es da nicht unsere historische Erfahrung, dass immer beides zusammengehört, das Gemeinsame, der Versuch von Verständigung und Annäherung, und auf der anderen Seite die Sicherheit vor dem anderen?

Meyer: Der Grundsatz, dass man letzten Endes eine Sicherheitspartnerschaft braucht, dass der andere nicht davon ausgeht, man trachtet danach, ihn zu beseitigen oder zu dominieren, bleibt im Prinzip richtig. Es bedeutet, was Helmut Schmidt immer betonte, aber auch Willy Brandt so sah, eine starke Verteidigungsfähigkeit, sodass der andere sieht, wir führen den Dialog nicht aus Schwäche, sondern weil Partnerschaft für uns ein Eigenwert ist. Wir können uns notfalls aber auch massiv verteidigen. Das bleibt richtig.

Zudem würde ich sagen, Europa muss sich von den USA unbedingt ablösen. Denn die USA sind weder von ihrer Softpower her ein glaubwürdiges System, noch von der eigentlichen Wirtschaftsmacht und ihrer Zivilgesellschaftlichkeit her in der Lage, die führende Macht der Welt zu sein. Jüngst hat der stark pro-amerikanische Historiker Niall Ferguson daran erinnert, dass die USA schon lange die Doktrin verfechten, sie müssten stets als immerwährender Hegemon auch die stärkste Militärmacht der Welt sein. Er fügte hinzu, wenn dies durch ihren wirtschaftlichen und politischen Rang nicht mehr abgedeckt sein, wie gegenwärtig, dann müssten sie umso mehr militärisch zulegen. Die Hegemonialstellung müsse um jeden Preis erhalten bleiben. Kaum zu erwarten, dass andere große Mächte wie China, wie bisher da einfach kuschen. Sie können aber mit ihren militärischen Mitteln dafür sorgen, dass sie trotzdem dominant bleiben, damit andere nicht hochkommen. Das kann nicht die

Idee von Europa sein. Europa muss sagen, wir machen unsere eigene globale Politik, wir kooperieren mit den USA, und im Übrigen kooperieren wir auch mit anderen.

Thierse: Ich neige auch eher zu einem nüchternen Blick. Spätestens 2015, nach dem Überfall auf die Ukraine, hätte uns unsere Blindheit sichtbar werden müssen. Alles, was danach kam, hat moralisch gesagt einen Moment des Schuldhaften. Vorher nicht, es gab gute Gründe mit dem nachsowjetischen Russland Wirtschaftsbeziehungen zu pflegen, Verträge einzugehen, auch im Sinne der Modernisierung des Landes, der Befähigung zur Friedfertigkeit. Dass sich das als Illusion erwiesen hat, liegt an Putin. Das ist eine dramatische Enttäuschung und war eine allmähliche Entwicklung. Ich erinnere mich genau, Putin war 2001 im Bundestag, ich habe mit ihm gesprochen, er hat eine Rede gehalten. Unser Eindruck war nicht eingebildet: Der tritt die Nachfolge von Gorbatschow an, der bekennt sich zur Kooperation mit Europa. Alle sind aufgestanden, waren quer durch den Bundestag begeistert.

Was hat sich dann eigentlich nach 2001 nach und nach, bis hin zum russischen Versuch die Ukraine von der Landkarte zu löschen, verändert?

Thierse: Darüber muss man sehr kritisch nachdenken. Ich halte nichts davon, Putin-Psychologie zu betreiben. Man muss erklären, was sich in der internationalen Welt und in Russlands Innerem verändert hat. Der Stabilisierung seiner Macht wurde alles untergeordnet. Auch Fehlverhalten der USA kommt hinzu. Einen wichtigen Gesichtspunkt darf man nicht übersehen: Zur positiven Bewertung von Putin zählte lange Zeit der Eindruck, dass er dieses chaotische Jelzin-Russland stabilisiert und dort Ordnung schafft. Das lag auch in unserem Interesse, weil es sich in den Kampf gegen den Terrorismus nach 9/11 einbettete. Unsere Wahrnehmung war damals in dieser Situation, dass dieses große Russland vielleicht nicht so ganz nach unseren pluralistisch-demokratischen Maßstäben regiert werden kann. Das war immer die Einschätzung von Helmut Schmidt, der sagte, für Russland ist Rechtsstaatlichkeit viel wichtiger als die Demokratie. Ich will damit nur dieses lange Nichtwahrnehmen erklären, warum diejenigen, die gewarnt haben und sehr stark moralisch argumentierten, nicht ganz ernst genommen worden sind. Aber spätestens 2015 hätte man begreifen müssen, dass da eine Wendung im Putin-Russland vollzogen war. Doch selbst dann noch waren alle Bemühungen von Merkel, Steinmeier u.a. mit Putin zu Vereinbarungen um des Friedens willen zu kommen, nicht falsch. Dass Putin die Bemühungen um Frieden verraten hat, kann ich ihnen doch nicht vorwerfen! Diese Art von moralischem Triumphalismus, man hätte alles schon von Anfang an für schlecht und moralisch verdorben halten müssen, ist falsch.

Meyer: Ja, der Rechtsstaat ist wichtiger als die Demokratie, er ist in Europa zuerst entwickelt worden und in diesem Rahmen dann die Demokratie. Wie wichtig das ist, ist mir in Indien und Thailand klargeworden, Demokratien ohne Rechtsstaat. Wenn es keinen Rechtsstaat gibt, jedoch einmal eine Partei oder Person demokratisch gewählt wird, die eine Alternative wäre, dann setzen korrupte Richter die Opposition sofort wieder ab.

Gesellschaftlicher Zusammenhalt und sozialdemokratische Zukunftsfragen

Die Zeitläufe haben sich gewandelt, neue Fragen rücken auf die Agenda. Es sind oft kulturelle Themen, die in letzter Zeit den Diskurs stark bestimmen. Zu Recht?

Thierse: Was wir erleben, ist gegenwärtig nicht nur eine Phase von sozioökonomischen und wissenschaftlich-technologischen Umwälzungen, sondern wir erleben auch deutliche kulturelle Veränderungen, die die Menschen genauso berühren und teilweise sogar schmerzlicher. Die Schlagworte sind klar, es ist dieser Vorgang von Individualisierung oder Singularisierung zum einen, und das andere ist vor allem Pluralisierung. Wir leben in einer offenen Welt, wo das Fremde und die Fremden uns näher rücken und damit Selbstverständlichkeiten und Vertrautheiten in Frage stellen. Das ist durchaus ein konfliktreicher Prozess, der noch dadurch verschärft wird, dass die Pluralität zu Verteilungskämpfen führt: Zwischen unterschiedlichen identitären Gruppen, egal ob sie eher ethnisch, kulturell oder weltanschaulich bestimmt sind, Kämpfe um Aufmerksamkeit, um Anteile an Macht oder an kulturellem Kapital.

Nach dieser Analyse droht mit der Diversität das Gemeinsame oder Gemeinschaftliche unter die Räder zu geraten?

Thierse: Meine Überzeugung ist, dass wir mit dieser konfliktreichen, weiterwachsenden Pluralität nur dann friedlich und produktiv leben können, wenn wir uns mindestens in gleicher Kraftanstrengung, wie wir uns gegenwärtig um Diversität bemühen, um das Fundament der Gemeinschaftlichkeit kümmern. Also darum, was uns in der Verschiedenheit oder sogar Gegensätzlichkeit miteinander verbindet und sogar eint. Vereinfacht gesagt, Vielfalt und Diversität nehmen in einer offenen Welt gewissermaßen von selbst zu, während Gemeinschaftlichkeit nicht mehr von selbst entsteht. Für diese muss immerfort neu gearbeitet werden; eine immense Aufgabe, die weit über die Politik hinausgeht, für die Zivilgesellschaft und kulturellen Kräfte in einer Gesellschaft, unter anderem auch für die Religions- und Weltanschauungsgemeinschaften. Die Demokratie und das friedliche Zusammenleben setzen voraus, das man das auch will. Das verlangt eine Mäßigung in der Schärfe der Auseinandersetzung und der Vertretung der eigenen Identität, denn diese Gemeinschaftlichkeit muss mehr sein als das Nebeneinander oder Gegeneinander voneinander unterschiedener, konkurrierender Identitäten.

Das klingt doch sehr nach Brücken bauen und versöhnen. Dennoch hast Du damit Anfang 2021 eine heftige Kontroverse losgetreten, die fast ganz Deutschland umtrieb.

Thierse: Ja, es war ein Appell zur Mäßigung. Die positive Reaktion auf diesen inzwischen berühmt gewordenen *FAZ*-Artikel (*Frankfurter Allgemeine Zeitung* vom 22. Februar 2021), auf den ich immer noch auf der Straße angesprochen werde, ist erstaunlich. Denn zunächst war da erst einmal dieses sich ausbreitende Klima des Verdachts, da spricht ein alter weißer Mann. Mir wurde sofort unterstellt, ich sei minderheitenfeindlich, sei schwulenfeindlich. Doch davon kann keine Rede sein, ich hatte nicht etwa Partei genommen für eine Seite, sondern nur Partei genommen für Mäßigung. Aber sofort war da dieses Kulturkampfklima. Ich finde es zutiefst betrüblich, wenn es wichtiger ist, wer etwas sagt und aus welcher Betroffenheit heraus, und weniger wichtig ist, was er sagt und ob er zur Argumentation, zum konstruktiven Streit, zum Kompromiss und Konsens bereit ist.

Offenkundig werden Konflikte deutlich schwerer lösbar, wenn irgendetwas zur Identität stilisiert wird?

Meyer: Ja, unverhandelbar, existenziell, kompromissunfähig. Wenn man anfängt, unterschiedliche Interessen oder Sichtweisen zu Identitätsfragen zu erklären, hat man sofort die Unlösbarkeit der Konfliktsituation eingebaut. Das Gegenbeispiel sind die langen Erfahrungen mit dem Austragen sozioökonomischer Grundkonflikte, etwa von Tarifauseinandersetzungen. In diesen Auseinandersetzungen ist klar, man vertritt Interessen, im Streit respektiert man den anderen, gewinnt dessen Vertrauen und erwirbt Kompromissfähigkeit. Aber wenn es um Identität geht, geht es immer um alles oder nichts, um Wahrheit oder Unwahrheit, da geht es um etwas, das nicht verhandelbar ist. Das ist etwas, was den gesellschaftlichen Zusammenhalt gefährdet.

Derzeit werden eine ganze Reihe von interessanten Fragen zu Identitätsfragen erklärt, womit sie automatisch unlösbar werden. Dann hat man dauernd diese hartnäckigen Riesenkonflikte um essenzielle Fragen auf der Tagesordnung, bei denen es immer um alles oder nichts geht. Meinetwegen kann es hundert verschiedene sexuelle Identitäten geben, doch nervt es, diese nun jeden Tag aufs Brot geschmiert zu bekommen in dieser pseudopädagogischen Manier der Medien oder dieser Gruppen. Dass die so im Mittelpunkt stehen, akzeptiere ich eigentlich nicht.

Es muss reichen, wenn ich sage, das ist eine Sache, die kann jeder für sich selbst bestimmen, die Spielräume für die Identität müssen gesichert und gewährleistet sein, und die können von den Individuen so genutzt werden, wie sie das selber wollen. Wenn es wirklich um Identitäten geht, im Sinne solcher Dinge wie Hautfarbe oder «letzte» religiöse Fragen, gibt es nur ein Verfahren zur Regelung: Das ist die Toleranz. Obwohl Toleranz irgendwie auch Missachtung bedeutet, weil mitschwingt, ich akzeptiere Dich eigentlich nicht, aber ich toleriere Dich, wie der berühmte Satz von Goethe lautet.

Steckt nicht hinter vielem, was als Identitätsfrage daherkommt, eigentlich ein Machtkampf?

Thierse: Wie sollen wir das sonst nennen? Da wird es dann umgedreht: Kulturkampf wird denjenigen vorgeworfen, die sich so wie Du, Thomas, jetzt dagegen wehren, dass sie ständig behelligt werden, dass von ihnen gar ein Bekenntnis dazu verlangt wird, weit über den selbstverständlichen Respekt und die Anerkennung von Vielfalt hinaus. Dabei geht der Kulturkampf von denen aus, die etwa die deutsche Sprache verändern und verlangen, dass wir alle gegendert sprechen und nicht kritisieren dürfen, dass das eine sexualisierende Veränderung der Sprache ist. Oder, wenn ich an den missionarischen Eifer denke, mit der eine Queer-Redaktion des Berliner *Tagesspiegel* mich als Leser wöchentlich über die Spielarten von Sexualität und sexuellen Praktiken belehren zu müssen meint. Eine Kirchen-Redaktion hat die Zeitung übrigens nicht, in einer Stadt, in der, so säkular sie ist, doch ca. 30 Prozent Angehörige von Religionsgemeinschaften sind.

Braucht eine offene Gesellschaft, die kulturell plural ist, nicht beides: größtmögliche Toleranz und andererseits auch verbindende und verbindliche Vereinbarungen und Regeln?

Thierse: Unbedingt und eigentlich selbstverständlich! In einem Interview habe ich einmal gesagt, ich erfahre viel Zustimmung, und habe dann das gefährliche Wort von den ganz normalen Leuten, vom Professor bis zum einfachen Arbeiter, benutzt. Allein wegen des Wortes «normal» wurde ich, wieder im *Tagesspiegel*, in die Nähe zu Nazidenken gerückt! Es wurde behauptet, das Wort normal sei ein ausgrenzendes. Tatsächlich gibt es eine Vielzahl von Normativitäten. Doch gemeint ist hier eine prinzipielle Abwehr von Normen, Regeln und Vereinbarungen, die doch für friedliches Zusammenleben unerlässlich sind. Offensichtlich aber stören sie bei der Entfaltung der eigenen Identität, des individuellen Selbstausdrucks. Es bleibt als höchste Norm die Selbstverwirklichung. Es bleibt ein individualistisches und entsolidarisierendes Freiheitsverständnis, ein ziemlich egozentrischer Freiheitsnarzissmus. Ich denke nicht, dass ich altväterlich konservativ oder falsch besorgt bin mit meiner Überzeugung, dass eine zunehmend vielfältige Gesellschaft umso verlässlicher Regeln braucht, auf denen sie ruht, damit man friedlich divers leben kann.

Meyer: Da kommt noch etwas anderes dazu. Es gibt eigentlich keine geschlossenen Identitäten. Gesellschaftliche Identitäten sind alle vielfältig, auch in der eigenen Person hat jeder eine Reihe von Identitäten. Diese offen zu halten, dass man nicht auf eine davon festgelegt wird und aus dieser einen heraus alles andere folgt, darum geht es. Diese Vereinseitigung und Schließung von Identitäten ist das Hauptproblem und damit einhergehend der Missbrauch des Identitätsbegriffs.

Aber wenn von der deutschen Kulturnation die Rede ist, muss dies doch nicht zwangsläufig rückwärtsgewandte Schließung sein?

Thierse: Es gibt natürlich auch so etwas wie kulturelle Identitäten kollektiver Art, Thomas hat in bestimmter Weise davon gesprochen. Deutschland ist ein historisch-kulturell geprägtes Land und die Frage ist immer, wie können wir die, die aus den unterschiedlichsten Gründen zu uns kommen, aufnehmen? Richtigerweise dürfen wir von ihnen verlangen, dass sie sich auf diese kulturellen und geschichtlichen Prägungen einlassen, wohl wissend, dass sie künftig auch beitragen werden, dass sich diese ändern. Doch ich habe den Eindruck, dass dies oft bereits als nationalistisch, rassistisch, kolonialistisch gilt. Darauf sage ich, sie kommen nicht in ein leeres Land. Man traut sich kaum noch das Wort von deutscher Kultur und deutscher Historie in den Mund zu nehmen. Dabei ist die deutsche Kultur auch eine Geschichte geradezu fantastischer Integrationsleistung. Goethe ist der Inbegriff dafür, Einflüsse aus Süd und Nord, West und Ost aufzunehmen, sie sich anzuverwandeln und daraus etwas zu machen, was unser Land ungeheuer bereichert.

Man muss also konkret hinsehen statt pauschale Vorurteile zu bedienen. Wo bringen die zu uns Kommenden Bereicherndes mit und wo werden die Verhältnisse schwieriger?

Meyer: Vergessen wurde die ausgeprägte politische Kulturforschung, wie sie in der empirischen Politikwissenschaft von Amerika ausging. Dort wurde gezeigt, in jeder Gesellschaft gibt es vier, fünf verschiedene Milieus, die eine gemeinsame politische Kultur konstituieren. Das kann eine partizipative sein, eine der Unterwerfung, eine der Partizipation; das kann aber auch eine sein, die auf Überlegenheit zielt. Es gibt einen Zusammenhang zum prägenden politischen System. Die politische Kultur besteht eine ganze Zeit lang weiter, nachdem diese Systeme schon verschwunden sind, doch eigentlich braucht man immer eine politische Kultur, die zu dem jeweiligen System passt, in dem man lebt. Die Beharrlichkeit der politischen Prägung der Kultur wirkt lange nach. Wenn jemand aus einer Kultur kommt, wo es üblich war, dass der Staat der Feind ist, der denkt noch lange so, da braucht man lange Erfahrungsprozesse. Wenn man das nicht berücksichtigt, erlebt man immer wieder, dass die Dinge nicht zusammenpassen. Dann gibt es massive Konflikte. Es ist eine naive Vorstellung, die auch in der SPD immer noch gut vertreten ist, Eingewanderte aus vollkommen anderen Kulturen würden sich an die neuen Bedingungen hier über Nacht anpassen. Die Empirie lehrt etwas anderes.

Das heißt, auch das Neue darf und muss kritisch hinterfragt werden, aber wie sollen wir eigentlich mit dem Eigenen unserer Mehrheitskultur umgehen?

Thierse: Solche kulturellen Veränderungsprozesse der zu uns Gekommenen dauern, man kann sie nicht überspringen, man kann kulturelle Integration nicht einfach verordnen. Aber man darf aufgrund angeblicher Rücksicht auf deren Vielfalt das Eigene auch nicht verleugnen. Dazu ein kindisches Beispiel. Im Stiftungsrat des Humboldt-Forums, dem ich immer noch angehöre, wurde überlegt, im Dezember einen Markt auf die Beine zu stellen. Er soll jetzt Wintermarkt und bloß nicht Weihnachtsmarkt heißen. Das ist die Verleugnung der eigenen geschichtlichen Prägung und eben nicht, wie behauptet, eine Voraussetzung für friedliches Zusammenleben. Nein, Dialog und Integration setzen Verschiedenheit voraus, nicht das Verstecken des Eigenen! Die zu uns Gekommenen dürfen legitimerweise ihre eigenen Prägungen mitbringen, aber wir sollten ihnen nicht erlauben, von uns zu verlangen, dass wir unsere Prägungen widerspruchslos aufgeben. Es geht also auch um den Schutz der Mehrheitskultur.

Die verschiedenen Identitäten von Minderheiten sollten in der Politik also durchaus Berücksichtigung finden. Aber wie kann man sicherstellen, dass dies nicht mit der Absage an Demokratie und Kompromiss einhergeht?

Thierse: Politik kann nicht überzeugen und mehrheitsfähig werden, wenn sie meint, sie könnte sich auf die Sammlung verschiedenster Angebote für die verschiedenen Identitätsgruppen beschränken. Sondern Politik muss die verzweifelte Anstrengung unternehmen, Angebote für soziale und kulturelle Gemeinschaftlichkeit zu machen. Das ist schwierig in einer diverseren Gesellschaft, aber es ist ihre verdammte Pflicht und Schuldigkeit. Es muss ein Gesamtangebot sein, wo vor allem die gemeinsame politische Kultur und die öffentlichen Güter, an denen alle teilhaben können, eine wichtige Rolle spielen. Auch müssen die Minderheiteninteressen aufgenommen werden, aber sie dürfen nicht als vereinzelte bedient und behandelt werden, sondern müssen integrativ bearbeitet werden, sodass sie immer zum Teil des Ganzen werden. Und es muss auch klar unterschieden werden, was sind spezifische Interessen und was sind darüber hinaus verallgemeinerbare Wünsche oder Vorstellungen. Interessen, natürlich gerade ausgeschlossener Minderheiten, müssen eine große Rolle spielen für eine sozialdemokratische Politik. Identitätspolitik sollte nicht exkludieren, sondern kann inklusiv wirken. Wenn wir die Identitäten abholen, damit sie ihren Platz in der Gesellschaft finden, dann ist das in Ordnung. Denn es ist selbstverständlich, dass Demokratie auch darin besteht, dass sie Minderheitenrechte kennt, Minderheiten anerkennt in dem Bewusstsein, die Gesellschaft ändert sich insgesamt, Minderheiten können auch Mehrheiten werden. Das gilt nicht nur für die Politik, es gilt auch für die Kultur.

Im Grunde kritisiert Ihr nicht jede Identitätspolitik an sich, sondern nur eine radikalisierte, ausschließende, gruppenegoistische?

Meyer: Es ist tatsächlich nicht alles falsche Identitätspolitik, was darauf zielt, dass die einzelnen Gruppen als jeweils einzelne Gruppen zurechtkommen. Bezogen auf die Geschichte der Arbeiterbewegung kann man in einem weiten Sinne des Begriffs auch sagen, sie hat Identitätspolitik betrieben. Aber sie betrieb sie in dem Selbstverständnis, was eine wirklich historische Leistung war, damit einen emanzipatorischen Prozess im Sinne einer Veränderung der gesamten Gesellschaft einzuleiten, im Sinne von mehr Freiheit und Gerechtigkeit für alle. Denn gerade in der Arbeiterbewegung selbst gab es, was oft vergessen wird, ganz verschiedene kulturelle Identitäten. Natürlich gab es auch die Identität «Wir sind Sozialdemokraten». Doch dann gab es Christen, Atheisten und noch ganz andere, dann gab es Handwerker, Bürgerliche und Proletarische usw. Das Entscheidende war eben, was diese Politik alles zusammenbrachte und dass sie nicht exkludierend war.

Die Zeitläufe wandeln sich. Nicht nur von Identitäten ist mehr denn je die Rede, überhaupt trifft die Sozialdemokratie auf weitreichende Entwicklungen. Abschließend gefragt: Was sind für Euch wichtige aktuelle Trends, denen die Sozialdemokratie ausgesetzt ist, nicht zuletzt aus den Erfahrungen Eures politischen Lebens?

Thierse: Was sichtbarer geworden ist, hat weniger mit meiner Biografie zu tun. Mehr als ich es früher wahrnehmen konnte, hat die Sozialdemokratie nicht mehr diese selbstverständliche soziale Basis, sie ist immer weniger Milieupartei. Ich erinnere mich an einen sozialdemokratischen Abgeordneten: Er war in der Fraktion nie aufgefallen, aber er bekam bei den Bundestagswahlen immer über 60 Prozent in seinem Wahlkreis. Da gab es nach wie vor das sozialdemokratische Milieu. In den letzten 30 Jahren haben wir eine erhebliche Diversifizierung und Individualisierung und den Zerfall der sozialen Basis der sozialen Demokratie erlebt, also der sozialmoralischen Ressource, der Erfahrung von Solidaritätsbedürftigkeit der Menschen. Die Erfahrungen solidarischer Anstrengungen werden geringer, weil man weniger zusammenarbeitet und weniger als zuvor die direkte Erfahrung macht, zusammen etwas bewegen zu können. Dieser Zerfall der sozialmoralischen Basis der SPD ist eine der großen Herausforderungen, mit der wir es zu tun haben. Darauf dürfen wir eben nicht mit identitätspolitisch zersplitterten Angeboten antworten, sondern mit dem Versuch, unter schwierigeren Verhältnissen das gemeinsame Interesse zu formulieren. Ein Ansatzpunkt ist die gemeinsame soziale Lage der in modernen Berufen so verschieden Arbeitenden: der prekär Beschäftigten, der Solo-Selbstständigen, der Schein-Unternehmer, der befristet und Teilzeit-Tätigen.

Was wäre für Dich Thomas, das wichtigste Resümee des derzeitigen Zustandes der SPD?

Meyer: Für mich war immer entscheidend, die Sozialdemokratie braucht einen Grundbegriff von der Gesamtheit ihrer Bestrebungen. Das ist die soziale Demokratie, womit jeder etwas anfangen kann, demokratisch und sozial, wo sich alle einklinken können, wo verschiedene Interessen auf einer gemeinsamen Basis Platz finden und womit eine Grundgleichheit der Lebenschancen gemeint ist. Und zwar so, dass man die einzelnen Maßnahmen im Zusammenhang sehen kann. Das führt viele zusammen, grenzt aber auch gegen andere ab, die das nicht wollen. Auf dieser Basis eine konsequente Politik zu machen und diese auch mit glaubwürdigen Personen, die das an der Spitze verkörpern, zu kommunizieren, das ist ein Rezept, das in der Vergangenheit Erfolg hatte und as wahrscheinlich auch in der Zukunft Erfolg haben kann.

War und ist es für Euch in der Sozialdemokratie immer die Partei, die das gesellschaftliche Gesamtinteresse am besten zum Ausdruck bringt?

Thierse: Jedenfalls darf die SPD weniger als andere Parteien in den Geruch kommen, eine Klientelpartei zu sein, so sehr man sagen kann, ursprünglich war die Arbeiterklasse ihre Klientel. Aber diese war quantitativ von erheblicher Größe. Wenn wir heute von Klientel reden, meinen wir unterschiedliche Interessen und Betroffenheiten einzelner Gruppen, und da sind wir wieder beim Punkt des Gesamtangebotes. Ich würde das gemeinsame Interesse heute definieren mit dem Begriff der Überlebenspolitik. Diese hat eine dramatische ökologische und soziale sowie politische Dimension, nämlich die Gefährdung der Freiheit. Wenn es uns nicht gelingt, die ökologische Katastrophe zu verhindern, ist unsere Freiheit dramatisch gefährdet. Denn wir erleben mittlerweile, wie diese Herausforderung uns zu Handlungen zwingt. Wir sind nicht mehr ganz frei gegenüber dieser Herausforderung. Sie verschärft auch die sozialen Gegensätze, schädigt global vor allem die untere Hälfte. Darauf muss man mit einer Politik des Wandels antworten. Deswegen fand ich übrigens die Überschrift des Koalitionsvertrags nicht so toll, ich hätte gesagt, den Wandel – und nicht den Fortschritt – wagen. Den Wandel zu organisieren, ist der richtige Begriff: ökologisch, sozial und mit der Verteidigung von Freiheit um der Freiheit willen.

Schließt sich da nicht der Kreis zu dem, was die SPD, mit Deiner Hilfe Thomas, bereits in den 1980er-Jahren erarbeitete?

Meyer: Früher sagten wir sozialökologische Demokratie, da war auch fast alles drin, worum es geht, und den Rest muss man eben im Einzelnen klären. Ich würde schon sagen, 40 Prozent der Stimmen kann man damit immer noch gewinnen, wenn man sieht, was die Leute so denken. Allerdings müsste die SPD gleichzeitig eine klare, plausible, gerechte Lösung der Migrationsfrage hervorbringen. Das bedeutet erstens, die Begriffe klären, wer ist Asylbewerber, wer ist Migrant, wer ist Arbeitssuchender, wer wird eingeladen als Fachkraft, die wir hier brauchen. Mit diesen Gruppen muss unterschiedlich umgegangen werden. Wer kommt, muss an der Grenze kontrolliert werden, wer nicht bleiben darf, muss wieder gehen. Es gibt vorübergehende Aufenthaltsberechtigung, viele Asylbewerber kommen aus Ländern, wo es in zwei Jahren wieder ganz anders aussieht. Wer bleiben darf, muss von Anfang an integriert werden. Zu all dem gehört auch die Begrenzung der Zahl.

Thierse: Die Unterscheidungen sind schon richtig. Wir sollten nur wissen, dass es im wirklichen Leben Durchlässigkeit zwischen diesen Unterscheidungen geben muss. Ich finde vernünftig, was jetzt die Ampelkoalition beschlossen hat, Leuten, die schon lange hier sind und sich in einem bestimmten Ausmaß integriert haben, das Hierbleiben zu erleichtern. Natürlich hört man sofort wieder das Geschrei, das sei wieder eine Einladung. Trotzdem finde ich solche Regeln vernünftig. Man darf sie nur nicht dogmatisch handhaben. Ich habe schon vor 20 Jahren öffentlich gesagt, es dürfe nicht um die eine Obergrenze für Zuwanderer gehen, sondern um Begrenzungen. Im Plural, um unterschiedlich, pragmatisch und menschlich reagieren zu können. Das kann uns unterscheiden von denen, die von konservativer und rechter Seite immer sehr prinzipiell unterscheiden und auf der anderen Seite von den Grünen, die solche Unterscheidungen möglichst gar nicht machen wollen.

Welche Rolle spielt das Verhältnis der Generationen zueinander in der SPD? Was sind die Voraussetzungen dafür, dass der Generationenwandel ein produktiver Prozess ist?

Meyer: Es gab einmal einen Präsidenten des Bundesverfassungsgerichts, Wolfgang Zeidler, der referierte sehr oft bei uns in den Seminaren. Er beendete seinen Vortrag oft mit dem Satz: «Der Jugend gehört die Zukunft, aber erst, wenn sie älter geworden ist.» Ohne Erfahrungen geht es halt nicht. – Derselbe Samuel N. Eisenstadt, den ich zum Begriff

«Multiple Modernities» zitierte habe, hat das berühmte Buch geschrieben «From Generation to Generation», über das Verhältnis der Generationen. Mit der Grundthese, dass jede Generation durch ihre veränderte Lebenserfahrung eine andere Funktion bei der Erneuerung der Gesellschaft habe. Zu den Jugendlichen gehört das Recht auf Rebellion, alles nochmals in Frage zu stellen. Während die Älteren die Verantwortung haben, den Wandel zu moderieren. In einer Partei muss ein bestimmtes produktives, dynamisches Gleichgewicht der Generationen funktionieren.

Thierse: Mein Punkt bezieht sich auf den Zustand der Partei. Wichtig ist, dass es ein Zentrum gibt, dass den jüngeren Leuten Einstiege und Jobmöglichkeiten eröffnet durch gezielte Förderung. Wenn das Zentrum fehlt, kann auch die Nachwuchsentwicklung nicht gut gelingen.

Meyer: Wenn man in die 1970er-Jahre schaut, war der Zugriff der Jüngeren viel stärker, was die Ideen angeht, was die Dynamik betrifft, und gleichzeitig gab es eine starke, stabile Führung. Die hat gesagt, ihr könnt alles machen, aber das und das sind die Konditionen unter denen ihr das könnt. Auch durch die Basta-Zeit des Durchregierens, wie das in den 1970er-, 1980er-Jahren unvorstellbar gewesen wäre, ist das Verhältnis der Generationen innerhalb der Sozialdemokratie in eine Schieflage gekommen, wo das voneinander Lernen nicht so stattfindet, wie es sollte. Wichtig ist eine relativ eigenständige Jugendorganisation. Dort können sich die Jungen ausprobieren, haben aber auch Einfluss und werden in Parteiämter gewählt. Was wichtig ist, ist die Dynamik, und dass die Partei attraktiv genug ist, dass Jüngere mitmachen wollen.

Thierse: Ich glaube, das Bild der Jugend ist vielfältig. Jugendgenerationen unterscheiden sich. Die jetzige Generation ist zukunftsunsicherer als die vorherige, sie hat eine Menge Gewissheiten, auch Aufstiegsgewissheiten, verloren. Das hat schon mit dem Ernstnehmen der Ökologie zu tun und dass ein Teil darauf apokalyptisch reagiert. «Die letzte Generation» oder auf der anderen Seite auch ganz Rechte geben sich dem Verweigern, der Abwehr hin. Der überraschendste Teil des Bundestagsergebnisses war, dass die AfD und die FDP weit vorne lagen bei den jungen Leuten.

Die Bundestagsfraktion der SPD hat sich übrigens radikal verjüngt, mehr als ein Drittel der gegenwärtigen Fraktion sind erstmalig Mitglied des Bundestages. Und dabei sind die Jüngeren durchaus eher pragmatisch orientiert und wohl auch viel weniger geprägt durch Theorie- und Ideologiedebatten, als es frühere Generationen, zumal die 68er waren. Es ist halt so: Insgesamt ist Theorie weniger anziehend und Ideologien sind – freundlich formuliert – verblasst. Auf der einen Seite die apokalyptische Überlebensradikalität der «Letzten Generation» und auf der anderen Seite viel Überlebenspragmatismus.

Meyer: Die Synthese ist ja immer etwas relativ Komplexes, über die man viel nachdenken muss. Einfacher sind die klaren Impulse, die gleich eingeführt werden sollen: «Wie retten wir jetzt die Umwelt oder bewirken Gleichheit?». Um zur Synthese zu kommen, was jetzt gebraucht wird, muss man sich erst mal mit der Realität beschäftigt und ein bisschen darüber diskutiert haben.

Ist das Spannungsverhältnis zwischen «überschüssigem Bewusstsein», so einst der DDR-Dissident Rudolf Bahro, und konkreter schrittweiser Regierungspolitik immer noch typisch für die heutige SPD?

Thierse: Die Sozialdemokratie ist ja trotz ihres überschaubaren Wählerzuspruchs eine unglaublich erfolgreiche Partei auf zentralstaatlicher Ebene. Sie ist seit 1998 mit der Unterbrechung 2009–13 an Regierungen beteiligt, bzw. besetzt das Kanzleramt. Daraus ergibt sich ein Spannungsverhältnis bzgl. der Eigenständigkeit der Partei. Es stehen sich gegenüber, auf der einen Seite die Partei als Exekutive in der Regierung und auf der anderen Seite die Partei, die an eigenen Ideen und Programmpunkten interessiert ist.

Meyer: Das macht die SPD aus, sie hat immer einen relativ großen idealistischen Überschuss über die Realität hinaus gehabt und gleichzeitig dann, wenn sie regiert, immer eine relativ ausgeprägte pragmatische Fähigkeit. Diese Kombination, beides festzuhalten und miteinander zu verbinden, ist wahrscheinlich das, was ihren Erfolg ausmacht. Der idealistische Überschuss darf nicht zu groß sein, sonst kann man beim Regieren nur Enttäuschungen erzeugen, man kann ja nicht alles einlösen. Ganz früher waren es meist die Handwerker, die die pragmatische Politik machten, sie kamen aus der Lokal- und Regionalpolitik. Die anderen, die kamen mehr aus den großstädtischen Kulturmilieus. Das verband sich in der SPD in der Regel ganz gut.

Thierse: Richtig, Willy Brandt hat dazu das schöne Wort gefunden, die SPD sei die Partei des donnernden Sowohl-als-Auch. Damit meinte er schon den idealistischen Überschuss, das Traditionsbewusstsein, das Bedürfnis nach Zielorientierung über den Tag hinaus und andererseits die Fähigkeit zu wirklich pragmatischem Handeln Schritt für Schritt. Diese Verbindung hatte er als Berliner Bürgermeister fertiggebracht in einer ganz anderen Konstellation, als entschiedener, pathetischer und hocherfolgreicher Antikommunist in der Bedrohungssituation der 1950er- und frühen 1960er-Jahre. Um dann fähig zu sein zu kleinen Schritten der Entspannungspolitik nach außen und den großen Reformen nach innen. Das hat viele Menschen überzeugt.

Die gegenwärtige Schwäche besteht darin, dass das Moment des Überschusses, des Traditionsbewusstseins und der Zielorientierung viel schwächer geworden ist. Als Rot-grün regierte und ich Bundestagspräsident und gleichzeitig Vorsitzender der Grundwertekommission war, habe ich immer wieder betont, dass es für die SPD wichtig ist, diese Spannung aufrechtzuerhalten. In der Partei muss über mehr diskutiert werden als das jeweils gerade zu verabschiedende Gesetz. Es geht darüber hinaus darum, was diese möglichen Gesetze mit welchem Ziel zu tun haben. Das ist die entscheidende Frage. Deswegen ist die Grundwertekommission, so überflüssig sie manchem erscheinen mag, ein notwendiger Ort, wo schon institutionell festgehalten ist, dass die SPD eine Partei ist, die über den Tag hinaus diskutiert. Würde die Sozialdemokratie diese Spannung beseitigen, betrüge sie sich selber, würde ihr die Luft ausgehen.

Was wäre denn in der jetzigen Situation so ein Thema, über das sich die SPD als Partei besser profilieren könnte, ohne die Regierungsfähigkeit einzuschränken?

Thierse: Sicher die Nachhaltigkeit: Was für eine Politik können wir machen, bei der die Leute glauben, wir sichern in der Zukunft auf eine realistische Art und Weise das menschenwürdige Überleben? Manche sprechen hier von Widerstandsfähigkeit gegen Krisen und Disruptionen. Keine großen Utopien mehr, sondern Resilienz organisieren, um damit Katastrophen im Zuge des Klimawandels glaubhaft zu überstehen. Ich lese von klugen Leuten, es wäre schon sehr viel, wenn wir Resilienz so organisieren könnten, dass die kommenden Katastrophen nicht unsere Freiheit, unsere Rechtsstaatlichkeit, unsere sozialen Sicherheiten zerstören würden.

Ob die Breite unserer Antworten der ökologischen Herausforderung entspricht, da bin ich mir nicht sicher. Etwa gab es beim Heizungstausch-Gesetz, bei allem operativen Handlungsdruck der Regierung, interessanterweise keine Diskussion in der SPD darüber, ob die CO_2-Bepreisung nicht ein besserer Weg wäre. Ich bin da kein Experte, hätte die Diskussion darüber aber ganz sinnvoll gefunden. So etwa schlug Ottmar Edenhofer vom Potsdamer Klimaforschungsinstitut diesen anderen Weg vor, er habe weniger technische Schwierigkeiten, sei effizienter und sozial gerechter.

Kurzum und durchaus nicht pessimistisch oder apokalyptisch: Wir müssen diese Herausforderung annehmen, daher mein Begriff «Überlebenspolitik»: Dazu gehört alles Notwendige zu tun, um den Klimawandel zu bewältigen und die Katastrophe zu verhindern – und das unter Wahrung von Freiheit und Fairness bei der gerechten Lastenverteilung dieser Herausforderung. Dazu gehört aber auch, sich darauf einzustellen, dass wir im Klimawandel etwa in größerer Hitze werden leben müssen. Was ist dafür notwendig? Wie muss sich unser Gesundheitswesen in der gesamten Breite darauf einstellen und ändern? Was heißt das für die Zukunft der Arbeit und die Arbeitsplätze der Zukunft? Ist die Partei, wenn man solche Fragen stellt, so aufgestellt, dass sie solche breiten Zukunftsthemen abdecken kann? Gibt es Bereiche, die in der SPD unzureichend mit Personen, mit Fachkompetenz besetzt sind?

Zustimmung hat also nicht nur mit erfolgreichem Regierungshandeln, sondern auch mit dem eigenständigen Auftreten der SPD bei den wichtigsten Themen der Zeit zu tun?

Meyer: Ohne alles was in der SPD im Einzelnen stattfindet zu überblicken, habe ich nicht den Eindruck, dass es große und weitgehende Überlegungen gibt, die Kommunikationsfähigkeit zu verbessern. Die eigene Politik glaubhaft zu begründen, die Leute mitzunehmen und das in der Kommunikation mit dem zu verbinden, was daraus künftig entstehen soll, das ist stark unterbelichtet.

Thierse: Auch repräsentiert die SPD in ihrer personellen Zusammensetzung heutzutage die lebensweltliche Realität des unteren Drittels unserer Gesellschaft zu wenig. Es war vielleicht nie ganz anders in ihrer Geschichte. Die Führer der Arbeiterbewegung stammten, mit Ausnahme von August Bebel und weniger anderer, eigentlich immer aus der bürgerlichen Intelligenz. Es ist aber trotzdem ein gewisses Manko, dass nicht alle Sektoren der modernen Arbeitswelt, wie Vertreter von Start-up-Interessen, in ihr ausreichend vertreten sind. Wenn diese lebensweltliche Erfahrung und dieses Expertenwissen in ihr nicht genügend repräsentiert sind, muss eine Partei sich dies heranholen, und das hat die SPD auch immer wieder gemacht. Dazu gibt es die Grundwertekommission, das Kulturforum, andere Foren und Kommissionen, andere Organisationsformen. Das darf nicht alleine der Regierung überlassen werden, sondern da sollte die Partei sich den Luxus leisten, gelegentlich auch selber etwas zustande zu bringen. Gerade jetzt sind wir in einer Koalition, wo die anderen durch ihre Lautstärke die Wahrnehmung bestimmen. Da muss man sicher sein, was die SPD selber ist. Was würden wir machen, wenn wir noch mehr Einfluss hätten? Dieser sichtbare Streit in der Koalition ist meist der zwischen Grünen und FDP, das sind die Antipoden. Deutlicher muss da werden, wo die sozialdemokratischen Themen und Akzente geblieben sind. Schönes Beispiel ist die Kindergrundsicherung. Das ist eine sozialdemokratische Idee gewesen u. a. von Andrea Nahles. Es ressortiert jetzt bei den Grünen als deren Thema, weil die SPD in dieser eigentümlichen Lage ist, immer zu moderieren und zu vermitteln. Das ist tatsächlich die Aufgabe des Kanzlers, aber doch nicht die Aufgabe der Parteivorsitzenden. Die könnten daneben auch verstärkt Themen setzen und diese durchhalten, auch wenn man da zunächst einmal alleine dasteht.

Es geht darum, wieder mehr Menschen für die SPD zu begeistern. Könnte man da durch eine offenere und emotional berührendere Debattenkultur neue Anziehung gewinnen?

Meyer: Ich würde mir schon wünschen, dass die SPD ein paar dieser neuen Fragen, die durch die Globalisierung entstanden sind, offener und unverkrampfter behandeln würde, und sich ganz klar auch profiliert als die Partei derjenigen, mit denen man das alles diskutieren kann. Dieses manchmal stimmungsmäßig so Geschlossene und Abschließende sollte aufhören und die Partei sich diesem Sinne als eine offen diskutierende mit einem klaren Profil präsentieren. Ich hätte den Wunsch, dass in einer Situation des Wandels mit so vielen Unsicherheiten und Ängsten, die SPD einen Unterschied macht zu den Emotionen, die die anderen Parteien verwalten und schüren. Die latent apokalyptische Übertreibung bei den Grünen, die Wirtschaftsabstiegsängste, die die CDU fördert.

Wir könnten Zukunftsvertrauen fördern, die Dramatik dieser Probleme ist überwindbar, aber sie sind nur Schritt für Schritt lösbar. Wir haben einmal in der Grundwertekommission, als ich da noch aktiver war, ein Papier gemacht: «Soziale Demokratie im 21. Jahrhundert». Wenn man das nimmt, kann man sagen, für die wichtigsten Bereiche haben wir eigentlich die guten Grundideen und letzten Endes auch teilweise die daraus folgenden Politiken schon entworfen. Das ist ein Gesamtentwurf für dieses Jahrhundert, die Botschaft ist inklusive Globalisierung, darauf kann man verweisen, das haben andere nicht.

Thierse: Man ist als alter Mensch immer in der Gefahr, sich die Vergangenheit zu beschönigen. Aber wenn ich mich erinnere, in welcher Auseinandersetzung die Sozialliberale Koalition unter Willy Brandt begonnen hat, gegen welche Widerstände und welche Emotionen und Hoffnungen sie mobilisieren konnte, dazu überzeugend in mehreren Themen: dem Bildungsthema, dem Demokratiethema, dem Versöhnungsthema, dem außenpolitischen Thema. Selbst Helmut Kohl hatte ein richtiges Zukunftsthema, die Deutsche Einheit, mit all den Widersprüchen und dem zu Kritisierenden. Ich weiß nicht, ob man so etwas wiederholen kann. Aber man sollte wenigstens den Versuch machen, den Dreh zu finden, wie wir mit Zukunftsvertrauen wieder Emotionen erzeugen können. Das ist vielleicht eine leicht religiöse Erwartung, aber es wird keine religiöse Befriedigung dieses Bedürfnisses geben. Sondern es geht, ich wiederhole es, um «Überlebungspolitik» in einem weiten Sinne dieses Begriffs.

Lebensdaten

Wolfgang Thierse

Geboren am 22. Oktober 1943 in Breslau. Nach der Vertreibung aufgewachsen in der süd-thüringischen Stadt Eisfeld, Abitur 1962 in der Kreisstadt Hildburghausen. Danach Lehre und Arbeit als Schriftsetzer in Weimar. Von 1964 bis 1971 Studium von Kulturwissenschaft und Germanistik an der Humboldt-Universität in Berlin, mit Diplom beendet, danach wissenschaftlicher Assistent in deren Bereich Kulturtheorie/Ästhetik. 1975/1976 für etwas mehr als ein Jahr wissenschaftlicher Mitarbeiter im Ministerium für Kultur der DDR (bis zur Entlassung wegen der «Biermann-Affäre). Von 1977 bis 1990 wissenschaftlicher Mitarbeit am Zentralinstitut für Literaturgeschichte der Akademie der Wissenschaft der DDR.

In der DDR parteilos, im Oktober 1989 Unterschrift beim Neuen Forum, Januar 1990 Eintritt in die neu gegründete SPD, Juni bis September 1990 Vorsitzender der Partei, 18. März bis 2. Oktober 1990 Mitglied der Volkskammer, zuletzt Fraktionsvorsitzender der SPD in der DDR, 1990–2005 stellvertretender Vorsitzender der SPD, vom 3. Oktober 1990 bis 22. Oktober 2013 Mitglied des Deutschen Bundestages, 1990–1998 stellvertretender Vorsitzender der SPD-Fraktion; 1998–2005 Präsident des Deutschen Bundestages, 2005–2013 Vizepräsident des Deutschen Bundestages, viele Jahre Vorsitzender der Grundwertekommission der SPD und des Kulturforums der Sozialdemokratie. 1991–2020 Mitglied des Zentralkomitees der deutschen Katholiken. Heute Mitherausgeber des unabhängigen christlichen *Publik-Forum* und der für die Friedrich-Ebert-Stiftung herausgegebenen *Neuen Gesellschaft / Frankfurter Hefte.*

Publikationen (Auswahl)

Ungezählte Beiträge, Essays, Reden und Interviews zu grundsätzlichen, wertorientierten, tagespolitischen und kulturellen Fragen, von denen viele noch im Internet zu finden sind, die in Zeitungen und Zeitschriften der letzten Jahrzehnte, sowie in zahlreichen Sammelbänden publiziert wurden.

Künstlerische Avantgarde. Annäherungen an ein unabgeschlossenes Kapitel. Mithrsg. (Berlin/Ost 1979)

DDR-Literaturwissenschaft in den 70er Jahren. Zusammen mit D. Kliche (Weimarer Beiträge 2 / 1985, S. 266–308)

Ästhetische Grundbegriffe. Studien zu einem historischen Wörterbuch. Mithrsg. (Berlin/Ost 1990)

Mit eigener Stimme sprechen. (München 1992)

Ist die Politik noch zu retten? Hrsg. (Berlin 1996)

Religion ist keine Privatsache. Hrsg. (Düsseldorf 2000)

Das richtige Leben im falschen System. Gespräch mit U. Wickert (Stuttgart 2001)

Zukunft Ost – Perspektiven für Ostdeutschland in der Mitte Europas. (Berlin 2001)

Grundwerte für eine gerechte Weltordnung. Denkschrift der Grundwertekommission der SPD. Hrsg. (Frankfurt a. M. 2003)

Arbeit ist keine Ware. Über wirtschaftliche Krisen, normative Orientierung und politische Praxis. Hrsg. mit H. Ludwig (Freiburg 2009)

Was würde Bebel dazu sagen? Zur aktuellen Lage der SPD. Hrsg. mit M. Bissinger (Göttingen 2013)

Was zusammengehört. Die SPD und die deutsche Einheit 1989. Von Hans-Jochen Vogel, Erhard Eppler und Wolfgang Thierse (Freiburg 2014)

Mithrsg. (mit Julian Nida-Rümelin) der Reihe «*philosophy meets politics / Philosophie und Politik*» des Kulturforums der Sozialdemokratie (Essen 1996–2015)

Thomas Meyer

Geboren am 22. Oktober 1943 in Leipzig. Dort von 1950 bis 1958 Besuch der Volksschule, anschließend von 1958 bis November 1960 in Leipzig eine erste Berufsausbildung zum Elektromaschinenbauer. Vor dem Mauerbau Übersiedlung in den Westen. Von Ende Januar 1960 bis Ende 1961 in Hückelhoven/Aachen eine zweite Berufsausbildung zum Grubenelektriker (untertage). Mitglied IG Bergbau/Energie. Seit 1962 in Frankfurt a. M. Berufstätigkeit als Elektromonteur bei der Siemens AG. Seit 1963 ebenfalls dort auf dem Goethe-Gymnasium als Walter-Kolb-Stipendiat, 1967 Abitur. 1964 Eintritt in die SPD.

Von 1967 bis 1972 Studium der Philosophie, Politikwissenschaft, Psychologie und Deutschen Literatur an der Frankfurter J. W. v. Goethe-Universität. Stipendiat der Friedrich-Ebert-Stiftung. 1973 Dr. phil. (summa cum laude) an der Universität Frankfurt a. M.

Bereits 1968 Beginn der Zusammenarbeit mit Willi Eichler und Susanne Miller in der Philosophisch-Politischen Akademie PPA («Nelsonianer»), später selbst Vorsitzender der PPA. Von 1974 bis 1989 in Freudenberg bei Siegen Direktor der Gustav-Heinemann-Akademie der Friedrich-Ebert-Stiftung. Von 1975 bis 1979 Redakteur mit Hermann Scheer und Johano Strasser des *Forum DS*. 1976 Gründungsmitglied der Hochschulinitiative Demokratischer Sozialismus (HDS e. V.). 1977 Habilitation über Eduard Bernstein an der Freien Universität Berlin. Von 1977 bis 2022 erst Mitglied, dann stellvertretender Vorsitzender der Grundwertekommission beim Parteivorstand der SPD. Von 1984 bis 2007 Mitglied und Co-Redakteur in den Grundsatzprogramm-Kommissionen der SPD (Berliner Programm, Hamburger Programm), in der SDEP (Rasmussen-Bericht) und in der Sozialistischen Internationale (Vorsitz Willy Brandt, Stockholmer Prinzipienerklärung 1989).

Seit 1990 zahlreiche Einladungen in Länder Asiens, Lateinamerikas, Afrikas zu Vorträgen, Kongressen und Workshops zur sozialen Demokratie, zum politischen Fundamentalismus, zu Politik und Medien. Von 1991 bis 2007 Wissenschaftlicher Leiter der Politischen Akademie der Friedrich-Ebert-Stiftung. Von 1992 bis 2009 Lehrstuhl Politikwissenschaft an der Universität Dortmund (Schwerpunkte: Demokratietheorie, Politische Theorie, Politische Kultur, religiös-politischer Fundamentalismus, Europa). Von 1998 bis 2006 mehrjährige Forschungsprojekte der Deutschen Forschungsgemeinschaft über «Theatralisierung der Politischen Kommunikation in den Kommunikationsmedien» und «Theorie der Sozialen Demokratie».

Von 2002 bis 2006 Mitglied des «Network of Excellence Garnet» bei der Europäischen Kommission zur Erforschung von Globalisierung und Regionalisierung. Von 200 bis 2012 Mitglied der «Advisory Group Social Sciences and Humanities» der Europäischen Kommission. Von 2000 bis 2019 in Macao als Gastdozent im Mastreprogramm «European Studies» des Instituts for European Studies in Macao IEEM (Macao Foundation). Seit 2006 Mitherausgeber und Chefredakteur (bis 2021) der politisch-kulturellen Zeitschrift *Neue Gesellschaft / Frankfurter Hefte*. Seit 2016 gemeinsam mit Mario Telò (verstorben März 2023) Koordinator des interdisziplinären Forschungsprojekts «Multiple Modernities and Good Governance».

Publikationen (Auswahl)

Zahlreiche Essays, wissenschaftliche Aufsätze und Bücher in mehreren Auflagen zu Fragen der Politik, Sozialen Demokratie, politischen Kommunikation, zum religiös-politischen Fundamentalismus und zur Demokratietheorie, Übersetzungen in acht Sprachen. Aktuelle Artikel zu den Themen Kapitalismus, Massenmedien und Demokratie in einschlägigen Sammelbänden und in der *Neuen Gesellschaft / Frankfurter Hefte*.

Der Zwiespalt in der Marxschen Emanzipationstheorie. Studie zur Rolle des proletarischen Subjekts (Kronberg/Ts. 1973)

Bernsteins konstruktiver Sozialismus. Eduard Bernsteins Beitrag zur Theorie des Sozialismus (Bonn 1977)

Grundwerte und Wissenschaft im Demokratischen Sozialismus (Bonn 1978)

Lexikon des Sozialismus (Mithrsg.) (Köln 1986)

Fundamentalismus. Aufstand gegen die Moderne (Hamburg 1989)

Was bleibt vom Sozialismus? (Reinbek 1990)

Die Inszenierung des Scheins, Voraussetzungen und Folgen symbolischer Politik (Frankfurt a. M. 1992)

Mediokratie. Die Kolonisierung der Politik durch die Medien (Frankfurt a. M. 2001)

Was ist Politik? (Wiesbaden 2003)

Die Identität Europas. Der EU eine Seele (Frankfurt a. M. 2004)

Die Ironie Gottes. Religiotainment, Resakralisierung und liberale Demokratie (Wiesbaden 2005)

Theorie der Sozialen Demokratie (Wiesbaden 2005)

Praxis der Sozialen Demokratie (Wiesbaden 2006)

Was ist Sozialismus? (Wiesbaden 2008)

Was ist Demokratie? (Wiesbaden 2008)

Was ist Fundamentalismus? (Wiesbaden 2011)

Die Unbelangbaren. Wie politische Journalisten mitregieren (Berlin 2015)

Meyer / de Sales Marques (Hrsg.): *Multiple Modernities and Good Governance* (Abingdon, UK 2018)

Meyer / de Sales Marques / Telò (Hrsg.): *Cultures, Nationalism and Populism* (Abingdon, UK 2019)

Meyer / de Sales Marques / Telò (Hrsg.): *Regionalism and Multilateralism: Politics, Economics, Culture* (Abingdon, UK 2021)

Meyer / de Sales Marques / Telò (Hrsg.): *Towards a New Multilateralism: Cultural divergence and political convergence?* (Abingdon, UK 2021)

Meyer / de Sales Marques (Hrsg): *The EU and China: Avoiding a Cold War* (Abingdon, UK 2023)

Die Herausgeber

Klaus-Jürgen Scherer, geb. 1956, Politikwissenschaftler und Redakteur. Ist beiden Gesprächspartnern seit Jahrzehnten eng verbunden: Wolfgang Thierse besonders über das Forum Ostdeutschland und als Geschäftsführer des Kulturforums der Sozialdemokratie; Thomas Meyer, seitdem dieser sein Vertrauensdozent bei der Friedrich-Ebert-Stiftung war, über unzählige gemeinsame Debatten, Seminare, Tagungen, Publikationsprojekte bis hin zur Redakteurstätigkeit in der *Neuen Gesellschaft / Frankfurter Hefte.*

Wolfgang Schroeder, geb. 1960, Politikwissenschaftler, Professor für das politische System der Bundesrepublik an der Universität Kassel, Fellow am Wissenschaftszentrum Berlin, Vorsitzender des Progressiven Zentrums in Berlin. Führte bereits am Tag nach dem Mauerfall, am 10. November 1989, ein Gespräch mit Wolfgang Thierse für den von Martin Gorholt u. a., herausgegebenen Band «Deutsche Einheit, Deutsche Linke» (Köln 1991). Und ist heute Nachfolger von Thomas Meyer als stellv. Vorsitzender der Grundwertekommission der SPD.